KB131113

대서울의

길

도시
문헌학자
김시덕

한국
도시
아카이브
3

대서울의 길

길을 따라 성장한 대서울권 이야기

일러두기

- 본문 중 저자가 인용한 비문(碑文), 옛 문헌 자료, 벽보, 안내판 등의 기록은 국립국어원의 현재 어문 규범에 맞지 않더라도 가급적 원문 그대로 수록한다. 이 기록들은 그 자체로 흥미로운 연구 대상이며, 문화적인 가치를 지니기 때문이다. 단, 문맥상 의미 파악이 힘들다고 판단되는 대목은 〈— 인용자〉라고 표시하여, 원문과 병기한다.

- 본문에 수록한 사진 중 저작권자가 표시되지 않은 사진은 모두 저자가 촬영한 것이다. 저작권자가 따로 있는 사진은 캡션에 저작권자를 명시했다.

들어가는 말

〈한국 도시 아카이브〉의 세 번째 책을 출간하게 되어 기쁩니다. 독자 여러분을 믿고 여기까지 왔습니다.

시리즈 세 번째 책의 제목은 『대서울의 길』입니다. 제목대로, 이번 책의 주인공은 〈길〉입니다. 이 길에는 도로, 철도, 강, 항공이 포함됩니다.

이 책에서 저는 길을 따라 대서울의 중심에서 경계 지역까지 갑니다. 서북쪽으로는 파주, 북쪽으로는 철원, 동쪽으로는 춘천과 원주, 동남쪽으로는 안성, 남쪽으로는 천안, 서남쪽으로는 아산 신창, 그리고 서쪽으로는 화성 남양반도와 강화도까지, 대서울 구석구석을 걸으며 발견하고 생각한 갈등 도시의 현재 상황을 기록했습니다.

길을 따라가면서 발견한 대서울의 모습은 두 가지에 비유할 수 있습니다.

하나는 카나트qanat라는 중앙아시아·서아시아의 물길입니다. 물이 솟아 나오는 곳으로부터 지하 수로를 파서 사막 지대에 물을 공급하는 시스템이지요. 유네스코 세계 유산으로 지정된 이란의 〈페르시아의 카나트〉를 공중에서 보면, 사막 한가운데로 동그란 우물이 줄지어 있는 모습이 확인됩니다.

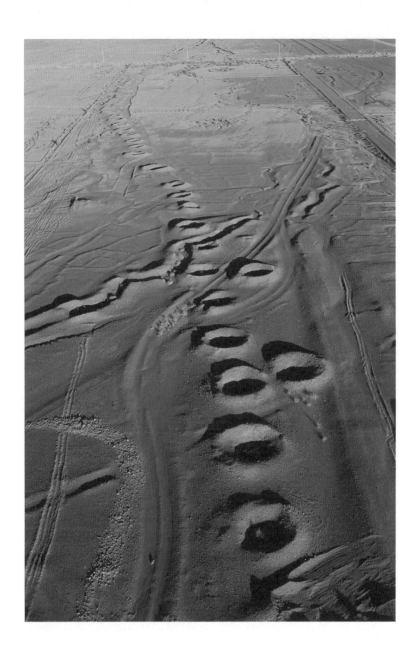

페르시아의 카나트 ⓒ S. H. 라세디

저는 길을 따라 대서울이 확장되어 가는 모습이 이 카나트 같다고 느꼈습니다. 서울시와 인접한 경기도의 도시들에서는 오아시스 주변으로 물이 천천히 스며드는 것처럼 경계를 구분할 수 없이 하나의 도시가 되어 가는 연담화 현상이 확인되지만, 대서울의 외곽으로 나갈수록 도심은 철도의 역, 도로의 인터체인지, 공항이라는 거점 주변으로 원형을 그리며 드문드문 나타납니다.

서울시가 가장 높고 나머지 지역은 낮다거나, 도시는 높고 농업 지역은 낮다는 가치 판단을 내리는 것이 아닙니다.

제가 여기서 카나트 시스템을 소개하는 이유는, 높은 곳의 계곡 물을 낮은 곳의 사막 지대로 흘려보내는 카나트 시스템의 방식이 지난 100여 년 동안 한반도에서 근대 도시가 만들어지고 확대되는 과정을 구조적으로 설명하는 데 적합하다고 여기기 때문입니다. 서울시에서 주변 농업 지역으로 카나트식으로 도시가 퍼져 나갔으며, 그 주요한 경로는 철도와 도로였습니다.

이렇게 길을 통해 지역들이 형성되어 만들어진 대서울의 전체 형태는 동그란 피자pizza에 비유할 수 있습니다.

사람들은 흔히 자신을 서울 사람, 경기도 사람, 충청도 사람, 강원도 사람이라는 식으로 소개하지만, 이들이 서울의 전체, 경기도의 전체, 충청도의 전체, 강원도의 전체를 구석구석 알고 애정을 느끼는 것은 아닙니다. 사람들은 자기가 사는 지역과 직장이나 학교가 있는 지역을 잇는 길을 따라 움직입니다. 그리고 길은 당연히 지자체의 경계를 뛰어넘습니다. 길을 통해 이어지는 서울과 그 너머의 지역은, 마치 둥그런 피자에서 떼어 낸 한 조각의 피자와 같이 길쭉하지만 단단하게 붙어 있습니다. 그리고 한 조각의 피자가 다른 피자 조각들에서 쉽게 떨어지듯이, 각각 길을 통해 결합되어 있는 서울과 그 너머 지역들의 덩

어리는 다른 지역 덩어리들과 별개입니다. 사람들은 자기가 사는 지역
보다는 이 길의 주변에 대해 더 많은 것을 알고 있습니다. 그리고 사람
들의 정체성은, 습관적으로 말하곤 하는 〈어느 지역 사람〉이기보다 오
히려 〈어느 길의 사람〉으로서 형성된다고 말할 수 있습니다.

지자체의 공무원이나 정치인들은 사람들이 자기 지역에 애정과
충성심을 지니기를 원합니다. 하지만 시민들은 이들이 원하는 대로 특
정한 지자체 안에서만 삶을 꾸리며 애정과 충성을 바치지 않습니다. 길
을 따라 지자체를 넘나들며 여러 가지 정체성을 지닙니다. 그래서 서울
에 살지만 마음은 언제나 고향인 지방 도시나 시골에 있는 사람도 있고,
자신은 몸만 경기도에 있을 뿐 학교와 직장과 노는 곳은 모두 서울인데
왜 서울시장이 아니라 경기도지사 선거를 해야 하느냐고 불만을 품는
사람도 있습니다.

이렇게 길을 따라 가늘고 길게 이어지는 생활권, 예컨대 서울 사대
문, 영등포, 강남을 중심에 놓고 보았을 때 피자 조각처럼 방사상으로
퍼져 나가고 있는 모습이 대서울입니다. 따라서 대서울은 서울만도 아
니고 경기도만도 아니고 충청남도만도 아니고 강원도만도 아닙니다.

제가 수도권이라는 말 대신 대서울이라는 개념을 사용하는 이유
가 있습니다. 수도권의 개념으로는 잘 설명되지 않는 부분이 있기 때
문입니다. 경기도 이천과 연천은 서울 통근·통학권이라 하기 어려운
점이 있지만 강원도 춘천과 원주, 충청남도 천안과 아산, 충청북도 청
주·오송은 일정 부분 서울 통근·통학권이라 간주할 수 있습니다. 아침
에 동서울, 잠실, 강남, 양재, 사당과 이들 지역을 잇는 고속도로, 저녁
에 이들 지역에서 서울로 향하는 수도권 전철 안의 학생들, 늦은 밤 사
당역 주변 버스 정류장에 길게 줄을 선 직장인들을 볼 때마다, 길을 통
해 방사상으로 이어져 있는 대서울의 구조를 확인합니다.

　대서울 속의 길을 따라가면서 갈등 도시의 현장을 봅니다. 서울시·성남시·과천시 사이의 길을 따라가면서 현대 한국에서 일어난 끝없는 이주와 갈등, 철거와 정착의 과정을 확인합니다. 평택 고덕 신도시를 만들기 위해 이주당한 농민들이 새로운 정착지에서 저 멀리 고향 땅을 바라보고, 캠프 험프리스를 만들기 위해 이주당한 농민들이 고향의 지명을 그대로 가져와 새로운 정착지에 붙인 것을 봅니다.

　이 책에서는 이 시리즈의 앞선 두 책인 『서울 선언』과 『갈등 도시』에서 확인한 문제의식을 경기도와 그 너머로 확장해, 저의 주장이 과연 서울시와 인접 지역을 넘어 더욱 넓은 범위에서도 적합한가를 살펴봅니다.

이번 책의 출간을 위한 저의 작업에는 믿음직한 선구자가 있었습니다. 뿌리깊은나무 출판사가 1980~1990년대에 출판한 『한국의 발견』 시리즈의 서울·경기도·충청남도·강원도 편입니다.

　일본의 공영 방송인 NHK는 1963년부터 1982년까지 거의 20년에 걸쳐, 일본 전국을 다니며 자연과 사람들이 살아가는 모습을 담은 다큐멘터리 「신일본기행(新日本紀行)」을 방영했습니다. 프로그램 편수는 800편에 달합니다. 지금도 종종 재방영되고는 합니다.

　그런데 「신일본기행」 방송이 끝나고 「신일본기행 또다시」라는 프로그램이 이어질 때가 있습니다. 「신일본기행」 제작진이 찾아간 지역을, 반세기 가까이 지난 2005년에 다시 찾아가 제작한 다큐멘터리입니다.

　반세기 사이에 일본의 농촌, 어촌, 산촌, 그리고 도시까지 많은 부분이 바뀌었습니다. 「신일본기행 또다시」는 그런 변화를 안타까워하거나, 과거와 비교해서 오늘날을 비판하지 않습니다. 반세기 사이의 변화를 담담히 화면에 담을 뿐입니다. 다시 반세기가 흐른 뒤 누군가 배턴을 이어받을 것을 믿으며.

한반도에서도 당시 사람들의 삶과 인문·자연을 기록하려는 움직임은 꾸준히 있었습니다. 국가 차원에서 인력을 동원해 1481년부터 1530년에 걸쳐 『신증동국여지승람』을 만들었고, 이중환이라는 몰락한 지배 집단의 남성이 18세기 중엽에 『택리지』를 썼습니다.

『택리지』로부터 200년 정도 흐른 뒤, 이번에는 뜻있는 개인들이 힘을 합쳐 대한민국 영토에서 일어나고 있는 일을 담았습니다. 뿌리깊은나무 출판사가 1983년에 출판한 『한국의 발견 — 한반도와 한국 사람』 시리즈입니다.

『한국의 발견』 시리즈는 서울, 경기, 강원, 충북, 충남, 전북, 전남, 경북, 경남, 부산, 제주의 열한 권으로 이루어져 있습니다. 그때까지의 자연과 인문적인 상황을 요령 있게 정리하고, 책을 만들던 시점에 일어나고 있는 일을 특히 정성스럽게 담았습니다. 20세기 후반 한국의 모습은 해마다 빠르게 바뀌고 있었으므로, 출판사는 판을 새로 찍을 때마다 내용을 수정하고 사진도 바꾸는 등 심혈을 기울였습니다.

아는 사람은 다 아는 이 시리즈를, 이제까지는 답사 가는 지역만 사전 찾듯이 훑어보고는 했습니다. 그러다가 이번에 서울, 경기, 충청남도, 강원도 지역을 답사하면서, 해당 지역의 책들을 처음부터 끝까지 찬찬히 읽었습니다. 이제까지 생각해 온 이상으로 좋은 책이었음을 깊이 느꼈습니다.

물론 이 책에는 집필을 담당한 중산층 지식인 집단의 고답적인 관점, 그리고 1980년대에 강하게 불었던 민족주의적 경향에서 비롯된 대목이 곳곳에서 보입니다. 지명이나 사실 관계가 명백하게 틀린 부분도 있습니다. 하지만 이런 몇몇 부분 말고는 전체적으로 감동적이었습니다. 이번에 책을 쓰기 위해 실제로 경기도, 충청남도, 강원도 구석구석을 답사하면 할수록, 이 책이 방대한 조사와 깊은 고민을 거쳐 쓰였음을 절감했습니다.

초판이 출판되었을 당시에는 아직 존재하고 있던 시흥군에 대한 설명을 읽던 중, 다음 구절이 깊이 와닿았습니다. 〈근대화 또는 도시화라는 것에서 눈여겨보아야 할 것은 땅과 사람의 변화 곧 그 쓰임새가 바뀐 땅에서 그 땅을 삶의 터전으로 삼고 살아오던 사람들의 생활이 어떻게 바뀌었느냐 하는 것이다.〉(『한국의 발견: 경기도』, 299면) 그 변화의 과정은 1980년대에 한 번 기록되고 말 것이 아니라, 그 후에도 주기적으로 사진과 글로 기록되어야 합니다.

『한국의 발견』에서 설명하고 또 사진으로 담은 한국의 풍경은, 책이 출판된 이후 거의 모두 사라졌습니다. 특히 이 책이 출간된 뒤, 1980~1990년대에 대규모 행정 구역 재편이 이루어졌다는 사실이 중요합니다. 이러한 변화를 정성스럽게 담은 시리즈는 『한국의 발견』이후로 아직 나오지 않고 있습니다. 전근대의 왕과 양반과 전쟁 영웅들에 대한 책만 나오고 또 나옵니다.

한국 사회의 40년 전 모습을 정리해서 후세에 남긴 사람들이 있었습니다. 2020년대의 한국 시민이 이 배턴을 이어받아야 하겠습니다. 우선은 저부터 미력하나마 실천하려 합니다. 〈도시화〉라는 관점에서 쓴 〈신한국의 발견〉이라고 생각해 주시면 기쁘겠습니다.

이 책의 3분의 1 정도는 각종 언론에 기고한 글을 대폭 가필한 것이고, 나머지는 이 책에서 처음 공개되는 내용입니다.

이 책을 쓰기 위한 답사에 함께해 주시고 정보와 자료를 제공해 주신 이승연, 정우준, 김은희, 조경하, 이진수, 김교정, 김경민, 류기윤, 김달성, 민운기, 김재민, 이혜원, 하희봉, 김진경, 박은하, 강진구, 최윤구, 윤홍균, 조용주, 이태웅, 이치노헤 와타루, 도도로키 히로시, 세키 노리카즈, 오창현, 이재우, 김순영, 신기영 선생님, 트레바리 〈시민의 도시 대서울을 걷다〉에 참가해 주셨던 멤버분들께 고마움을 전합니다. 끝으로 아내 장누리와 딸 김단비, 이번에도 멋진 책을 만들어 주신 열린책들의 김영준·김태권 두 분께 감사드립니다.

2021년 7월

김시덕

차례

서론:
도시는 선(線)이다

도로와 철도, 고속도로와 고속철도

이 책에서는 〈길〉을 따라 대서울의 끝까지 걸어갈 것입니다. 길을 따라 걸으면, 이제까지 볼 수 없던 방식으로 대서울을 넘어 한반도를 이해할 수 있다고 생각하기 때문입니다.

이제까지 전국적 또는 지역적 차원에서 경관을 바라보는 방식은 일반적으로 면적(面的)이었습니다. 오늘날의 지자체 행정 단위나 조선 시대·고려 시대의 행정 단위를 하나의 완성된 면(面)으로 설정하고, 그 안에 존재하는 여러 가지 요소들이 그 행정 단위의 특징을 보여 준다고 설명하는 방법입니다.

물론 이런 방식으로 공간을 바라보는 것은 어떤 의미에서는 편리하고, 또 어떤 의미에서는 합리적이기도 합니다. 하나의 행정 단위 안에 사는 사람들은 그 행정 단위에 소속감을 느끼고, 그 행정 단위의 다른 지역에 살고 있는 결코 만난 적 없는 사람들과도 일체감을 느끼고는 합니다. 강원도의 동쪽 끝인 고성군에 사는 A 씨와 강원도의 서쪽 끝인 원주시에 사는 B 씨는 비록 서로 만난 적은 없지만 〈저 사람도 나와 마찬가지로 강원도 사람〉이라는 동질감을 느낄 수 있습니다.

그러나 이렇게 면적인 방식으로 공간을 바라보아서는, 어떤 개인의 정체성을 절반밖에는 이해하지 못한다는 게 저의 생각입니다. 원주시에 사는 B씨는 초중고에서 강원도 동해안 지역의 관광지를 〈우리 강원도의 자랑〉이라고 배웠을 것이고, 가끔 강원 도청에서 업무를 보면서 강원도 내 다른 지역의 삶을 간접적으로 접했을 것입니다. 하지만 이와 동시에 B씨는 중앙선 철도나 영동고속도로를 이용하면 고성군보다 더 빠르고 편리하게 접근할 수 있는 서울시·경기도나 동남권 지역에서 대학에 다니고 직장을 구했을 수 있습니다.

특히 원주시는 예전부터 서울시·경기도와의 교통이 편리했던 데다, 최근 혁신 도시까지 건설되면서 서울시나 경기도를 오고 가는 인구가 늘고 있습니다. 서울시의 동부 지역인 성북구·노원구 등에서 살다가 혁신 도시의 직장에 취업하면서 원주시에 거처를 마련한 B씨의 친구 C 씨처럼, 혁신 도시에서 근무하기 위해 원주로 이사 와서 단기적으로든 장기적으로든 강원 도민이 되는 경우도 늘고 있습니다.

이렇게 열차나 버스로 대서울과 강원도를 오가며 생활하는 B씨와 C씨는 강원도라는 면적인 동질성을 지니는 강원도 내의 다른 지역 시민들뿐 아니라 중앙선·영동고속도로라는 선적(線的)인 요소에 의해 연결되는 서울시·경기도·충청북도·경상북도의 시민들과도 동질감을 느끼며 살고 있습니다. 저는 이제까지 한국 전체나 어떤 지역을 설명해 온 사람들이 이 선적인 요소를 상대적으로 간과했다고 생각합니다.

그들이 면적인 요소를 강조하고 선적인 요소를 간과해 온 이유는 여러 가지일 것입니다. 그중 하나는 세금을 걷고 선거를 치르는 단위가 면적인 행정 단위이다 보니, 공무원과 정치인들이 면적인 요소를 강조하고 싶어 한다는 점입니다. 자신이 거주하는 지역보다 학교나 직장이 있는 지역에 더 동질감을 느끼고 더 많은 이해관계를 가진 시민들이 거주지와 학교·직장 가운데 어느 쪽에서 투표하고 세금을 낼지를 선택할 자유가 없다는 점도, 공간을 이해할 때 면적인 요소를 강조하고 선적인 요소를 과소평가하는 이유가 됩니다.

이 같은 제도적 한계에도 불구하고 개개인은 면적인 행정 단위에만 충성심을 갖는 것이 아니라 도로와 철도를 따라 선적으로 이어지는 지역들에도 소속감을 느끼고 그곳 사람들과 느슨하게 연대합니다. 근대가 시작되기 전에는 도로와 배를 통해 선적인 네트워크가 만들어졌고, 근대 이후에는 철도와 고속도로가 교통수단으로 추가되었습니다. 도로와 고속도로를 구분하는 이유는, 고속도로는 닫힌 구조이기 때문입니다. 도로는 기본적으로 인접한 지역들에 열려 있어서 도로를 따라가다가 어디로든 〈옆길〉로 샐 수 있지만, 고속도로는 인터체인지를 통해서만 다른 길로 연결될 뿐이며 그 이외의 인접 지역으로는 빠져나갈 수 없습니다.

고속도로와 그 밖의 도로의 차이는, 고속철도와 그 밖의 철도를 설명할 때도 적용됩니다. 현재 한국 시민들, 특히 인구의 절반 정도를 차지하는 도시민들은 철도라고 하면, 주요 지역으로 빠르게 이동할 수 있는 고속철도, 그리고 대서울Greater Seoul·대부산Greater Busan 등에 건설되고 있는 광역 철도, 두 가지를 떠올릴 것입니다. 하지만 근대라는 시대를 대표하는 두 가지 존재로서 〈교통〉과 〈통신〉의 발달을 거론할 때 포함되는 철도는 고속철도·광역 철도만이 아닙니다.

근대의 한 시기에, 전 세계적으로 마치 오늘날 한국의 버스 시스템처럼 국토 구석구석까지 철도 노선이 놓이고 철도역이 만들어졌습니다. 한반도 역시 20세기의 한 세기 동안 철도 시스템에 의해 빠르게 재편되었습니다. 광복과 6·25 전쟁 이후, 구체적으로는 1970년 경부고속도로가 개통되면서 한반도의 교통 체계는 한때 철도에서 고속도로

1917년 대관령 준공 기념비

로 그 무게 중심이 옮겨 갔지만, 최근 GTX·중부 내륙선·서해선·동
해선 등의 간선 철도·광역 철도 건설을 둘러싸고 전국이 들썩이고 있
습니다. 이런 현상을 보며 시민들이 반세기 만에 철도 시스템의 위력을
재평가하고 있음을 실감합니다.

철도에 의해 만들어진 20세기 한반도의 공간 구조는 그 이전 시
기와는 본질적으로 달라졌으며, 이 변화를 되돌리는 것은 불가능합니
다. 20세기 한반도의 공간과 시민들의 정체성은 과거로부터 단절되었
으며, 이렇게 새로 형성된 공간과 정체성은 2021년 현재까지 이어지고
있습니다. 따라서 근현대 한국의 경관을 이해하기 위해서는 국가나 특
정 행정 단위를 관찰하는 것 이상의 노력을 철도라는 길의 연구에 기울
여야 합니다.

철도와 도로가 만들어 내는 공간 구조와 경관:
강원도 동해안 지역의 경우

강원도 동해안 지역은 철도가 도로와 어떤 관계를 맺으며 어떠한 공간
구조를 만들어 내는지를 한국의 그 어떤 곳에서보다도 뚜렷하게 관찰
할 수 있는 곳입니다. 지난 100여 년 동안 길이 어떤 식으로 대서울의
공간 구조를 만들어 냈는지를 살펴보게 될 이 책의 초입에서 강원도 동
해안 이야기를 하는 이유입니다.

경기도 서쪽에서 강원도 동쪽까지 철도 시스템을 이용해 동서로
이으려는 시도는 20세기 초부터 있었습니다. 그러나 수원과 여주를 잇
는 수려선 철도가 원주까지 연장할 계획을 세우고도 실패했고, 경춘선
이 춘천에서 멈췄으며, 중앙선이 원주에서 남쪽으로 방향을 트는 등,
한반도 동서 관통 철도를 건설하려는 시도는 모두 좌절되었습니다. 그
러다가 1955년에 영암선이 개통되면서 산업 철도가 먼저 한반도의 동

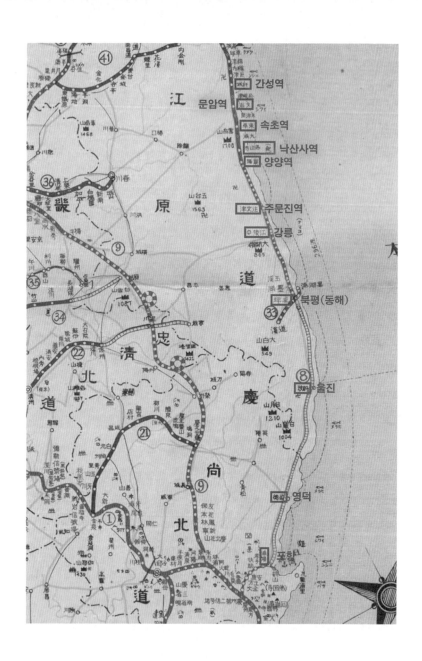

『조선 철도 상황 제30회』, 일본 국회 도서관 소장,
1939

서를 관통했고,[1] 이로부터 반세기가 지난 2017년에는 여객 열차인 강릉선 KTX가 개통되었습니다.

강릉선이 개통되기 전까지 대서울과 강원도 동쪽 끝의 동해안 지역을 이은 것은 도로였습니다. 강원도 강릉시 서쪽의 성산면은 한반도를 동서로 잇기 위한 지난 100년간의 인간의 활동을 압축적으로 보여주는 지역입니다. 이곳에는 1917년에 대관령을 관통해서 신작로를 놓은 것을 기념하는 암벽 각석(刻石)과 1975년에 영동고속도로를 완공했음을 기념하는 전근대풍의 비석이 세워져 있습니다. 그리고 2017년에 개통된 강릉선 KTX가 이들 각석과 비석의 바로 북쪽을 지나고 있습니다. 1917년에 완공되어 반세기 동안 수많은 사람들이 이용하던 신작로는 영동고속도로·강릉선 개통 이후 쇠락하여, 도로 주변의 휴게소들도 잇달아 폐업하고 있습니다. 반면 영동고속도로와 강릉선은 어느한쪽이 다른 한쪽의 수요를 빼앗아 간다기보다는, 부족한 부분을 서로보완하는 측면이 더 큰 것 같습니다.

2017년에 개통된 강릉선 KTX 강릉역은 반세기 전인 1962년에 영동선 철도역으로 개통됐습니다. 그보다 10~20년 전인 식민지 시기에는 동해 북부선 철도역이 들어설 계획에 따라 노반 공사, 즉 철로를 놓기 위한 기반 공사가 완료된 상태였습니다.

동해 북부선은 강원도 북쪽의 안변에서 경상남도 남쪽의 부산진까지 동해안을 따라 놓일 예정이던 철도 노선입니다. 1939년 조선총독부 철도국에서 간행한『조선 철도 상황 제30회(朝鮮鐵道狀況 第30回)』에 수록된 지도에는 강원도 북쪽 안변부터 강릉을 지나 남쪽 북평까지 공사가 완료되었고, 북평부터 포항까지는 노선이 완성되지 않은 것으로 표시되어 있습니다. 한편 1946년에 제작된 것으로 보이는 미군의 지도에도 북평역 바로 아래 삼척역까지는 철도가 완공되었고,

(위) 오노다 시멘트를 이어받은 동양 시멘트의   (아래) 옛 포항역과 삼화 제철소 고로
후신인 삼표 시멘트 ⓒ 이승연, 2019

삼척역부터 포항역까지의 구간은 공사가 중단됨에 따라 대략의 예상 노선도를 표시했음을 알리고 있습니다. 부산진역에서 출발한 동해 남부선은 포항역까지 개통된 상태에서 더 북쪽으로 올라가지 못했습니다. 동해 남부선 포항역이 영업을 개시한 것이 1945년 7월이었고, 그한 달 뒤인 8월에 일본이 무조건 항복을 하면서 공사가 중단되었기 때문입니다. 이에 따라 포항역은 동해선의 중간 지점에서 동해 남부선의 종착점으로 그 성격이 바뀌었고, 한동안 포항제철 노동자들의 통근 열차로 이용되었습니다. 그리고 동해 남부선이 동해선으로 이름이 바뀌고 철로도 새로 놓이면서 옛 포항역은 2015년에 철거되었습니다.

포항역을 이용해 노동자들이 통근하던 포항제철에는 〈삼화 제철소 고로〉라는 국가 등록 문화재가 있습니다. 이 시설은 원래 동해선을 통해 포항과 이어질 예정이던 강원도 삼척의 고레카와 제철(是川製鐵) 공장에 있었습니다. 광복 후 고레카와 제철은 삼화 제철소로 이름이 바뀌어, 오노다(小野田) 시멘트 삼척 공장을 이어받은 동양 시멘트와 함께 〈삼척 공업 지대〉의 핵심 시설로서 운영되다가 폐업했습니다. 1975년에 개봉한 영화 「삼포 가는 길」의 말미에, 이 삼화 제철소를 배경으로 철길을 걷는 주인공들의 롱 숏이 나옵니다. 포항제철 측은 1945년 8월 분단 이후 한국 지역에 남은 유일한 제철소였던 삼화 제철소의 흔적이 완전히 사라지는 것을 막기 위해, 여덟 개의 용광로 가운데 하나를 포항으로 옮겨 왔습니다.

포항제철로 옮겨진 삼화 제철소 고로는, 강원도와 경상도의 동해안이 원래는 동해 북부선-동해 중부선-동해 남부선 철도를 통해 하나의 생활권으로 이어질 예정이었음을 상징하는 존재입니다. 삼화 제철소와 동양 시멘트가 있던 삼척은 1945년의 광복·분단 시점에 경인 공업 지대·영남 공업 지대와 함께 한국의 3대 공업 지역이었습니다. 이

동해 북부선의 도시 화석

(위) 양양역과 주문진역 사이에 건설된 폐철교   (아래) 낙산사역 터

동해 북부선의 도시 화석

(위 왼쪽) 양양역 터

(아래 왼쪽) 주문진역 플랫폼

(위 오른쪽) 문암역 철도 관사

(아래 오른쪽) 도로로 전용된 주문진역 부근의
철도 노반

피난민촌이 있던 주문진역 광장 예정지

공업 지역이 다른 지역의 철도 시스템과 분리되어 있던 문제를 해결하기 위해, 한국 정부는 조선 총독부 철도국이 건설해 놓은 노반을 활용해서 1950~1960년대에 동해 북부선 일부 구간을 개통했습니다.

하지만 철도보다 도로 교통을 확충해야 한다는 국제부흥개발은행(IBRD)의 조언에 따라 박정희 정부가 고속도로 건설에 매진하면서,[2] 공업적·상업적으로 큰 의미가 없던 동해 북부선의 나머지 구간은 결국 개통되지 못했습니다. 광복 전에 운행되던 동해 북부선 구간 가운데 분단 후 한국에 속해 있던 초구역-양양역 구간도 다른 철도 노선으로부터 고립되었고, 결국 폐지되었습니다.

현재 동해 북부선 구간의 옛 철로는 거의 걷혔지만, 광복 전에 놓인 노반과 수많은 터널은 비교적 잘 남아 있습니다. 철도 역사가 있던 간성역·낙산사역·양양역 등의 일부 지역에는 여전히 플랫폼이 남아 있습니다. 고성군 죽왕면 송암리의 옛 문암역 근처에는 철도원들이 거주했던 철도 관사가 두 채 남아 있는데, 이들 관사에는 다른 지방에서 찾아보기 어려운 페치카가 설치되어 있어서 강원도 고성 지역의 추운 겨울을 짐작하게 합니다.

동해 북부선 열차가 다니던 가장 남쪽 역인 양양역에서는, 동해 북부선 본선 이외에 지금도 운영 중인 철광산으로 이어지는 지선이 있었고, 이곳 광산 노동자들을 위한 작지만 우아한 성당 건물이 아직도 산속에 남아 있습니다. 한편 양양역 터의 바로 근처에는 양양 종합 여객 터미널이 들어설 예정입니다. 20세기 전기에 철도 교통의 요지로 지목된 지역이 21세기 전기에 도로 교통의 요지로 부활하는 것입니다. 동해 북부선의 노반은 대부분 도로로 전용되어 활용되고 있기도 하므로, 강원도 동해안 지역에서 동해 북부선 철도가 만들어 낸 공간 구조가 100년 가까운 세월을 거쳐 도로 교통으로 그 모습을 바꾸면서도 여전히 뚜렷이 남아 있음을 확인할 수 있습니다.

심지어 양양역과 강릉역의 중간 지점인 주문진역 폐역 및 도로로 전용된 그 주변의 노반은, 열차가 한 번도 운행된 적이 없음에도 불구하고 마치 이곳에 열차가 다녔고 그 주변으로 철길 마을이 형성되었던 것 같은 착각에 빠지게 합니다. 협궤 열차가 다니던 수인선의 인천 구도심 구간이나, 요즘 핫 플레이스로 주목받고 있는 전라북도 군산의 옛 경암동 철길 주변을 떠올리면 될 것입니다. 주문진역 광장이 될 예정이던 공터에 6·25 전쟁 피난민들이 10여 년 전까지도 마을을 이루고 있었고,[3] 언젠가 동해 북부선을 건설할 계획이던 철도청에서 노반 지역을 철도 지목(地目)으로 묶어 놓았던 것이 이런 경관을 만들어 낸 것으로 추측합니다.

양양역 옆에 건설 중인 버스 터미널, 열차가 달린 적이 없는데도 마치 철도가 운행됐던 것 같은 착각에 빠지게 하는 주문진역 주변의 노반. 이들은 철도가 근대 한반도의 도시 경관을 만들어 냈음을 21세기의 한국 시민들에게 전하는 도시 화석입니다.

지난 100여 년 동안 철도와 도로가 상보 관계를 이루며 공간 구조를 만들어 낸 강원도 동해안 지역은, 근현대 한반도의 길이 도시 경관을 만들어 낸 과정을 선명하게 보여 주는 일종의 〈공간의 실험실〉입니다. 한반도 북부와의 철도망 재연결 사업에 따라 신설될 동해선은 옛 동해 북부선 노선을 재현하지 않지만, 기본적으로 예전에 동해 북부선이 지나던 지역들을 관통할 예정입니다. 한때 동해 북부선 철도를 통해 근대 도시로서의 교통망을 갖추었고, 분단과 교통 정책의 변화로 인해 철도가 사라진 뒤에도 그 경관을 유지해 온 강원도 동해안 지역이, 앞으로 동해선 철도가 신설되면 어떤 경관 변화를 보여 줄지 주목하고 있습니다.

제1장
대서울의 서부

1
김포선:
사라진 철로 끝에는 사라진 마을이

이 장에서 걸을 곳은 경인선 부천역과 김포공항 사이를 운행하던 김포선이라는 사라진 철길, 그리고 2000년대 말까지 김포선의 북쪽 끝에 존재하던 오쇠리 마을입니다.

김포선 철도

김포선 철도는 한국에 주둔하던 미군을 위해 건설된 군용 철도로, 1951~1980년 사이에 운행된 것으로 알려져 있습니다. 도로로 운반하기 곤란한 군용 물자를 실어 나르기 위해, 미군은 항구·공항과 부대 사이에 군용 철도를 부설합니다. 1959년에 개통되어 1985년에 운행이 중단된 경인선 주안역과 인천항 사이의 군용 철도 주인선도 마찬가지 목적으로 부설되었습니다.

옛 김포선 철도는, 이름과는 달리 현재의 김포시를 통과하지 않습니다. 안양천을 사이에 두고 영등포를 바라보던 목동까지 김포군이던 시절, 그리고 서울의 서쪽 끝인 양천구 신월동의 서서울 호수 공원이 1959년에 김포 정수장이라는 이름으로 개설된 시절의 명명입니다.

김포선이 출발하던 부천역의 당시 이름은 소사역이었습니다. 한때 영종도까지 관할하던 부천군이 쪼개지고 부천군 소사읍이 부천시

경인 공업 단지를 관통하던 옛 김포선 노선

로 승격하면서, 소사역도 부천역으로 이름이 바뀌었습니다. 현재 부천
역 동쪽으로 한 정거장 가면 있는 소사역은 1998년에 새로 생긴 역입
니다.

　저는 일곱 살 때 소사역 남쪽에 살았는데, 제 기억 속의 소사역
은 지금의 부천역일 터입니다. 당시 그 동네에서 유일한 고층 아파트
에 사는 친구네 집에 놀러 갔다가 메추리알을 보고는 〈작은 달걀〉이라
며 신기해했던 기억이 있습니다. 메추리알이 보급된 초기에는 고영양
분 식품이라고 해서 우유처럼 배달을 받아 먹기도 했는데, 그만큼 메
추리알이 흔하지 않았던 시절의 이야기입니다. 지금도 부천역 남쪽에
는 1980년에 준공된 부천 극동 아파트와 1984년에 준공된 부천 롯
데 아파트 말고는 고층 아파트 단지가 없는데, 제가 일곱 살이던 해가
1981년이니, 제 친구네 집은 부천 극동 아파트였을 겁니다.

　옛 소사역에서 출발한 김포선은 커브를 틀며 서북쪽으로 향하다
가, 중동 신도시의 남쪽인 계남고등학교에서 일단 끊깁니다. 철로는 진
즉에 걷혔지만, 이 구간의 도로와 그 주변 경관은 여전히 김포선 운행
당시의 모습을 남기고 있습니다. 1988년에 주택 200만 호 건설 계획
이 발표되기 전까지 부천 중동 지역은 절대 농지였으니, 폐선되기 전의
김포선은 끝없이 펼쳐진 중동 벌판을 달렸을 것입니다.

　중동 벌판에서 서북쪽으로 계속 올라가던 김포선은, 서울 노량진
정수장에서 출발해서 인천의 구도심인 송현동의 배수지까지 이어지던
수도길과 지금의 부천 체육관·약대 공원 부근에서 교차했습니다. 인천
개항장의 시민들에게 상수도를 공급하기 위해 건설된 것이었기에, 당
초에 노량진 정수장은 인천 수도(仁川水道)라고 불렸습니다. 현재는 영
등포구의 북쪽 끝 양화동에 인천으로 공급되는 상수도의 정화 시설이
있습니다. 100년 전부터 인천, 부천, 서울은 상수도로 이어져 있었던

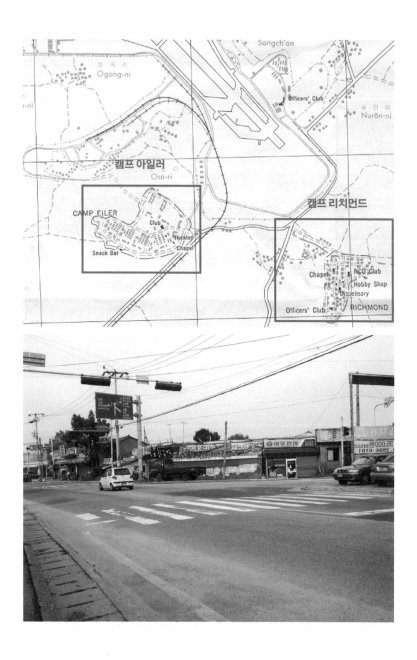

(위) 미군 기지가 주둔하던 시절의 오쇠리와
김포선. 지도에 표시한 구역은 김포공항 남쪽에
있던 캠프 아일러와 캠프 리치먼드

(아래) 오쇠 삼거리의 2004년 모습 © 류기윤

것입니다. 수도길에 대해서는 『갈등 도시』에서 이미 살펴보았습니다.

　서남쪽으로 부평을 향해 나아가는 수도길과 교차한 김포선은 여기서부터 진로를 동북쪽으로 돌렸습니다. 김포선은 경인 공업 단지를 관통하며 경인고속도로 부천 인터체인지와 교차하고, 조금 더 동북쪽으로 올라가서는 김포공항까지 부평 분지를 관통하며 올라갔습니다. 지금의 인천 계양구, 인천 부평구, 경기도 부천, 서울 강서구를 아우르는 부평 분지의 마지막 흔적인 김포공항 주변의 절대 농지를 가로지르는 김포선 열차의 모습을 기억하는 부천의 농민들을 여전히 만날 수 있습니다.

오쇠리

김포공항을 지키던 미군 부대로 진입하기 전에 마지막으로 김포선이 일반에 모습을 보이는 지점에 오쇠리라는 마을이 있었습니다. 지금의 행정 구역으로는 부천 고강동, 서울 강서구 공항동, 서울 강서구 오쇠동에 걸쳐 있었습니다. 식민지 시대 말기에 일본군의 군용 활주로가 지금의 김포공항 자리에 만들어지면서 군부대의 기지촌으로서의 성격을 띠기 시작했습니다. 해방 후에는 미군이 김포공항 주변에 주둔하면서, 캠프 리치먼드의 기지촌으로서 급속히 성장했습니다. 1960년대에는 미군을 상대로 하는 클럽이 세 개나 있을 정도로 번성해서, 당시 부천군에서 가장 번화한 곳이었다고 합니다.[1] 오늘날 옛 오쇠리 마을의 중심이던 오쇠 삼거리에서는 그런 느낌을 전혀 받을 수 없습니다. 아니, 이곳이 마을이었다는 사실조차 믿을 수 없을 정도로 오쇠리는 철저히 지도에서 지워졌습니다.

　참고로 김포공항 남쪽에는 두 개의 미군 부대가 주둔하고 있었습니다. 동남쪽의 캠프 리치먼드와 마주해 서남쪽에 자리하던 캠프 아일

러의 기지촌으로서 기능한 것이, 현재 부평 분지의 원형을 가장 잘 남기고 있는 부천 대장 마을입니다. 이 대장 마을은 3기 신도시 예정 부지로 지정되어, 오쇠리와 마찬가지로 머지않아 사라질 것으로 예상됩니다. 대장 마을에서 바라보는 부평 분지와 1920년대 전반기에 건설된 동부 간선 수로가 만들어 내는 경관은 수도권에서는 보기 드문 농촌의 느낌을 줍니다. 더 늦기 전에 답사해 보실 것을 권합니다.

캠프 리치먼드의 배후지로서 번성하던 오쇠리는 1970년대의 미군 재배치와 함께 기지촌으로서의 성격을 잃었습니다. 이와 함께 항공기 소음 문제가 대두되었습니다. 기지촌으로 번성할 때는 소음을 참을 수 있었으나, 이제는 문제의 성격이 달라진 것입니다. 건물주들은 이른 시기부터 이주를 요구해서, 부천시와 서울시의 경계 지역인 작동에 까치울 마을을 조성해서 이주했습니다.

저는 오쇠리 이주민이 정착한 까치울 마을을 방문하기 위해 〈부대 앞〉이라는 이름의 정류장에서 내렸습니다. 오쇠 삼거리보다는 덜하지만, 여전히 항공기들이 저음을 내며 낮게 서북쪽으로 날아가고 있었습니다. 오쇠리 때와 마찬가지로 주민들은 여전히 군부대와 항공기 소음에서 벗어나지 못했음을 알게 되었습니다.

이곳에는 주민들과 함께 이주한 것으로 보이는 오쇠 중앙교회가 있었습니다. 하지만 예전에 지도 애플리케이션의 로드뷰에 보이던 십자가 탑을 현재는 찾을 수 없습니다. 지금의 지명인 작동이라는 이름이 들어간 교회는 여전히 운영 중인 것으로 보아, 오쇠동에서 온 이주민이라는 의식이 이곳 주민들에게 점점 옅어져 가는 것이 아닐까 하는 생각을 했습니다. 한편 마을 회관이라 할 까치울 회관의 머릿돌에는 〈정초 / 착공: 2001. 6. 7 / 완공: 2001. 12. 15 / 건립: 고강동 (오쇠리) 새마을회〉라고 새겨져 있었습니다. 이렇게 마을의 풀뿌리 조직으로서 새마을

운동의 흔적을 확인할 때마다, 새마을운동이란 무엇이었고 그 현재적
의미는 무엇인지를 고민하게 됩니다.

　건물주·토지주들이 안정적으로 이주한 반면, 한국의 재개발·재
건축 과정에서 언제나 그렇듯 세입자들은 그 지역의 주민으로 인정받
지 못하고, 따라서 적절한 보상도 받지 못한 채로 오쇠리에 남겨졌습니
다. 현행 재개발·재건축 방식에서는 토지주나 건물주만 주민으로 인
정받고 세입자와 임차인은 주민으로 인정받지 못합니다. 그 지역에서
수십 년 동안 살아온 세입자와 임차인은 외면받고, 다른 지역에 살면
서 그 지역에 토지나 건물을 소유한 부재지주만이 주민으로 인정받는
현실은, 현대 한국에서 민주주의가 뿌리내리는 데 가장 큰 장애가 되
고 있습니다. 어떤 지역에 거주하는 임차인은 그곳에 애착을 느껴도 이
를 드러낼 방법이 제한되고, 그 지역에 토지와 건물을 소유하면서 다른
곳에 거주하는 임대인은 그 지역에 관심이 없는 것이 현재 한국의 지역
현실입니다.

　2004년 12월 16일 자 『부천일보』에는 세입자 전숙자 씨가 〈시
에서는 갈 곳도 없는데 무조건 이주하라고 다그치기만 하고 있다〉라
며, 〈시에서 대책이라도 마련해 주고 철거했으면 좋겠다〉고 호소했다
는 기사가 실려 있습니다.[2] 이 기사가 나올 당시 오쇠리에는 90여 세대
200여 명이 남아 있었으며, 대부분이 기초 생활 수급권자·차상위 계층
이었다고 합니다. 이들은 오쇠리 농협 지소로 쓰이던 건물을 〈오쇠리
세입자 대책 위원회 사무소〉로 개조해서 몇 년에 걸친 극한 투쟁을 전
개했습니다.

　이들 오쇠리 세입자들이 강경하게 대응한 데에는, 여러 차례에 걸
친 방화 의심 사건도 한몫했습니다. 2002년 11월 25일에는 원인 불명
의 화재로 네 명의 아이가 사망하는 사고 또는 사건이 발생했습니다.

부천 대장동 옛길

(위) 오쇠리 세입자 대책 위원회 사무소 ⓒ 류기윤, 2004

(아래) 오쇠리라는 지명이 보이는 까치울 회관의 머릿돌

철거 전의 오쇠동 경관 © 류기윤, 2004

화재 원인은 끝내 밝혀지지 않았지만, 주민들은 세입자를 쫓아내기 위한 방화로 의심했습니다. 2005년 5월 12일 자 『여성신문』은, 2002년 11월 25일의 화재를 비롯해서 수십 차례의 화재가 발생했으며, 〈자연 발생적이거나 주민의 부주의로 치부하기에는 화재 발생 빈도가 높아 강제 철거 작업을 위한《공포 분위기 조성》수단이 아닌지 의구심이 든다〉는 주민들의 목소리를 전하고 있습니다.[3] 이곳뿐 아니라 서울 강남의 빈민촌인 구룡 마을·포이동 등에서는 웬일인지 화재가 자주 일어납니다.

　오쇠리의 잇단 화재 사건은 오쇠리의 마지막 모습을 담은 사진이 거의 없는 이유이기도 합니다. 당시 주민들은 화재 며칠 전에 카메라를 든 사람이 〈화재가 발생한 집 정면을 향해 사진 촬영〉하는 것을 목격했습니다. 왜 사진을 찍느냐는 주민들의 물음에 그 사람은 〈풍경이 없어지니까 아쉬워 찍는다〉라고 답했다는데, 주민들은 이것이 〈누군가(방화범)에게 사람이 살지 않는 집의 위치를 알려 주기 위한 사전 행위〉였을 것으로 추정했습니다.[4] 오쇠리뿐 아니라 저도 답사하는 곳곳에서 비슷한 의심의 눈길을 만나고는 합니다. 주민들로서는 당연히 의심할 수 있는 상황이라고 이해하고, 그런 주민을 접하면 먼저 인사를 하며 건설업자나 시·구청 직원이 아님을 밝히고 명함을 건네고는 합니다.

　현직 KTX 기관사인 류기윤 선생은 철도·버스·항공기 등의 사진을 오랜 기간 촬영해 온 것으로 잘 알려져 있는데, 그도 2000년도 초에 김포선을 답사하던 중에 비슷한 경험을 했다고 합니다. 김포선 폐선을 답사하던 그는 오쇠리 마을 한편에 버려진 열차 차량을 발견했습니다. 김포선을 운행하다가, 이 노선이 폐선되면서 버려진 것으로 추정되었습니다. 현재 김포선 열차 차량은 보존된 것이 없고, 멀리서 찍은 사진 말고는 고화질로 촬영된 것도 없습니다. 하지만 류기윤 선생은 이 귀중

오쇠동에 유일하게 남은 건물 위를 나는 항공기

한 열차 차량의 모습을 촬영하지 못했습니다. 마을의 분위기가 너무나도 삼엄해서 감히 카메라를 꺼낼 수 없었기 때문이었습니다. 한번은 마을 사진을 찍었다가 경찰의 요구로 여러 장 삭제해야 했다고 합니다.

이런 삼엄한 분위기 속에서 류기윤 선생이 간신히 찍은 사진에 보이는 농가의 문에는 〈개발 제한 구역 / 부천 중구〉라는 안내판과 함께 〈고강 1동 49번지 237호(오쇠동)〉이라는 주소가 보입니다. 부천시는 1988년에 중구를 설치했다가 1993년에 이를 원미구와 오정구로 나누었고, 2016년에는 책임 읍면동 제도에 따라 구를 폐지했습니다. 이 사진 속의 집에는 오정구보다도 더 앞선 중구 시절의 주소가 붙어 있습니다. 이 집 뒤편으로 평범한 농촌 풍경이 펼쳐져 있었고, 중년 여성이 마을 샛길을 걸어가고 있었습니다. 벽돌 건물에는 소박한 교회가 입주해 있었습니다. 일반적인 농촌과 다른 점이라면, 미군 기지촌 주변에서 흔히 보이는 상가 건물이 오쇠 삼거리 주변에 밀집해 있었다는 것, 그리고 빈집이 생길 때마다 즉각 철거하는 포크레인의 존재였습니다.

한때 미군 기지촌으로, 그리고 부천과 서울의 경계 지점으로서 번성하던 오쇠 삼거리에는 지금 단 한 채의 상가 건물과 주택만 남아 있습니다. 류기윤 선생이 마지막으로 이곳을 방문한 2008년 8월에 찍은 사진에는 이 상가 건물의 나무 문짝에 붉은 글씨로 〈보류〉라고 적혀 있습니다. 그리고 2020년 8월에 제가 이곳을 방문했을 때에는, 2008년에 철거가 〈보류〉된 상가 건물이 황량한 벌판에 여전히 남아 있었습니다. 강서구청장과 항공청장에게 항의하는 내용의 플래카드가 상가 건물 옆의 주택 담벼락에 붙어 있었습니다.

코로나19로 인해 전 세계적으로 항공기 운항이 급감했음에도 불구하고 몇 분마다 한 대씩 비행기가 이 집 위를 낮게 날고 있었습니다. 너무 낮아서 항공사도 쉽게 식별할 수 있을 정도였습니다. 마지막 남은

집 한 채 위를 날아가는 비행기의 모습에서, 나리타 공항 건설을 둘러
싸고 현지 마을 주민들과 행정 당국 간에 수십 년째 이어지고 있는 속
칭 산리즈카 투쟁을 기록한 다큐멘터리 「산리즈카에 산다(三里塚に生
きる)」(2014) 포스터를 떠올렸습니다. 저공비행하는 항공기 아래 보
이는 진자(神社) 건물은 1937년에 건립되어 1953년부터 지금의 자리
에 모셔진 도호진자(東峰神社)의 도리이(鳥居)로서, 마을 주민들은 자
신들의 의사를 묻지 않고 나리타 공항 건설을 강행한 일본 정부에 맞선
투쟁의 상징으로서 이 진자를 지금까지 지키고 있습니다. 이로 인해 나
리타 공항은 제2활주로를 완공하지 못하고 국제공항으로서의 기능을
온전히 다하지 못하고 있습니다.

　저에게는 오쇠동에 홀로 남은 상가 건물과 주택이 일본 나리타에
우뚝 선 도호진자의 도리이와 겹쳐 보였습니다. 다른 점이 있다면, 나
리타 공항 건설 반대 투쟁과 도호진자의 도리이는 일본 정부에 맞선 시
민운동의 상징으로서 전 세계에 널리 알려진 반면, 오쇠리 마을의 세
입자들이 벌인 철거 반대 투쟁과 이 상가 건물은 거의 아무도 기억하지
못한 채 외롭게 서 있다는 점입니다.

　오쇠리가 미군 기지촌이던 1968년, 부천군 오정면 고강 2리 산
18번지(기름집)에 사는 현주 엄마는 미군과의 사이에서 딸을 낳았습
니다. 현주 엄마는 딸을 고아원에 보냈고, 그 딸은 덴마크의 가정에 입
양되어 김수지라 불리게 되었습니다. 양어머니가 사망한 뒤에 유품을
정리하던 김수지 씨는, 양어머니가 자신을 입양한 뒤에도 고아원과 연
락을 주고받았음을 알게 되었고, 2014년부터 한국에서 친어머니를 찾
기 시작했습니다.[5] 이 소식이 알려지자 부천시에서는 현주 엄마의 행방
을 찾아 주려고 노력했지만, 이미 오쇠동이라는 마을이 소멸된 이상 불
가능에 가까운 일이 되었습니다.

(위) 부천 중구 주소가 붙어 있던 오쇠동의 주택 © 류기윤, 2004

(아래) 오쇠동에 유일하게 남은 건물 © 류기윤, 2008

【監督・撮影】大津幸四郎
【監督・編集】代島治彦
【音楽】大友良英
【朗読】吉行和子・井浦 新

三里塚に生きる
The Wages of Resistance: Narita Stories

(위) 손글씨로 쓰여 있던 〈대한항공 훈련 센터〉 　　(아래) 다큐멘터리 「산리즈카에 산다」 포스터
버스 정류장 간판

오쇠 삼거리 남쪽에는 〈오쇠동 입구〉라는 버스 정류장이 이제는 이 세상에 없는 오쇠동 마을의 존재를 전하고 있습니다. 이 버스 정류장 안내판을 바라보며 생각합니다. 〈도대체 이렇게 빈터로 남겨 둘 거였으면서 왜 그렇게까지 마을 주민들을 몰아내려 했을까.〉 오쇠 삼거리 북쪽에는 부천에서 유일하게 손 글씨로 적힌 〈대한항공 훈련 센터〉라는 버스 정류장 간판이 있었지만 이 또한 2020년에 새것으로 교체되었습니다. 김포선을 운행하던 철도 차량, 마을이 통째로 사라진 〈오쇠동 입구〉 버스 정류장 안내판과 무심히 교체된 〈대한항공 훈련 센터〉 버스 정류장 안내판까지, 부평 분지를 가로지르던 옛 김포선 철로 주변에서는 모든 것이 사라져 갑니다.

2
48번 국도:
신촌, 양천, 김포, 통진, 그리고 강화도

서울 권역

이 장에서는 3000번 버스를 타고 서울시의 한강 서북쪽 신촌부터 한강 서남쪽 양천·강서, 김포시, 그리고 강화도 동북쪽의 강화군 강화읍까지 살펴봅니다.

　3000번 버스는 예전 신촌 오거리에 있던, 신촌 시외버스 터미널이라 불리던 강화운수 정거장에서 강화 터미널까지 운행하던 시외버스 노선을 계승하고 있습니다. 『한국의 발견: 경기도』「강화군」에서는 이 버스 노선에 대해, 〈강화도와 뭍을 잇는 강화대교가 놓인 1970년 정월부터는 닷새 길이 반나절 길이 되고 말았다. 이를테면, 서울 서대문구의 신촌 시장 뒤쪽에 있는 강화운수 정거장에서 직행버스를 타면 강화읍에 닿는 데에 고작 한 시간 10분밖에 걸리지 않는다〉(186면)라고 적고 있습니다. 강화도는 서해안의 섬이라는 이미지가 있어서 서울 시민들에게 멀게 느껴질 수도 있지만, 사실은 서울 시내의 한쪽 끝에서 다른 쪽 끝까지 이동하는 시간보다 신촌에서 강화까지 강화운수 버스를 타고 이동하는 시간이 덜 걸렸습니다. 〈서울〉이라고 한마디로 말할 것이 아니라, 서울시 내부를 방향과 지역별로 나누고 그로부터 길로 이어지는 서울 바깥의 관계를 보아야 대서울의 실상을 온전히 이해할 수 있습니다.

한강을 건너서부터 대략 국도 48번과 겹치는 이 코스는 한반도의
현대사로 인해 그 존재가 부각되었습니다. 오늘날 강화·김포 주민들이
서울로 볼일을 보러 가기 위해서는 3000번 버스 및 이와 비슷한 몇몇
대중교통을 이용합니다. 하지만 1950년에 6·25 전쟁이 일어나기 전
에는 한강을 이용하는 것이 자유로웠기 때문에, 이들 지역 주민들은 배
를 타고 서울로 가거나, 한강 건너 북쪽 고양군으로 가서는 경의선 열
차를 타고 서울로 가고는 했습니다. 1980년대까지 한국의 사회상을 잘
담고 있는 타임캡슐인 『한국의 발견: 경기도』「김포군」에서는 김포 주
민들의 서울 나들이에 대해 다음과 같이 적고 있습니다.

> 특히 감암포 나루에서는 서울까지도 길이 이어졌었으니 이곳 주
> 민들은 식민지 시대 동안에만 하더라도 이 나루에서 건너편인 고
> 양군 송포면의 이산포 나루로 건너가 그곳에서 일산까지 걸어간
> 다음 일산에서 경의선 기차를 타고 서울로 갔다. 그렇지만 육이오
> 전쟁이 끝난 뒤부터는 배를 타고 서울에 가는 사람이 줄어들어 이
> 나루도 그 기능을 잃고 말았다.[1]

여기에 등장하는 감암포는 현재 김포 한강 신도시에 포함된 김포
시 운양동에 지명으로만 남아 있고, 강 건너 북쪽 이산포 역시 포구로
서의 기능을 잃은 지 오래입니다. 북한 간첩의 침투를 막기 위해 한강
하류 지역의 하안(河岸)을 요새화했기 때문입니다. 이처럼 6·25 전쟁
으로 인해 한강을 건너 고양으로 가는 방도를 상실한 김포·강화 주민
들은, 주로 48번 국도를 이용하여 서울로 오가게 되었습니다. 김포시
에서는 한강 가의 옛 모습을 살리기 위해 옛 포구의 실태를 조사하고[2]

감암포의 옛 모습을 복원하는 공사를 진행하는 등의 노력을 기울이고 있지만, 뜻대로 잘 진행되지 않는다는 소식이 들리기도 합니다.[3]

　　오늘날 김포군은 김포시로 승격한 한편, 강화군은 인천광역시와 육지로 이어져 있지는 않지만 인천광역시에 속해 있습니다. 인천광역시 강화군 강화읍으로 향한다는 실감은 신촌에서 버스를 타고 한강을 건넌 직후부터 느낄 수 있습니다. 20세기의 상당 기간 동안 인천의 상수도는 노량진 근처의 한강에서 끌어올려서 보내다가, 요즘에는 영등포구의 서북쪽에서 취수(取水)하고 있습니다. 그래서 이 근처를 지나가다 보면 상수도 시설물 가운데 〈살고 싶은 도시 함께 만드는 인천〉이라는 구호가 붙은 건물을 볼 수 있습니다.

　　양화대교로 한강을 건넌 버스는, 다시 양화교를 통해 영등포구에서 양천구·강서구로 넘어갑니다. 1979년에 유신설계기술공단이 세운 양화교 위로 새마을운동 깃발이 펄럭이는 모습을 볼 때마다, 한국이 오늘날과 같은 모습을 갖춘 1970년대로부터 벌써 반세기가 흘렀구나 하는 감회를 느낍니다.

김포

양화교를 건너면 본격적으로 옛 김포군의 세계가 펼쳐집니다. 다시 『한국의 발견: 경기도』「김포군」을 인용합니다.

　　지금의 김포군 지역은 1914년에 하나의 행정 구역으로 묶이기 전까지 북쪽에 앞에서도 말한 통진현이, 김포읍을 중심으로 한 중부에 김포군이, 그 남쪽에 1963년부터 서울시 강서구 땅이 되어 버린 양천현이 함께 자리 잡고 있었던 땅이다.[4]

(위) 양천 수리 조합 배수 펌프장

(가운데) 철거된 양천 수리 조합 사무동
ⓒ 이승연, 2005

(아래) 강서구에 염창, 즉 소금 창고가 있었음을
알리는 비석

　잘 알려져 있다시피 서울은 1963년에 주변 경기도 땅을 대규모로 흡수하면서 오늘날과 같은 모습을 갖추게 되었습니다. 현재의 서울시 서부 일부 지역은 김포군에서 떼어 왔습니다. 서울시 강서구에 김포공항이 있고, 김포공항과 부천역을 잇던 철도의 이름이 김포선이며, 서울시 양천구에 있는 서서울 호수 공원의 원래 이름이 김포 정수장인 이유입니다.

　옛 양천현 지역에 속하는 강서구와 양천구에는 양천 향교가 남아 있고, 한강을 통해 한양으로 보내지는 소금을 보관하던 소금 창고, 즉 염창(鹽倉)이 염창동이라는 지명으로 남아 있습니다. 하지만 조선 시대 양천현의 모습을 전하는 것은 이 정도에 불과하며, 공장과 신도시 개발로 인해 옛 모습은 거의 찾을 수 없습니다.

　개인적으로는 슈퍼마켓을 가리키는 100여 가지 이름 가운데 드물게 보는 〈하이퍼마켙〉이라는 명칭이 이 지역에 남아 있는 것과, 식민지 시대에 마곡 지역의 논농사를 위한 물을 관리하던 양천 수리 조합의 배수 펌프 창고가 남아 있는 것에 관심이 갑니다. 대학생 때 마곡에 갔다가 논이 펼쳐진 모습을 보고는, 아직도 서울에 이런 곳이 있구나 하고 감탄했던 기억이 납니다. 그 후 마곡 신도시가 개발된다는 소식을 듣고는 논농사를 짓던 시절의 마곡을 사진으로 남겨 두지 못한 것을 후회했습니다. 양천 수리 조합의 흔적도 배수 펌프장뿐이고, 사무실로 쓰던 건물은 누군가 소리 소문 없이 헐어 버렸습니다.

　역사는 오래되었으되 옛 모습은 거의 남지 않은, 현대 한국의 축소판 같은 옛 양천현 땅을 지나 경인 아라뱃길을 넘으면 김포시에 들어섭니다. 김포시 초입에 자리한 고촌읍에는 고촌 성당이 있고, 이곳에는 6·25 전쟁 때 좌우익의 갈등에 휘말려서 사망한 송해붕 선생의 무덤이 있습니다. 고촌읍을 지나 풍무동에 들어서면, 마을 초입에 김포 골드라

고(故) 송해붕 (세례자 요한)
1950.10.11 선종

(위) 옛 김포 터미널

(가운데) 옛 김포 경찰서

(아래) 고촌 성당 송해붕 무덤

인 풍무역 건설을 둘러싼 플래카드가 폐비닐하우스에 걸려 펄럭이고 있습니다. 6·25 전쟁부터 신도시 건설에 이르기까지 크고 작은 갈등을 겪어 온 김포 지역의 고단함을 이런 풍경들에서 느낍니다.

　　풍무동을 지나 사우동으로 가면, 1974년에 준공된 구 한강 농지 개량 조합 건물이 오늘날에도 한국농어촌공사 김포 지사 건물로 쓰이고 있습니다. 그 북쪽의 북변동에는 예전에 신촌 시외버스 터미널에서 출발한 버스가 정차하던 시외버스 터미널 건물이 아직도 남아 있고, 시청과 경찰서 건물도 여전히 남아서 다른 용도로 쓰이고 있습니다. 이처럼 김포군 시절의 구도심 모습이 잘 남아 있는 사우동과 북변동은 오늘날, 주변 지역에 건설 중인 고층 아파트 단지들로 포위되어 다소 위축된 느낌을 줍니다. 이들 지역까지 모두 재개발을 해버린다면 김포시의 옛 모습은 찾아보기 힘들 것 같으니, 옛 터미널 주변의 일부만이라도 도시 재생 등을 통해 체계적으로 옛 모습을 남기면 좋겠습니다.

통진

김포군 구도심을 지나 한참 동안 고층 아파트 단지 사이를 통과하고 나면, 지금은 김포시의 북부로서만 인식되는 옛 통진현 지역으로 들어섭니다. 오늘날의 통진의 모습을 살펴보기 전에, 조선 시대 문학을 연구하는 김동준 선생이 번역하신 심익운(1734~1783?)의 글 『겨울을 향하는 풀벌레의 울음처럼』(태학사)에 실린 통진 관련 시를 옮깁니다. 조선 시대의 지배 계층은 어부라는 직업을 하대하거나 안타깝게 여기곤 했는데, 전라도 신안군 우이도 출신으로 오키나와에 표류했다가 필리핀, 마카오, 베이징을 거쳐 귀환한 문순득을 조선으로 데려온 연행사의 시에서도 그런 내용이 보입니다. 〈흑산도 민속은 매우 어리석어 바다에서 이익을 좇느라니 대부분 곤궁하구려 (……) 원하노니 네 고향엘

(위) 1974년에 준공된 구 한강 농지 개량 조합 건물과 오른쪽 멀리 보이는 풍무 신도시   (아래) 김포 구도심의 송미 여인숙과 연탄 보관소

가거들랑 농사에 안식해서 농사나 힘쓰게나.)⁵ 그러니 우리는 심익운의 시에서 어업을 천시하는 내용보다는, 그가 통진을 대표하는 인물로서 어부를 내세웠다는 데에만 주목하면 되겠습니다.

어부의 원망

그 첫 번째

나는 통주가 싫은데
뉘라서 통주가 좋다 말들 하나?
깊디깊은 바닷물은 사람을 죽이고
동쪽을 바라보면 사람 늙게 하는데

그 두 번째

통주여! 통주여!
통주는 바닷가 고을
고을 사는 일천 가구들
어부 집은 언제나 걱정의 눈물

그 세 번째

어부 늙은이 젊은 시절엔
물고기·게를 거름 보듯 했다는데
고기 잡는 사람은 다 같은 사람인데

(위)『한국의 발견: 경기도』「김포군」에 실린 마송   (아래) 러시아·우즈베키스탄 레스토랑

해 가도록 한 마리도 잡지를 못하네

그 네 번째

물고기 팔아 실과 줄을 사다가
해마다 해마다 고기 그물 만드네
올해에는 고기도 잡지 못했으니
찢어진 저 그물, 무슨 수로 기우나?

　옛 통진 지역에서 주목할 점은, 통진 향교와 통진 이청이 자리 잡은 월곶면 군하리가 조선 시대 통진현의 중심지였지만 오늘날에는 거의 쇠락해 버렸고, 김포군의 구도심 및 서울시에서 좀 더 가까운 마송 지역이 실질적인 중심지 기능을 하고 있다는 사실입니다. 마송은 월곶면 서암리와 양촌면 마송리가 만나는 통진읍 조강로 일부를 막연히 가리키는 지명입니다. 여기서 다시 한번 우리 답사의 다정한 벗 『한국의 발견: 경기도』 「김포군」을 읽어 보겠습니다.

　강화가 이 군의 왼쪽에 자리 잡았고 또 오른쪽으로는 서울이 자리 잡았으니 김포군은 서울과 강화를 이어 주는 길목 구실을 하는 셈인데, 그 길목이 그냥 스쳐 지나가는 길목이므로 대처의 문화나 사람이나 돈이 이곳에 부려지는 기회가 적다. 다만 흔히 마송이라고 불리는 조암 거리라는 곳이 대처 사람의 발길을 잠깐이나마 붙들어 두는 구실을 한다. 육이오 뒤에 뱃길이 끊기자 김포군과 다른 지방을 잇는 교통수단으로는 국도가 남게 되었고 그 길목에 있는 마송이 정류장이 되자 이곳에 오일장이 들어서게 되었고 덩달아 그 일대가 커졌다. (……) 마송은 월곶면 남쪽 일대와 양촌면 북쪽 일대에 걸쳐 제 세력을 이루었는데 그 때문에 본디 월곶면의 면 소재지이며 예전에 통진현에서 으뜸가는 마을이었던 군하리는 세력이 마송에 밀려났다.[6]

6·25 전쟁으로 인해 강화·통진 사람들이 서울로 갈 때 이용하던 뱃길이 끊기다 보니 48번 국도를 주로 이용하게 되었고, 옛 통진현의 중심지인 군하리가 아닌 교통의 요지 〈마송〉 지역이 새로운 통진의 중심지로 부상했습니다. 역시나 6·25 전쟁이 접경 지역의 모습을 결정지었음을 확인하게 됩니다. 저와 답사 팀이 통진 이청과 통진 향교를 찾아간 날, 우연히 월곶 지역의 향토사 연구자분들을 만났습니다. 통진의 중심지가 이곳이었다는 사실이 잊혀 안타깝다는 감회를 들을 수 있었습니다. 일행 가운데 증언을 들려주는 분의 말씨가 경기도와 조금 달라서 여쭈니, 역시나 황해도에서 월남한 분이었습니다. 김포·통진 지역이 월남민들의 주요 정착지였음을 새삼 확인했습니다. 특히 아래 인용하는 인터뷰 기사에서 이규수 김포시 이북 도민 회장이 설명하시듯, 김포에는 연백군에서 피난 온 분들이 많이 거주하셨습니다.

이규수 회장은 6·25 전쟁 발생 전 공산주의 체제에 반대하는 집안의 권유로 세 살 어린 나이에 아버지와 함께 고향인 황해도 연백을 떠나 강을 건너 이곳 김포에 정착했다. 6·25 전쟁 전후 북한과 인접해 있는 김포에는 실향민 숫자가 4만 명을 헤아릴 정도로 많았다 한다. 특히 김포에는 64년 연백 군민회를 규합할 정도로 연백 출신 실향민이 많았으며 지금은 흔적이 남아 있지 않지만 월곶 포내리, 양촌 학운리, 대곶 대벽리, 김포 지경 등 면마다 피난민 정착촌이 형성됐다. 이후에도 연백 군민회는 98년 이북 도민회로 통합되기 전까지 34년여를 유지해 왔다. 장사나 사업으로 재산을 모은 실향민들도 있었으나 대부분 가진 것 없이 노동일로 버텨 냈다고 한다. 이규수 회장은 〈정말 열심히들 살았지. 지역 내 누산리, 대벽리, 포내리 등 간척 사업과 하천 제방 축조 사업, 산을 개간해 농지로 만드는 작업 등은 거의 모두 실향민들이 해낸 일이었지. 일삯으로 옥수수와 밀가루를 받아 끼니를 해결하는 정도였지만 어떡하겠어. 빈손으로 어떻게든 살아 내야 했을 때니까〉라고 회상했다.[7]

이렇듯 통진현의 중심이 이동했음을 보여 주는 것이, 통진 향교와는 동떨어진 마송 사거리 주변에 자리한 통진 유림 회관 사무실입니다. 그리고 그 사무실 아래층에 러시아·우즈베키스탄 레스토랑이 자리한 데에서, 21세기 한국의 구석구석에 외국인 노동자들이 자리하고 있음을 느낍니다. 마송을 비롯하여 대도시에서 먼 지역일수록 외국인을 대상으로 한 식당과 마트가 많아짐을 체감합니다. 통진 향교가 자리한 군하리의 버스 정류장 바로 옆에도 외국 물건을 파는 큰 마트가 자리하고 있고, 답사 중에 외국인 노동자들을 여럿 지나쳤습니다. 21세기 한국에서 전통과 현대의 만남은 이런 식으로 이루어지고 있습니다. 대도시 사람만이 사실을 모르고 있습니다.

옛 통진현의 중심지이던 군하리를 지난 버스는, 산속 깊이 자리한 김포대학교를 지나 갑자기 탁 트인 바닷가로 접어듭니다. 강화도와 마주하고 있는 김포시 월곶면 포내리. 문수산성과 수목장, 새우구이 집 등이 유명해서, 서울·경기·인천권의 시민들 가운데 다른 김포시 지역은 안 가봤어도 여기는 와본 분들이 꽤 있을 터입니다.

문수산성에서 바라본 강화도

강화

포내리에서 강화대교를 건너서 잠시 서쪽으로 달리던 버스는, 1970년대에 유행했던 형태와 색을 띤 강화 인삼 센터 건물을 끼고 좌회전해서 강화여객 자동차 터미널에 들어갑니다. 오늘날 인삼이라고 하면 강화와 풍기가 유명하지만, 한때는 〈강화 인삼〉이라는 이름으로 〈김포 인삼〉이 팔리던 시절이 있었다고 『한국의 발견: 경기도』는 전합니다. 수원의 〈푸른 지대〉 딸기가 워낙 인기가 높다 보니 일부 다른 지역의 딸기를 가져와 팔았고, 인천에서 많이 잡히는 홍어를 목포에 가져가 파는 것과 마찬가지라 하겠습니다.

김포군의 농업을 이야기하면서 빠뜨릴 수 없는 것으로 인삼이 있다. 김포 인삼은 칠십 년대에 한동안 유명했으며 아직도 중요한 산물로 꼽힌다. 이곳에서 인삼 재배의 역사는 오십 년대 후반부터 시작되었다. 식민지 시대에도 이곳에서 인삼이 재배된 적이 있었지만 육이오전쟁 동안에 피난 온 개성과 그 일대 개풍군 사람들이 강화 땅과 이곳에 인삼을 심은 뒤로 인삼 재배가 성하게 된 것이다. (……) 김포 인삼 경작 조합에서 하는 말이 맞다면 〈강화 수삼 센타〉라는 곳에서 파는 강화 인삼의 80퍼센트쯤이 김포군에서 캐낸 인삼이다. 이 김포 인삼들이 〈강화〉라는 이름을 빌려 팔려 나가는 것은 강화군과 김포군과의 관계를 보여 주는 좋은 보기이다. 경기도에서 강화 인삼이 〈불공평하게도〉 김포 인삼보다 이처럼 더 이름이 난 것은 예전부터 김포군이 늘 강화군의 뒷전으로 밀려 지내 온 보기가 된다고 할 수가 있겠다.[8]

고려의 강화도 천도와 강화도 간척 흔적, 조선 시대 강화도 군사

유적들, 근대 강화도의 방직 공장들과 노동 사목(司牧), 미군 기지촌 등
등, 강화도에서는 살펴볼 곳이 무수히 많습니다. 하지만 이들 지역은
강화여객 자동차 터미널에서 버스나 택시를 타고 들어가야 하는 곳이
므로, 우리의 답사는 여기서 끝내기로 합니다.

　　6·25 전쟁이라는 사건 이후 육로를 통해 긴밀하게 이어졌던 강
화군과 김포시. 그러나 강화군이 인천직할시에 편입되고 인천직할시
가 경기도에서 떨어져 나가면서, 그리고 김포시 곳곳에 신도시가 생기
고 김포 골드라인 전철이 개통되어 서울시와 연담화되면서, 두 지역은
서로 다른 길을 가기 시작했다는 느낌을 받습니다. 김포시는 김포시대
로 고양·의정부·남양주·구리·하남·성남·과천·안양·군포·부천처
럼 서울에 연담화된 도시라는 정체성을 강화하고 있고, 강화군은 강화
군대로 한때 고려 도읍이 자리했던 땅이라는 정체성을 키워 가고 있습
니다.

　　특히 강화군의 경우에는 1995년 전국적인 행정 구역 개편 당시
인천광역시에 편입되었지만, 인천광역시와는 특별한 관계를 맺지 못
한 채 여전히 옛 강화운수 시외버스 노선을 따라 생활권을 유지하고 있
다는 사실이 주목됩니다. 이렇다 보니 인천에서 떨어져 나와 도로 경
기도에 편입되어야 한다는 움직임까지 보입니다.[9] 저 개인적으로도 강
화군은 인천광역시에서 떨어져 나와 〈경기도 강화군〉으로서 독립하거
나, 생활권역에 따라 김포시와 통합하는 것이 맞지 않나 생각하고 있습
니다.

(위) 강화여객 자동차 터미널. 고려 안경과 서울
치과 간판이 강화도의 여러 정체성을 보여 줍니다.

(아래) 김포 구도심의 개풍 빌딩. 김포와
개성·개풍 지역의 관련을 보여 줍니다.

3
시흥과 광명 사이:
강과 철길을 따라가면 보이는 것들

목감동

이 장에서는 경기도 서남부의 시흥시와 광명시 사이를 걷습니다. 두 도시의 접경 지역 가운데로는 목감천이라는 하천과 오류선＝경기화학선＝3군지사선¹이라는 철도 노선이 놓여 있습니다. 목감천과 철길의 서쪽으로는 시흥시의 금오로, 동쪽으로는 광명시의 광명로 도로가 나란히 놓여 있습니다. 전체적으로 보아 이 일대는 동서의 길쭉한 산악 지역 사이로 하천이 흐르는 계곡 형태를 이루고 있습니다. 3기 신도시 개발을 둘러싸고 2021년 초에 발각된 일부 LH 직원들의 투기 사건은 이 계곡의 중간 지점을 대상으로 한 것입니다.

　시흥과 광명의 경계를 이루는 이 남북으로 길쭉한 계곡 지역을 이해하기 위해서는 목감천을 따라 걸으면 됩니다. 시흥시의 동남쪽 끝 목감동에서 발원해서 북상하는 목감천은 서울 구로동의 수도권 전철 1호선 구일역 아래에서 안양천과 만납니다. 목감천의 발원지이자 시흥과 광명 사이 계곡의 남쪽 끝인 목감동은, 지금은 시흥시에 속해 있지만 조선 시대에는 안산군에 속했습니다. 1914년에 안산군이 시흥군에 흡수되었을 때 목감동도 시흥군이 되었고, 1988년에 시흥군이 해체되어 시흥시가 탄생할 때 시흥시 목감동이 되었습니다. 이처럼 조선 시대에

시흥시 목감동의 개량 기와집과 조남리라고 적힌
한전 마크

안산의 영역에 있다 보니 지금도 목감동에는 안산 농협 지점이 설치되어 있고, 안산시에 차고지를 두고 부천시 남부까지 운행하는 버스가 목감동을 달리고 있습니다.

현재 많은 수도권 주민들에게 목감이라는 지명은 서해안고속도로의 목감 IC로 친숙하지만, 막상 목감이라는 동네에 발을 디디는 일은 거의 없을 것입니다. 하지만 이곳에서 역사적으로 오래되어 보이는 블록을 걷다 보면 20세기 중기의 개량 기와집을 몇 채 만날 수 있어서, 안산과 시흥 사이의 교통의 요지로서 일찍부터 번성한 목감 지역의 역사가 확인됩니다. 그 가운데 한 기와집 대문에 〈조남리〉라고 적힌 한전의 마크가 붙어 있습니다. 행정동인 목감동에 속하는 법정동 조남동이 1989년에 개칭되기 전의 이름이 조남리였습니다.

철길을 따라 북쪽으로 걸어가다

목감동에서 목감천을 따라 북쪽으로 걷다 보면 시흥시 무지내동에서 철길과 만나게 됩니다. 이 지역의 군부대에서 시작되는 철길은 한동안 목감천과 나란히 달리다가, 광명시 옥길동에서 철길은 서쪽으로 목감천은 동쪽으로 갈라집니다. 강과 철길을 사이에 두고 나란히 놓여 있는 시흥과 광명의 두 지역은, 소규모 공장과 자원 재생 업체와 논밭이 혼재된 수도권의 개발 제한 구역이자 오류 광산과 광명 광산이 있던 광업 지대라는 점에서는 비슷해 보입니다. 하지만 강과 철길을 따라 걸으며 서쪽의 시흥과 동쪽의 광명을 찬찬히 살피면 실제로는 두 지역의 성격이 크게 다르다는 사실을 알게 됩니다.

시흥 쪽에서는 중림 마을, 모갈 마을 같은 전통적인 마을들이 공장과 자원 재생 업체들에 포위되어 마을로서의 존재감을 잃어 가고 있습니다. 반면 광명 쪽에서는 원가학, 원노온사, 원광명 등 광명시의 원형

(위) 원광명 마을 옆의 변전소   (가운데) 원광명 마을의 오래된 가옥

(아래) 시흥 무지내동의 외국인 대상 마트

을 보여 주는 이름의 마을들이 전통 마을로서의 형태를 유지하고 있습니다. 시흥 쪽처럼 이들 광명 쪽의 마을에도 공업 시설이 들어서 있고, 원가학 마을의 자원 회수 시설, 원노온사 마을의 상하수도 시설, 원광명 마을의 변전소 등 광명 쪽의 마을들 역시 각각의 고민거리를 가지고 있습니다. 하지만 광명 쪽의 마을에서는 전통적인 농업이 견실히 이루어지고 있고, 마을 입구마다 그 마을의 유래를 전하는 안내판을 설치하는 등 애향심이 느껴집니다.

목감천을 경계로 나란히 놓인 두 지역의 분위기가 이렇게 다른 이유는 여러 가지가 있겠지만, 저는 특히 시흥시가 형성된 과정이 이러한 차이를 만드는 데 일조하지 않았나 추측하고 있습니다. 현재의 시흥시는 조선 시대의 시흥군과는 영역이 (거의) 겹치지 않고, 식민지 시대 초기인 1914년에 비로소 시흥군에 포함되었다가 1988년에 시흥군이 해체될 때 시흥이라는 이름을 이어받았다는 정체성의 문제를 안고 있습니다.

지금의 시흥시를 이루는 여러 지역 가운데 가장 정체성이 확실한 지역은 북부의 옛 소래읍 일대입니다. 현재의 서울 금천구 시흥동을 중심으로 했던 조선 시대 시흥군과 지리적으로 거의 무관한 시흥시는, 1989년에 시흥군이 해체될 때 그 이름을 소래시로 했으면 좋았을 것이라고 아쉬움을 표하는 의견도 일각에 존재합니다. 현재의 시흥시는 부천 소사와 하나의 생활권이었던 북부의 옛 소래읍 지역, 1721년부터 호조벌에서 시작된 간척지와 염전으로 이루어진 중부 지역, 반월 국가산업 단지와 배후 주거 지역으로 이루어진 남부 지역, 그리고 산을 사이에 두고 이들 모든 지역과 단절되며 오히려 목감천을 사이에 두고 광명시 동부와 평지로 이어지는 길쭉한 동부 지역 등, 각 지역이 긴밀한 지리적 관계를 맺지 못하고 각각 별개로 움직이는 인상을 받습니다. 수도권의 남양주시나 용인시도 이와 마찬가지로 하나의 큰 중심이 없이 각 지역이 따로따로 발전하고 있다는 문제를 안고 있고, 이런 분산적인 도시 특성이, 이번에 발각된 투기 사례처럼 기획 부동산 세력들에게 파고들 여지를 제공하지 않았나 짐작해 봅니다.

시흥시의 여타 지역과는 산악 지역을 사이에 두고 떨어져 있는 시흥시 동부 지역에서는, 금오로라는 남북 2차선 도로를 따라 부라위 마을, 중림 마을, 모갈 마을 등이 자리하고 있습니다. 하지만 앞서 적은 것처럼 이들 옛 마을은 공장과 자원 재생 시설 등에 파묻혀 주거지로서의 모습을 크게 잃었습니다. 한국의 어느 지역을 가도 마을 회관과 노인정은 마을의 중심에 놓여 있는데, 현재 시흥시 동부 지역에서는 마을 회관과 노인정 바로 옆에 공장들이 수없이 세워져 있고, 주변에는 빈 땅들이 어지러이 흩어져 있습니다. 이들 난개발된 토지가 일부 LH 직원들의 투기 대상지가 되었습니다.

저는 이들 마을을 걸으면서 개발 제한 구역 제도에 회의를 갖게 되었습니다. 말로는 개발 제한 구역이라고 하면서 이렇게 난개발되는 것을 방치할 바에는, 차라리 질서 있게 개발하고 환경을 관리하는 게 낫지 않나 하고 말이지요.

무지내동 노인정 초입에는 동남아시아 출신의 노동자들을 대상으로 하는 것으로 보이는 대형 슈퍼마켓이 성업 중입니다. 현재 한국의 대도시 주변에서는 농업이든 공업이든 외국인 노동자들이 주축이 되어 있고, 이들을 대상으로 한 편의 시설들이 영업 중입니다. 대서울의 외곽을 답사할 때에는, 이런 편의 시설이 얼마나 많이 보이는가에 따라 그 지역이 대서울에서 지리적으로 얼마나 떨어져 있고 외국인 주거 비율이 높은가를 판단하곤 합니다. 그리고 생각합니다. 한국은 〈다민족·다문화 국가가 되어야 한다〉가 아니라 〈이미 다민족·다문화 국가가 되었다〉라고 말입니다. 이렇게 눈앞에 보이는 현실을 애써 부정하는 일부 대도시 중심 지역 거주자들의 의식과 법률이 시대착오적일 뿐입니다.

공장 지대로 변해 마을의 옛 모습을 거의 잃은 곳 중 하나가 시흥시 과림동의 모갈 마을입니다. 모갈 마을 초입에서는 도로 확장 공사가 한창이었고, 이 신작로 옆으로 좁게 나 있는 옛길에는 폐업한 식당 건물과 아무도 찾지 않아 지저분해진 정자가 있었습니다. 정자 앞에는 시흥 과림 지구 주민 대책 위원회 명의로 〈강제 수용 결사 반대! 주민 재산 강탈하는 LH는 자폭하라〉라고 적힌 플래카드가 걸려 있었습니다. 모갈 마을에서 버스로 한 정거장 거리에 있는 과림동 주민 센터 앞에도 〈시흥 광명 신도시 대책 주민 설명회〉 플래카드와 〈강제 수용으로 원주민 쫓아내는 국토부 장관 퇴진하라〉라는 플래카드가 위아래로 나란히 걸려 있었습니다. 서울의 비싼 고층 아파트 단지에 살면서 투자처를 물색하는 사람들이 일으키고 있는, 3기 신도시를 둘러싼 갈등 도시의 현장입니다.

과림동 주민 센터에서 버스로 두 정거장 북쪽에는 중림·비석거리라고 불리는 지역이 있습니다. 이곳에는 과림동 출신의 신안 주씨 일족인 주석범(朱錫範, 1815~1880), 주순원(朱順元, 1836~1895), 주인식(朱寅植, 1862~1952)·주영식(朱永植, 1867~1952) 3대가 대대로 마을에 선행을 베풀었음을 기리는 〈신안 주씨 석범·순원·인식 삼세 적선비(新安朱氏錫範順元寅植三世積善碑)〉와 〈주공영식 자선 기념비(朱公永植慈善紀念碑)〉가 서 있습니다. 1917년에 세워진 〈삼세 적선비〉는 1922년에 지어진 비각(碑閣) 안에 들어 있고, 1924년에 세워진 〈자선 기념비〉는 비각 없이 야외에 노출되어 있습니다. 1917년 비석의 앞뒤면 내용은 디지털 시흥문화대전에서 확인하실 수 있습니다. 야외에 노

(위) 일부 LH 직원들이 구입한 시흥 무지내동의
맹지

(가운데) 모갈 마을 초입의 LH 직원 투기 항의
플래카드

(아래) 시흥 과림동 주민 센터의 LH 직원 투기
항의 플래카드

(위) 시흥 과림동 철길 변 투기 지역   (아래) 시흥 과림동 비석거리

(위) 시흥 과림동 북시흥 농협 과림 지점 창고　　(아래) 공공 주택 지구 공사가 한창이던 서울 구로구 항동과 오류선 철길

출되어 있는 1924년 비석의 앞면 내용은 다음과 같습니다.

　　삼대가 자선을 행하니 형의 뜻을 동생이 펼치는구나
　　효행과 우애는 하늘에서 비롯되었으니 은혜를 베푸는 것이 마땅하네
　　백 년 동안 선을 쌓으니 만대까지 향기로우리
　　이웃들이 입으로 전하노니 금석에 영원히 새겨 두고자 하네

　　뒷면에는 1924년(大正十三)에 과림리(果林里)·원내동(元內洞)·계수리(桂樹里) 주민들이 비석을 세웠다는 내용이 새겨져 있습니다. 과림리는 이 지역의 현재 지명인 과림동이고, 원내동은 아마도 부라위 마을, 계수리는 부천과 시흥에 모두 존재하는 계수동을 가리킵니다. 20세기 전기의 비석 두 개가 공장들 사이에 서 있는 모습이, 시흥시 동부 지역의 지난 100년 역사를 상징하는 것 같은 복잡한 느낌을 줍니다. 일부 LH 직원들의 투기 사건으로 인해 3기 신도시의 미래가 불투명해졌지만 어떤 형태로든 이 지역이 신도시로 개발되고, 신도시 한편에 이들 비각이 자리하게 되면 지금과 같은 느낌은 사라질 것입니다.

　　비석거리를 지나 조금 더 북쪽으로 향하면 한때 낚시로 유명했던 과림 저수지 옆으로, 이번 투기 사건에서 몇몇 LH 직원들이 거액의 대출을 받은 북시흥 농협 과림 지점과 창고, 농경지와 폐기물 업체 등이 나타납니다.[2] 북시흥 농협 과림 지점은 농협 창고 건물이 단정해서 2018년 답사 당시에 깊은 인상을 받았는데, 이곳이 이렇게 뉴스의 중심으로 떠오를 줄은 몰랐습니다. 아, 물론 일부 LH 직원들은 알았겠지만.

　　이 근처에도 이들 일부 직원이 공동으로 구입해서는 나무를 빽빽이 심은 땅이 있습니다. 이 땅 바로 옆에서 30년 동안 농사를 지어 온 농

민분은, 비단 이번 일부 LH 직원뿐 아니라 10여 년 전 보금자리 주택 때부터 이 일대에 대한 외지인들의 투기가 극성을 부렸다는 이야기를 들려주셨습니다. 그러면서 정치인들은 여기에 투기 안 했을 것 같냐는 말을 덧붙였습니다.

시흥, 광명, 부천의 경계에서

목감천과 철길은 이 부근에서 갈라집니다. 목감천은 광명 스피돔과 광명 새마을 시장부터 도심지로 접어들어, 서울 구로구와 광명의 경계를 이루며 안양천으로 흘러듭니다. 경기도 일대에서 가장 성업 중인 전통 시장 가운데 하나인 광명 새마을 시장은 박정희 정권 시절에 추진된 새마을운동 마크를 시장 입구에 내건 것으로도 유명합니다. 여기까지 함께 걸은 답사 동료들과 시장 안 식당 두세 곳을 들렀는데, 가는 곳마다 시흥 과림동에서 농사짓는 분들이 옆자리에서 정부와 LH를 성토하고 있었습니다. 주거지를 광명에 둔 농민들이 시흥에서 농사를 짓는다는 사실을 확인할 수 있었습니다.

　한편 철길은 옛 경기화학 공장 부지에 세워진 부천시 옥길동의 남부 수자원 생태 공원과 고층 아파트 단지, 그리고 서울 구로구 항동에 조성된 공공 주택 지구를 지나 오류동역으로 들어갑니다. 제가 처음 이 지역을 답사한 2018년에는 항동 공공 주택 지구가 한창 조성 중이었는데, 고층 아파트 단지가 올라가던 항동과 시계(市界)를 맞닿은 부천 옥길동에는 개발 제한 지구가 설정되어 있어서 이와 뚜렷한 대조를 이루고 있었습니다. 한편으로 〈항동 철길〉이라 불리며 서울시 서남부의 산책 코스로 떠오른 철길은 이 부근부터 오류동역에 진입할 때까지 옛 모습을 잘 유지하고 있습니다. 항동 철길을 따라 걷다 보면 반세기를 건너뛰어 20세기 중기로 돌아간 것 같은 착각을 하게 됩니다. 철길

(위) 오류선 오류동역 부근

(아래) 목감천과 안양천이 합류하는 구로 구일역
부근의 경관. 항공기, 열차, 자동차가 모두 보이는
인상적인 경관입니다.

은 오류동역 근처에서 더 이상 접근이 불가능하므로, 답사는 여기까지입니다.

    현지인이나 도시 계획·부동산에 관심 있는 일부를 제외하면 대부분의 시민들이 잘 모르던 시흥과 광명의 접경 지역이 한국 사회 한가운데로 뛰어들어 왔습니다. 시흥시에서 활동하는 문화 사업가 한 분은 SNS에서 〈시흥시를 외부에 알리려고 무진 노력을 해도 안 되더니 이번 사건으로 단번에 전국적으로 유명해졌다〉는 한탄을 하셨더랍니다. 이번 투기 의혹 사건이 촉발할 변화는 아마도 한국 사회의 모습을 적잖이 바꿀 것입니다. 대서울의 외곽은 갈등 도시의 현장이고, 미래를 향한 변화는 언제나 외곽 지역에서부터 시작됩니다. 시흥과 광명 사이를 걸으며 그러한 사실을 다시 한번 확인합니다.

4
시흥, 군포, 안산을 거쳐 남양반도로: 이제는 뭍이 된 포구와 섬을 찾아

이 장에서는 화성시 남양반도의 서쪽 끝 바닷가까지 갈 생각입니다. 서울시에서 대중교통을 이용하려면 사당역에서 광역 버스 1002번을 타고 수원을 거쳐 화성으로 가게 됩니다. 하지만 서울과 남양반도 사이에 위치한 시흥시, 안산시, 그리고 지금은 군포시와 안산시 사이에 쪼개져 사라진 옛 반월면에는 흥미로운 답사 포인트들이 있습니다. 그래서 이번만은 예외적으로 지인들의 자가용을 빌려 타고 제2서해안고속도로를 따라 시흥-안산-화성으로 가면서 시흥시와 안산시를 살피고, 아울러 반월면에 대해서도 언급하겠습니다.

수암동

앞의 장에서 답사를 시작한 경기도 시흥시 목감동. 이곳에서 동남쪽으로 직선거리 3킬로미터 정도 내려가면 경기도 안산시의 조선 시대 중심지였던 수암동이 나옵니다. 이곳에는 안산 읍성과 안산 객사가 일부 남아 있습니다. 조선 시대 군의 중심지이니 읍성, 객사와 더불어 향교가 있어야 할 텐데, 안산 향교는 광복과 6·25 전쟁을 거친 뒤인 1957년에 철거되었습니다.[1] 한국 도시 아카이브 시리즈의 첫 번째 책인 『서울 선언』에서는 서울 금천구 시흥동에 있던 시흥 행궁과 강서구

수암 황해 도민회 명판

가양동에 있던 양천 현아, 그리고 강동구의 한성 백제 유적도 현대 한국 시기에 한국 시민들의 손으로 파괴되었다고 말씀드린 바 있습니다.

옛 안산군의 중심지이던 수암동은 이처럼 쓸쓸한 상태로 남아 있고, 오늘날 대부분의 한국 시민은 안산시라고 하면 그 남쪽의 공업 지대와 배후 주거 단지를 떠올릴 것입니다. 이 신도시는 처음에 반월 신공업 도시라 불렸는데, 이는 안산시와 군포시 사이에 자리하던 옛 반월군에서 이름을 따온 것입니다. 반월 신공업 도시의 건설이 완료된 뒤, 해당 지역의 유래를 따져서 안산군의 이름을 가져와 안산시로 바꾸어 부르게 된 것이지요.

오늘날 수암봉 아래 자리한 수암동의 안산 관아 터에는 2010년에 복원된 객사가 들어서 있고, 몇 그루의 보호수가 안산 읍성 주위에 서 있습니다. 복원된 객사보다 이들 보호수가 옛 안산군의 경관을 더욱 잘 보여 준다는 것은 말할 나위도 없습니다. 읍성은 2021년까지 복원 공사를 마친다고 합니다. 옛 안산군의 중심지였던 곳이니 읍성을 복원하는 것도 의미가 있겠습니다. 다만, 전국의 읍성을 복원하는 과정에서 고증에 실패한 사례가 적지 않으니 부디 시공 업체가 기록에 충실하게 복원해 주기를 바랄 뿐입니다. 또한 읍성을 복원하는 과정에서 옛 블록과 건물을 많이 철거한 것 같은데, 수암동에는 조선 시대와 함께 근대도 당연히 존재했음을 기억하게 해주는 배려가 있으면 좋겠습니다.

한편 수암동 앞을 지나는 수인로 길가 버스 정류장 옆에는 〈수암 황해 도민회〉라고 적힌 나무 명판이 붙어 있었습니다. 인천·시흥 등 서해안 지역에는 황해도와 평안도 주민들이 많이 이주해 왔다는 사실이 잘 알려져 있기는 하지만, 안산시 깊숙이 자리한 이곳에까지 황해도 분들이 정착해 사신다는 사실은 놀라우면서도 반가웠습니다. 또 〈시흥 상사〉라고 적힌 나무 명판이 1966년에 준공된 단층 벽돌 건물 앞에 놓여 있는 것은, 이곳 수암동이 1995년까지 시흥시에 속했음을 상기시켜 주었습니다.

시흥시

시흥시에 대해서는 역시 『서울 선언』에서 말씀드린 바 있습니다. 이 지역은 조선 시대 시흥군과는 거의 관련이 없고, 1914년에 시흥군이 만들어지면서 오늘날 시흥시의 남쪽 지역이 시흥군에 포함되었습니다. 시흥시의 북부 지역은 부천군에 속했고요. 그 후 〈바쁘게 나뉘어 온 땅〉[2]이라는 표현대로 시흥군에서 여러 시·구가 떨어져 나간 뒤 최종적으로 1989년에 시흥군이 해체될 때, 조선 시대로부터 유래하는 〈시흥〉이라는 지명을 오늘날에 남기기 위해 지금의 시흥시에 그 이름을 붙이게 되었습니다. 그러니까 지금의 시흥시는 옛 부천군의 남쪽 일부와 옛 시흥군의 남쪽 일부 그리고 고려·조선 시대 안산군의 군자면과 수암면을 합친 것입니다. 이런 사정이 있다 보니 『한국의 발견: 경기도』에서는 〈시흥군은 그 중심 지역이던 땅은 빼앗기고, 그 땅의 이름만 물려받아 지키고 있다〉라고 표현했습니다.

식민지 시기에는 지금의 부천역에 해당하는 소사역부터 여우고개 넘어 지금의 시흥군 신천동까지 운행하던 소신여객 버스를 통해 시흥시 북부가 부천권에 이어져 있었습니다. 이 소신여객은 부천군 계남면 소사리와 소래면 신천리를 잇는 노선으로 1928년에 설립된 운송 회사이며, 한국에서 가장 오래된 운송 회사 가운데 하나입니다. 오늘날에도 경인선 부천역 북쪽에는 웬만한 지방 도시의 시외버스 터미널 규모인 소신여객 차고가 자리하고 있습니다. 그리고 1979년에 소신여객에서 갈라져 나와 여전히 부천과 시흥시 북쪽을 잇는 노선을 운행하는 경원여객은 부천역 남쪽에 차고지를 두고 있지요. 부천역과 경원여객 사이

에는 식민지 시기에 형성된 오래된 블록이 자리하고 있어서 부천시의
역사를 증언합니다.

이처럼 시흥시 북쪽의 신천동, 즉 옛 신천리는 버스를 통해 오늘날
의 부천시와 근현대 역사를 공유하고 있습니다. 오늘날 신천동을 중심
으로 하는 시흥시 북부 지역에는 공장과 시장과 주거지가 혼재되어 있
습니다. 시흥시 북쪽의 복지 로터리에는 시에서 상징으로 밀고 있는 포
도를 형상화한 탑이 있는데, 반세기 전까지 시흥시와 함께 시흥군에 속
했던 안양·의왕·군포 사이의 포도원이 유명했던 사실을 떠올리게 합
니다. 이런 점에서도 역시 시흥시는 시흥군의 마지막 계승자라 하겠습
니다.

이 넓은 공장 터는 그전에는 모두 농경지이거나 안양의 이름을 널
리 알렸던 포도밭이었다. (……) 비록 안양에서는 포도가 사라졌
을지라도 안양권에 드는 시흥군에서 이를 이어받아 경기도 전체
생산량의 30퍼센트쯤을 생산하고 있다.[3]

시흥시 북부를 흐르는 신천의 복개 구간이 끝나는 즈음에 설치된
신천교에는 1987년에 시흥군에서 이 다리를 놓았다는 머릿돌이 붙어
있어서 시흥군의 옛 모습을 상상하게 해줍니다. 안양시가 독립하고 난
뒤, 지금의 시흥시를 제외하고 유일하게 시흥군의 영역에 남아 있던 오
늘날의 의왕시에도 시흥군 시절인 1982년에 세운 고천 제2교가 남아
있습니다. 안양시가 독립하는 바람에 지금의 시흥시 지역과 의왕시 지
역은 경계를 맞닿지 못하게 되어 한동안 독특한 행정 구역의 형태를 보
여 주었습니다.

그런데 최근 들어 공장을 시흥시 동부의 매화동에 모으고 공장 터

(위) 안산시 상록구 수암동의 시흥 상사 건물과
나무 명판

(아래) 안양시가 독립하면서 동서로 쪼개진
시흥군 행정 구역. 오늘날 시흥시 위치(좌)에는
〈시흥군 소래읍〉, 오늘날 의왕시 위치(우)에는
〈시흥군 의왕읍〉이라는 지명이 보입니다.
ⓒ 국토지리정보원

(위) 부천역 북쪽의 소신여객 차고지 (아래) 경원여객 차고지

부천역 남쪽의 식민지 시대 건물

에는 고층 아파트 단지를 세우는 움직임이 활발해지고 있습니다. 서울시 외곽의 베드타운화 또는 제가 말하는 〈대서울화〉되고 있는 것입니다. 앞으로 서해선 및 이와 접속하는 신안산선이 완공되면 이러한 움직임은 더욱 남쪽으로 확장될 것으로 예상됩니다.

시흥시 북부의 미래 모습을 보여 주는 한 가지 사례가 시흥시 북부 지역의 경계 지역에 자리한 복음자리 마을입니다. 서울 영등포 지역의 철거민들이 집단 정착한 복음자리 마을에서 2021년 현재 동쪽을 바라보면 〈시흥 은계 지구〉라 불리는 고층 아파트 단지가 빼곡히 자리하고 있습니다. 하지만 제가 2017년 가을에 이 지역을 바라보았을 때에는 황량한 벌판이 펼쳐져 있어서, 〈서울의 철거민들은 시흥에서도 땅끝에 자리를 잡았구나〉라고 생각했었더랍니다. 4년 사이에 경관이 이렇게 바뀐 것에 놀랍니다.

시흥시 북부에 대해서는 『서울 선언』에서 말씀드린 바 있습니다. 특히 시흥 북부에 해당하는 옛 부천군 소래읍 끝자락에 자리한 복음자리 마을에 대해 소개했지요. 한국 도시 아카이브 시리즈 제2편 『갈등 도시』를 읽은 시흥시의 독자분이 블로그에 이런 감상을 남겨 주셨습니다. 시흥시 주민이 바라본 복음자리 이주민들의 모습과 복음자리 주변 지역의 변화를 간단명료하게 표현해 주셨기에 인용합니다.

내가 사는 경기도 시흥시에는 〈복음자리〉가 있다. 1970년대 빈민 운동가 고 제정구 전 의원이 정일우 신부의 주선으로 양평동과 문래동 등 안양천 주변에 거주하던 판자촌 철거민들을 이끌고 세운 마을이다. 당시 서울 곳곳에서 강제 철거당했던 철거민들이 판자촌을 꾸렸던 목동이 재개발·재건축되면서 한 차례 더 밀려온 것이다. 사실상 시흥시 신천동과 은행동은 서울 등지에서 철거민이

시흥군이 설치한 의왕시의 고천 제2교

시흥군이 설치한 시흥시의 신천교

(위) 2017년의 시흥 은계 지구 (아래) 포리교 머릿돌

들어와서 세운 셈이다. 시흥시에 정착한 때가 1990년대 중반이라
중·소형 아파트들이 들어선 상황이었지만, 여전히 복음자리 주변
에 판자촌이 대거 있었다. 친구들과 자주 놀러 다니곤 했다. 그러다
2010년 대규모 아파트 단지가 들어서면서 판자촌 일대가 전부 사
라졌다. 이제는 복음자리 부근에 서해선이 들어섰고 60층 규모의
대형 주상 복합 단지도 올라가는 중이다. 예전의 복음자리 모습은
완전히 사라졌다. 그때의 모습을 사진에 담지 못한 게 안타깝다.[4]

복음자리 마을은 옛 시흥시 북부의 전신인 부천군 소래면의 끝자
락이었습니다. 여기서부터 시작되는 시흥시 중부 지역에는 1721년에
건설된 〈호조벌〉이라 불리는 간척지와, 바다가 간척됨으로써 더 이상
바닷가 마을이 아니게 된 옛 포구들이 자리하고 있습니다. 호조벌은 조
선의 재정을 담당하던 호조(戶曹)와 관계된 진휼청(賑恤廳)에서 주관
하여 간척했기에 이런 이름이 붙었다고 하며,[5] 강화도 간척과 함께 전
근대 한반도 국가들의 토목 수준을 보여 주는 귀중한 유적입니다. 그래
서 시흥시의 민관에서도 이 지역의 역사적인 경관을 보존하고자 노력
하고 있습니다.[6]

조선 시대에 호조벌을 간척한 뒤에도 시흥 중부 지역의 간척은 계
속되었습니다. 그 결과 현재의 포동에 포함되는 옛 포리(浦里)의 새우
개, 신촌, 걸뚝 등 숱한 포구가 이제는 육지가 되었습니다. 새우개는 고
려 시대 말에 형성된 마을, 신촌은 소래 염전을 만들 때 함께 지은 염전
노동자를 위한 사택에서 출발한 마을, 걸뚝은 6·25 전쟁 때 이곳으로
피난 온 황해도 월남민들이 정착한 마을입니다.[7]

포동의 옛 이름은 포리인데, 이 이름은 1960년에 발생한 〈포리호
월북 납치 미수 사건〉으로 전국적으로 알려졌습니다. 마을 주민들이

호조벌 경관

공동으로 배를 구입해서는 〈포리호〉라고 이름 붙이고 조기잡이를 하다
가, 마침 월북하던 배와 마주치는 바람에 함께 월북될 뻔합니다. 다행
히 월북되지는 않았지만 배가 침몰하고 다수의 사상자가 발생했는데
도 국가로부터 보상을 받지 못했다고 합니다. 포리 주민들은 경제적으
로 심각한 타격을 입었고 어업이 쇠퇴하게 되었다고 합니다.[8]

　　군자 염전만은 못하지만 소래 염전도 그 마을 주민들에게는 중요
한 밥줄이 된다. 여기에서 굳이 포리 마을 이야기를 짚고 넘어가는
것은 이 마을이 하룻밤만 자고 나면 그 모습이 달라지는 시흥군의
많은 지역들과는 좀 다르기 때문이다. 포리 마을은 스무 해 전까지
만 해도 어업이 중요한 생업이었다.[9]

　　『한국의 발견』이 출간된 1980년대 초만 해도 이곳 포리는 시흥
의 여타 지역과는 달리 눈에 띄는 변화, 즉 도시화가 아직 진행되지 않
은 상태였습니다. 〈스무 해 전까지〉가 포리호 사건이 일어난 해를 가
리키는 것이며, 이 사건 이후로 어업은 쇠퇴했지만 여전히 농업 중심
의 조용한 지역이었음을 짐작할 수 있습니다. 하지만 오늘날의 포동에
는 『한국의 발견』이 쓰이고 나서 10년 정도 지난 1990년대에 고층 아
파트 단지가 여럿 세워졌고, 서해선 신현역이 바로 근처에 생겼습니다.
포리＝포동은 대서울 속에서 교통이 편리한 주거 지역으로서 변화를
이어 갈 것으로 보입니다.

반월면 또는 구반월
시흥시는 조선 시대 시흥군과 거의 관련이 없을 뿐 아니라, 시의 북부,
중부, 남부 간에도 상호 연관성이 크지 않은 것으로 유명합니다. 염전

으로 유명했던 시흥시 남부 지역은 오늘날 매립되어 공업 단지가 되었으며, 이 시흥시 남부의 공업 지대는 같은 시흥시 북부·중부보다는 동쪽의 안산시와 더 긴밀하게 교류하고 있습니다. 시흥시와 안산시의 공업 단지는 사실상 하나의 단위를 이루고 있으며, 서쪽의 시흥 측은 〈반월 특수 지역 시화 지구〉, 동쪽의 안산 측은 〈반월 국가 산업 단지〉라 불립니다. 두 지역 모두 반월이라고 불리는 것이지요.

안산시에 공업 단지가 조성될 당시, 이 지역은 〈반월 신공업 도시〉라 불렸습니다. 반월이라는 이름은 안산시와 군포시 사이에 자리하던 옛 화성군 반월면에서 비롯되었습니다. 반월면은 차례로 광주군·안산군·수원군·화성군에 속해 있다가, 1983년부터 1994년에 걸쳐 군포시·안산시·의왕시·수원시로 쪼개져 사라졌습니다. 안산선 또는 수도권 전철 4호선 연장 구간의 반월역은 안산시에 편입된 지역에 자리하고 있으며 구반월이라 불립니다. 이에 대해 지금의 안산시 중심 지역은 신반월이라 불립니다.

한편 1957년에 반월 수리 조합과 운크라, 즉 국제 연합 한국 재건단United Nations Korean Reconstruction Agency이 공동으로 건설한 반월 저수지가 포함된 둔대 및 최근 신도시 개발이 활발한 대야미 지역 등은 군포시에 편입되었습니다. 1993년 3월 18일 자『중앙일보』「경기 화성군 반월면 4개 리」기사를 보면, 이들 지역은 〈군포시와 인접해 있으면서도 치안 행정은 안산, 등기와 세무 업무는 수원, 한전 업무는 안양, 교육청은 오산, 체신 업무는 수원·안산 등지에까지 가야 하는 큰 불편을 겪었다〉고 합니다. 이렇게 해서 반월면은 쪼개졌지만, 오늘날 안산시 측의 반월역 주변과 군포시 측의 대야미 주변에서는 〈화성군 반월면〉이라는 지명을 여전히 쉽게 찾아볼 수 있습니다.

여담이지만, 대야미역에는 선로를 추가로 놓기 위해 비워 두었다

안산시·군포시의 〈반월〉 지명

(위) 반월역

(아래) 반월역 주변 상가에서 보이는 〈구반월〉과
안산 시내에서 보이는 〈신반월〉이라는 지명

안산시·군포시의 〈반월〉 지명

(위) 군포시의 반월 저수지 머릿돌

(가운데) 안산시에서 확인되는 〈화성군 반월면〉

(아래) 군포시에서 확인되는 〈화성군 반월면〉

군포시 대야미역의 예비 선로 공간

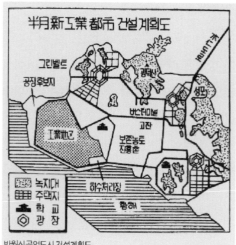

半月新工業都市 건설계획도

그린벨트
공장후보지
工業地区
녹지대
주택지
학교
광장
그린벨트
광덕산
성포
반월디플
고잔
보존농도
진흥촌
하수처리장
황해

반월신공업도시 건설계획도

(위) 반월 신공업 도시 건설 계획도 (『안산시사 6』, 2011)

(아래) 산업기지개발공사라는 이름이 남아 있는 화정교. 수원 화성을 연상시키는 다리 장식이 한때 화성군에 속했던 이 지역의 행정 구역 변천사를 떠올리게 합니다.

가 방치된 라인이 존재합니다. 지하철 안산선의 수요가 예상보다 많지 않았기 때문에 선로를 추가하지 않기로 한 듯합니다. 이렇게 선로 추가를 위한 예비 공간이 다른 역들에도 설치되어 있었다면, 7호선처럼 대서울 전역을 커버하는 형태로 점점 길어지고 있는 수도권 전철 라인들에서 특급 열차를 운행할 수 있었을 텐데 하는 아쉬움이 듭니다.

대야미에서 반월 호수로 가는 길 옆의 산 중턱에는 1938년에 서울시 동작구 대방동의 성남중고등학교를 세운 김석원(金錫元) 장군을 기리는 비석이 세워져 있었습니다. 이곳은 서울시의 성남중고등학교와 한 쌍을 이루는 대서울의 공간이라고 하겠습니다. 식민지 시대와 광복 후의 행적에 대한 논란이 큰 인물이어서 그런지는 모르겠지만, 비석은 눈에 띄지 않는 큰길 안쪽에 조용히 자리하고 있더군요.

염전에서 공업 도시로 바뀐 시흥 남부와 안산

이처럼 반월은 현재의 안산·시흥 공업 단지와는 상당히 거리가 먼 곳에 위치한 지역입니다. 이렇게 멀리 떨어져 있는 반월을 이 지역의 대표 지명으로 채택한 것은, 서울 인구 분산을 목적으로 건설되는 공업 도시가 서울에서 멀다는 느낌을 주기 위해서였다고 합니다.

우선 반월 신공업 도시를 건설한 목적에 대한 김의원(전 건설부 국토 계획국장) 선생의 증언을 소개합니다.

1977년부터 80년 건설부는 신도시 건설을 많이 했지. 한번은 대통령께 결재 맡으러 가니까 대통령께서 〈김 국장 수도권 인구 분산 골머리 아프지?〉〈네. 밤낮 수도권 인구 분산 계획 여러 차례 세웠는데 우리 실무자들끼리 하다못해 지방 자치라도 실시하면 서울의 인구 집중이 많이 줄겠다〉 이런 생각도 해본다 하니 〈그렇지〉

하시면서 우리가 지금까지는 밖으로 밀어내는 것만 해왔는데 밀어내면 그 사람들에게 살 곳을 만들어 줘야 할 것 아니냐 해서 그게 신도시야. 이거 한번 해보자고 해서 시작한 거야. 그래서 시작한 것이 지금의 안산, 그때는 반월 개발이라고 했는데, 안산 30만 계획하고 그다음에 과천 신도시인데 이것은 경제 부처 중심으로 우선 한강 남쪽으로 옮겨 가자 해서 처음에는 두 개 신도시를 시작했어.[10]

다음으로, 이 지역이 왜 〈반월〉 공업 도시로 불렸는지에 대해서는 두 가지 설이 존재합니다. 하나는 〈반달〉이라는 뜻의 반월(半月)이라는 지명이 사람들에게 친근했기 때문이라는 설이 있습니다. 안건혁(서울대 지구 환경 시스템 공학부) 선생의 가설입니다.

반월이 도시명이 된 것은 대상지가 2개 군, 3개 면, 즉 시흥군 군자면과 수암면, 화성군 반월면 등으로 구성되었고, 그중에서 반월이라는 지역 명칭이 친근감을 주어서 도시명으로 선택된 것 같았다. (……) 그러나 이 지역의 옛 명칭은 안산이었다. 따라서 지역 향토 사학자나 옛 어른들은 반월이라는 명칭에 대해 못마땅하게 생각했던 것도 사실이다. 결국 반월 신도시의 개발이 완료되고 개발 기간 동안 행정을 담당해 왔던 반월 출장소가 공식적인 시청으로 승격된 1986년도에야 도시 명칭도 주민들의 바람대로 안산으로 변경되었다.[11]

반면 안산시에서 간행한 『안산시사』에서 편찬 위원 김형철(경원대학교 도시 계획학과) 선생은 이와 다른 설명을 하고 있습니다.

(위) 초지역 앞, 공업 단지와 주거 지역의 경계 지점

(아래) 반월 신도시를 개발한 산업기지개발공사의 이름이 남아 있는 안산시의 맨홀들

신공업 도시 후보지로 결정된 지역 명칭을 〈반월〉이라고 한 것은 특별한 유례가 있어서는 아니다. 이 지역의 행정 구역은 경기도 시흥군 군자면과 수암면이 70.7%였고, 화성군 반월면은 불과 29.3%에 지나지 않았다. 또 신공업 도시 중심에서 반월 면사무소 소재지까지는 약 8km나 떨어져 있었다. 신도시의 이름을 〈군자〉 혹은 〈수암〉이라 했을 때 서울과 너무 인접해 있다는 인상을 줄 것 같아 남쪽에 있는 〈반월〉로 부르게 된 것이다.[12]

〈군자〉나 〈수암〉보다 〈반월〉이 더 남쪽에 있는 지역이라는 인상을 주었을 것이라는 설명은, 군자면과 수암면은 한때 서울 서남부 지역까지 포함했던 시흥군에 속했던 지역이고, 반월면은 서울과는 별도의 생활권인 경기도 남부의 화성군에 속한 지역이었다는 뜻일 터입니다. 이 설명이 더 합리적이지 않나 생각합니다.

이처럼 서울 인구를 남쪽으로 분산시키려는 목적에서 만든 것이 오늘날의 안산시이다 보니, 한동안 서울과 안산 사이의 교통은 꽤나 불편했습니다. 1980년대에 출간된 『한국의 발견: 경기도』「화성군과 반월 공업 도시 / 옛 관문 남양반도」에서는 〈서울과 이곳을 잇는 유일한 길인 수인 국도가 2차선이어서 길이 좁을뿐더러 교통수단도 모자란다. 그래서 서울에서 반월까지 가려는 사람들은 지하철을 타고 수원이나 안양으로 가서 버스를 갈아타고 가야 한다〉라고 적고 있습니다. 2021년 현재도 서울시에서 안산시 및 그 서쪽의 시흥시 남부까지의 거리는 결코 가깝게 느껴지지 않지요. 하지만 서해선과 신안산선이 완공되고 나면, 마치 인천과 송도 신도시가 그렇듯이 이 지역은 대서울과 별개의 지역이 아닌 대서울의 일부로서 기능하게 될 것으로 예상합니다.

사람들이 원래 살던 곳을 떠나서 다른 곳에 정착하는 움직임에 관심이 많은 저는, 안산시가 이주민의 도시라는 느낌을 받습니다. 2019년 12월에 안산시 초지역 인근에서 〈경기도 이주 노동자의 구직 과정과 불법 파견 노동 실태〉 심포지엄이 열렸습니다. 이런 모임이 왜 초지역 인근에서 열리는지 궁금했는데, 현지를 가보니 이곳이 안산의 공업 단지와 주거 단지 사이의 딱 중간 지대더군요.

그런데 이 지역에는 이주민의 흔적이 또 하나 있습니다. 초지역 북쪽의 화랑 유원지입니다. 이 유원지의 이름인 화랑은 신라 화랑이 아니라, 인천 부평 지역에서 이곳으로 이주한 6·25 전쟁 당시의 상이용사촌 화랑 농장을 뜻합니다. 공원에는 이러한 역사를 밝힌 유래비와 호국 국가 유공자 공적비가 세워져 있지만, 공원 안내도에는 태극 마크만 표시되어 있을 뿐 이 지점에 무엇이 있는지는 적혀 있지 않습니다. 인천에서 안산으로 밀려왔다가, 신도시 개발 때문에 또다시 밀려난 상이용사분들은 어디로 흩어졌을까요……. 대서울이 확장되면서 밀려나는 존재들, 또는 중심에서 주변부로 밀려나는 존재들을 따라 확장하는 대서울.

화랑 유원지에는 안산시를 구성하는 외국인 노동자들의 고국을 기리는 아시아 웨이라는 기념물이 설치되어 있습니다. 그리고 세월호. 제가 시흥·안산 지역을 처음 답사한 2017년 10월에 화랑 유원지 주차장에는 세월호 사고 사망자들을 추도하는 정부 합동 분향소가 설치되어 있었습니다. 영구적인 추모 공원도 이곳 화랑 유원지에 조성된다고 하니,[13] 안산시에서 화랑 유원지가 지니는 상징성은 앞으로 더욱 커질 것으로 예상됩니다. 안산에서 세월호와 외국인 이주민들 사이에 어떤 접점이 있는지에 대해, 노동 운동가 한석호 선생은 2019년 12월 5일 자 페이스북 포스트에서 다음과 같이 설명했습니다.

2019년 12월 4일, 단원고 2학년 1반 박성빈의 생일이었다. 세월호 참사로 성빈이 떠나고 성빈이네는 가족 누구의 생일도 챙기지 않았는데 5년 만에 성빈이 생일 케이크에 불을 붙였다. 그리고 성빈 엄마와 아빠, 언니와 이모는 박성빈 국제학교 개교식을 했다. 안산은 다문화 도시다. 중국, 러시아, 일본 등 각 나라 아이들이 많다. 성빈 엄마가 예전부터 운영하는 학원에서 다양한 나라 출신의 아이들을 가르친다. 세월호 참사의 더 많은 이름으로 다양한 활동이 이어지지 않을까 싶다.

　한편 외국인은 아니지만 사할린에 징용으로 갔던 조선인과 그 가족 가운데 귀국한 분들은 한대앞역의 고향 마을 1단지 아파트에 정착하셨습니다. 아파트 단지 근처에는 러시아 식당이 많이 보입니다. 그리고 반월 특수 지역 시화 지구의 원형인 군자 염전 옆을 달리던 수인선을 건설하기 위해 평안도 사람들이 정착했다고 해서 〈평안촌〉이라 불리던 마을이 수도권 전철 4호선 정왕역과 오이도역 근처에 있습니다. 정왕역 쪽은 웃평안촌, 오이도역 쪽은 아래평안촌이라 불렸습니다. 한반도 북부로부터의 이주민, 사할린 귀국 동포, 6·25 전쟁 상이용사촌 이주민, 그리고 반월 신도시로 이주해 온 수많은 한반도 남부 출신자와 외국인 노동자…… 안산은 이주민의 도시입니다.
　수도권 전철 수인분당선과 일부 노선이 겹치는 옛 수인선의 흔적은 고잔역 근처에 일부 남아 있습니다. 인천 주안과 시흥 정왕에 펼쳐진 염전 옆을 달리던 경인선과 수인선 열차. 그 후 이들 염전 지역은 공업 단지를 만들기 위해 간척되었지요. 100여 년 전에 염전이 만들어지고, 50년 전에 염전이 사라지고……. 이 짧은 시간에 일어난 모든 일이 꿈같습니다. 정왕역에는 옛 군자 염전과 수인선을 묘사한 타일 벽화가 설치되어 있습니다. 멋진 작품이었습니다. 저는 가난한 동네

(위) 인천 부평의 화랑 아파트   (아래) 화랑공원 유래비

(위) 아시아 웨이 기념물 　　　　　　　　　　　　(아래) 세월호 희생자 정부 합동 분향소

(위) 정왕역 근처의 웃평안촌 흔적   (아래) 군자 염전을 묘사한 정왕역의 타일 작품

아래평안촌 근처에 자리한 오이도역

(위) 안산역 주변의 〈딥〉한 여인숙 건물들　　　(아래) 안산 시민 시장

에 벽화를 그리는 것은 반대하지만, 지속성이 강한 타일로 벽화 작업을 하는 것에는 우호적입니다.

정왕역과 안산역 사이에는 온천이 나오지 않는 신길온천역이 있습니다. 여러 이유에서 온천 개발이 되지 않다 보니 2021년 1월에 역 이름을 〈능길역〉으로 바꾸기로 결정되었으나, 온천 개발을 찬성하는 주민들이 이에 대한 집행 정지를 신청해서 인용된 상태입니다.[14] 과연 어떤 결론이 나올지는 모르겠지만, 한동안은 〈신길온천역에는 온천이 없습니다〉라는 안내문을 볼 수 있을 듯합니다.

한편 외국인 노동자들이 마을에 활기를 불어넣은 안산역 근처에는 안산에서 가장 〈딥〉하다고 느껴지는 여인숙 건물들이 자리하고 있습니다. 이 지역은 안산의 다른 지역에서 찾기 힘든 오랜 시간의 흔적을 보여 주어서 인상적인데, 재건축 계획이 추진되고 있는 것 같더군요. 이 인상적인 경관이 머잖아 사라질 것 같다는 예감을 받았습니다.

안산에서 화성으로, 남양반도로

시흥과 안산을 관통한 제2서해안고속도로는 시화호를 지나 화성시 송산면 고정리의 송산그린시티에 들어섭니다. 이 지역은 반월 신도시를 개발한 산업기지개발공사가 이름을 바꾼 한국수자원공사가 시화호 주변 지역을 개발하는 과정에서 마지막으로 개발을 추진하고 있는 곳입니다. 이 지역의 개발 기본 계획을 수립한 안건혁 선생에 따르면 이곳은 〈신도시로 개발될 경우 우리나라에서 가장 큰 신도시가 될 수 있다〉[15]고 하는데, 이 말을 바꾸어 생각하면 너무 넓다 보니 전체 완공까지는 많은 시간이 걸릴 듯합니다.

아직까지 이곳에는 드넓은 황무지가 펼쳐져 있고 군데군데 산이 솟아 있는데, 이 황무지는 얼마 전까지 바다였고 나지막한 산들은 섬이

시화호를 건너는 제2서해안고속도로

(위) 폐교된 우음분교장

(아래) 수원 간호 전문학교 학생들이 기증한 국기 게양대

었습니다. 이들 섬 가운데 가장 유명한 곳은 우음도입니다. 오늘날 산이 되어 있는 우음도에 서 있는 송산 그린시티 전망대에서는, 암초 위의 군 초소였고 한때는 웨딩 사진 촬영지로 유명했던 각시당을 포함한 개발 예정지는 물론 안산·시흥까지 바라보입니다. 아까 차로 건너온 시화호에는 고압 송전탑이 물 위에 나란히 서 있는 모습이 보입니다. 고압 송전탑은 주로 도시와 도시의 경계이자 외곽을 지나가니, 저 시화호가 안산·시흥과 화성 간의 경계지라는 것을 알 수 있습니다. 한편 도로에서 각시당까지는 걸어서 한 시간이 걸린다고 하는데, 가본 분들의 증언에 따르면 각시당 초소에는 〈1979년 11월 1일 시공부대장 준장 신치구〉라는 머릿돌이 있다고 합니다.

송산 그린시티 일대가 보이는 전망대가 서 있는 곳은 우음도라는 섬이었습니다. 우음도가 서해안의 외딴섬이었던 시절에 세워진 고정 초등학교 우음분교장은 폐교된 지 오래입니다. 학교 앞에는 〈기증 수원간호전문학교 1974. 7. 11〉이라고 손 글씨로 적힌 국기 게양대가 서 있습니다. 오늘날의 화성시가 수원시와 떼려야 뗄 수 없는 관계임을 보여 주는 도시 화석입니다.

학교 근처에는 시화호를 간척하면서 드러난 공룡알 화석 산지를 원형대로 보존한 야외 박물관이 있습니다. 아직은 황량한 느낌을 지울 수 없지만, 이 화석 산지를 제외한 송산 그린시티가 계획대로 모두 개발된다면 꽤 괜찮은 대조를 이루는 경관을 볼 수 있을 듯합니다. 시화호는 간척된 지 오래이지만, 제가 이곳을 답사한 날 마침 시화호 일대의 여러 포구에서 어촌 계장으로 계시던 분들이 모여 회의를 하고 있더군요. 바다는 사라졌지만 주변 어촌들의 인적 조직은 여전히 남아서 활동하고 있음을 확인했습니다.

오늘날에는 자가용만 있다면 제2서해안고속도로를 통해 곧바로 화성시 서쪽의 남양반도 한복판인 마도면까지 진입할 수 있지만, 예전에는 화성군 반월면에서 옛 남양군의 행정 중심인 남양읍을 거쳐야 마도면에 진입할 수 있었고, 이곳에서 계속 서쪽으로 가면 송산면 사강리·고포리, 서신면 지화리·전곡리·궁평리, 선감도·대부도·탄도·제부도 등의 남양반도 끝에 도달했습니다. 남양반도를 관통하던 옛길과, 그 길을 따라 형성된 남양장·사강장·반월장 등의 유명한 시장에 대해 『한국의 발견: 경기도』「화성군과 반월 공업 도시」에서는 다음과 같이 설명합니다.

> 남양반도의 맨 구석에 처박혀 바다를 마주 보고 있는 송산면 지화리에서 남양반도를 가르고 반월면을 거쳐 수인 산업도로와 엇갈리는 길은 1980년까지도 포장이 안 되어 버스가 흙먼지를 뒤집어쓰고 다녔다. 그렇지만 서울에서 남양반도로 갈 수 있는 길이라고는 이 길밖에 없고 그 역사도 결코 짧지 않다. 해방 전까지 이 길을 따라 곳곳에 크고 작은 장이 섰었는데 그중에 큰 장이 남양장, 사강장, 반월장이었다. 남양장에서는 굴과 꽃게가, 사강장에서는 특히 굴이 유명했으며, 반월장에서는 잡곡과 가마니가 많이 거래되었다고 한다.[16]

위의 책에서는 이 옛길의 끝에 〈지화리, 곧 마산포〉가 있다고 했지만, 현재 마산포는 고포리에 속하며 지화리는 고포리의 남쪽에 있고, 그 남쪽에는 전곡리가 있습니다. 아무튼 2021년 현재 서울 사당역에서 1002번 버스를 타면 기본적으로 이 길을 따라 송산면 사강리까지 간 뒤 방향을 서남쪽으로 꺾어 전곡리에 다다릅니다. 현재 서울시에서 곧바로 남양반도까지 가는 버스는 1002번과 G1003번이며, 두 노선 모두 남양반도의 행정 중심이자 상업 중심인 남양읍까지는 공통적으로 운행합니다. 다만 G1003번은 화성 시청이 있는 남양읍과 그 남쪽의 현대기아연구소를 타깃으로 삼아 개통된 노선이니, 남양읍의 서쪽에 자리한 또 하나의 경제 중심인 사강리까지 가려면 1002번 버스를 타야 합니다. 반월장은 오늘날 안산시 초지역 근처의 안산 시민 시장으로 이어진다고 하겠습니다.

오늘날 화성 시청이 자리하고 있는 남양읍은, 예전에는 화성시의 이름이 비롯된 화성군과는 별도의 행정 단위였던 남양군의 중심이었습니다. 화성시의 전신인 화성군은 1896년에 수원군으로 이름이 바뀐 뒤 1914년에 남양군을 흡수했습니다. 현재 남양읍사무소 뒤편에는 남양군과 수원군 시절의 각종 비석이 모여 있는데 그 가운데에는 1941년(쇼와 16년)에 세워진 〈수원군 음덕 면장 오카다 겐이치 불망비〉와 같이, 이 지역이 식민지 시기에는 수원군이었음을 알리는 비석들이 있습니다.

1949년에 화성군에서 수원시가 독립하자 1970년에 화성군 청사가 수원 시내에서 오산읍으로 옮겨 갑니다. 그러나 1989년에 오산시도 독립하자, 2000년에 화성군 청사를 옛 남양군의 중심지인 남양읍으로 옮겼고 2001년에 화성군은 화성시로 승격되었습니다. 화성군이 남양군을 흡수했다가, 그 행정 중심인 수원시·오산시가 독립하면서, 흡수된 남양군 쪽으로 행정 중심이 이동한 것입니다. 화성군과 남양군은 원래 서로 다른 곳이었다 보니, 〈남양군 창설 추진회〉라는 일종의 남양군 독립운동도 있었습니다.[17] 그래서 이러한 독립 움직임을 누르고 민심을 달래기 위해 화성 군청·시청을 이곳 남양읍에 둔 것일지도 모르겠습니다.

최근 들어 옛 화성군 쪽의 중심 근처에 동탄 신도시가 건설되어 인구 무게 중심이 다시 동쪽으로 쏠리면서, 화성시의 동쪽과 서쪽의 불균

(위) 남양읍사무소 뒤쪽의 비석군　　　　　　(아래) 오카다 겐이치 불망비

형이 다시 한번 커지고 있습니다. 그래서 과연 동탄을 중심으로 해서 화성시 인구가 100만 명을 넘게 되면 이 시의 이름이 동탄시로 바뀌게 될지, 그렇게 되면 더욱 소외감을 느끼게 될 남양시가 화성시에서 떨어져 나갈지 등등에 대해 추측하고는 합니다. 또한 송산 그린시티가 계획대로 모두 건설되면 남양 신도시와 함께 대서울의 서남부 경계 지역으로서 기능하게 될지, 아니면 대서울과는 독립적인 생활권으로서 자리할지, 아니 과연 송산 그린시티가 예정대로 모두 건설될지가 주목할 포인트입니다.

남양반도에서 서울로 가는 옛길을 따라 형성된 3대 시장 가운데 가장 서쪽에 있는 사강장은 송산면 사강리에 있습니다. 이곳에는 남양반도 곳곳으로 향하는 노선 버스들이 모이는 사강 터미널을 비롯해서 화성 제일신협, 송산 농협 등의 기간 시설이 밀집해 있으며 독립운동가 왕광연이 살던 집을 포함한 오래된 길과 건물도 남아 있어서 반나절 정도 찬찬히 둘러볼 가치가 있습니다.

한편으로 사강 시장은 남양반도 일대의 어업 중심지이기도 합니다. 사강 시장의 중심 도로에 서 있는 한 건물에는 〈시화 지구 어촌계 협의회〉와 〈남양반도 수산인 협의회〉가 입주해 있고 시장 곳곳에는 시화호 간척으로 인해 어촌의 기능을 상실한 고포리 마산포에서 이곳으로 이주한 어부·횟집·주민들의 흔적을 쉽게 찾아볼 수 있습니다.

한편 한때 회 타운으로 유명했던 고포리 마산포는 현재 육지로 바뀌었고 회 타운도 자연히 소멸했습니다. 마산포라는 포구도 사라진 지 오래이지만 『한국의 발견: 경기도』에서 소개한 옛길을 따라가다 보면 아직도 마산포 가는 길을 알려 주는 도로 표지판을 보게 됩니다.

고포리 또는 지포리로 가기 위해서는 사강 터미널에서 1002번 버스에서 내려 현지의 버스로 갈아타야 합니다. 즉 사강은 서울에서 접근

송산면 사강리의 왕광연 집터

할 수 있는 남양반도 옛길의 서쪽 끝인 것입니다. 사강에서 마산포나 지포리로 가는 버스는 편수가 적기 때문에, 택시나 자가용을 이용하는 것이 현실적이기는 하지만, 버스를 이용한 답사가 불가능하지는 않습니다.

마산포는 구한말 때 흥선 대원군과 명성 황후 민씨 간의 정치 투쟁에 개입하기 위해 대청 제국 측이 파견한 군대가 상륙한 곳으로 유명합니다. 청군에 납치된 흥선 대원군이 묵었다고 추정되는 집도 마산포에 있습니다.

마산포가 유명한 또 다른 이유는 마산포의 명물 남양 석굴의 산지이기 때문입니다. 『한국의 발견: 경기도』에는 굴로 유명한 남양군에서도 특히 마산포의 굴이 유명했다고 적혀 있습니다. 물론 마산포가 육지로 바뀐 후로는 더 이상 굴이 나지 않지요.

> 남양은 〈남양 원님 굴회 마시듯 한다〉는 속담이 있을 만큼 굴이 많은 곳이다. (……) 특히 송산면 마산포에서 나는 굴은 〈남양 석굴〉이라고 해서 고려 때부터 왕실에 올리던 것이었다. 이 남양 석굴은 알이 잔 것이 특징이며 맛도 좋을뿐더러 토질병에 뛰어난 약이 된다고 해서 해방 전까지는 겨울이면 나라 안에서 병을 고치려는 사람들이 이곳으로 몰려들었다고 한다.[18]

마산포에서 바다 건너 맞은편에는 어도라는 섬이 있습니다. 이제는 마산포와 어도 사이의 바다가 육지로 바뀌어 어도는 섬이 아닌 산이 되었고, 펜션과 경비행기 연습장으로 꽤 유명한 곳이 되었습니다. 『한국의 발견: 경기도』에서 소개한 옛길은 사강에서 마산포를 거쳐 이곳 어도에서 끝납니다.

시화호가 간척되기 전에 사람들은 어도와 마산포를 오가기 위해

(위) 마산포 회 타운의 현재　　　　　　　　(아래) 어도 한쪽에 놓여 있는 경비행기

(가운데) 마산포 가는 길

배를 이용했습니다. 하지만 배를 타면 위험하기도 하고 시간도 걸려서 주민들이 불편해하자, 김주용(金周容)이라는 사람이 어도와 마산포 사이에 다리를 놓아 주었다고 합니다. 1919년에 제작된 지도에는 어도와 고포리(마산포) 사이에 점선으로 길이 이어져 있다는 표시가 되어 있습니다. 1924년에 세워진 〈대자선가 김공주용 조교 송덕비(大慈善家金公周容造橋頌德碑)〉에서 말하는 어도와 마산포 사이의 다리는 이 점선과 관계가 있을 것입니다.

　　김주용 송덕비는 고포리의 고포 교회 아래에 서 있었다고 하는데, 제가 갔을 때는 찾지 못했습니다. 화성시에서도 이 비석의 존재를 잘 알고 있기 때문에, 아마도 보존을 위해 안전한 곳으로 옮긴 것이 아닌가 싶습니다. 흥미로운 비석이므로 오창현 선생의 「남양반도의 시장체계와 생업의 변화: 화성시 송산면 어섬과 우음도 사례를 중심으로」(『한국문화인류학』 45-2, 2012년 5월), 『화성시 그린맵: 시화호 섬 이야기』(2014) 등의 자료를 참고하셔도 좋겠습니다.

　　그런데 1956년에 제작된 지도를 보면 1919년 지도에 보이는 어도와 마산포 사이의 길이 사라졌습니다. 아마도 광복 후에 바닷물에 쓸려 가서 다리가 사라진 것 같습니다. 그래서 어도 주민들은 1971년에서 1974년 사이에 다시 한번 섬과 마산포 사이에 다리를 놓습니다. 개미처럼 달라붙어 건설했다고 해서 〈개미 다리〉라 불리는 이 다리는 제3공화국에서 추진한 새마을운동의 성과로서 주목되어, 『1974년 새마을운동: 시작에서 오늘까지』(내무부)의 「제3장 '74 새마을운동 성공 사례」의 첫 번째 사례로 실릴 정도로 중시되었습니다.

　　다만 이 글을 읽으면서 저는 한 가지 의문이 들었습니다. 왜 개미 다리의 원형이라고 할 수 있는 바닷길을 만든 김주용 씨에 대해서는 언급하지 않는가 하는 것입니다. 1919년과 1956년의 지도를 비교하면

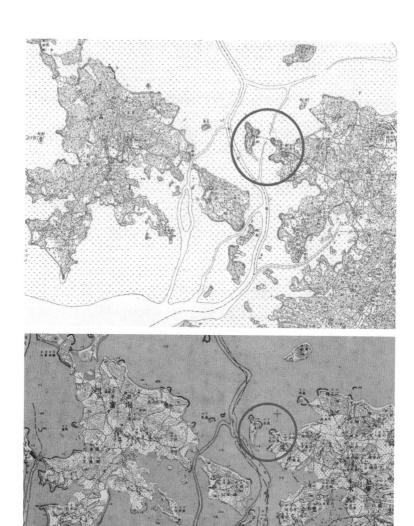

1919년도 지도에 보이는 어도와 고포리 사이의
다리(위)와 1956년 부천군 대부도 지도(아래)
ⓒ 국토지리정보원

"개미다리" 만들어 육지마을 된 엇섬

경기도 화성군 송산면 고포1리 엇섬마을

지도자 조 기 철

막상 공사를 시작해 놓고 보니 어려운 점은 한 두가지가 아니었다. 밀물 때의 수심은 10m로 불어나는데 그때 별다른 장비 없이 이 일을 해내려니 자연 물이 빠지는 서너시간을 이용 하는 수 밖에 없었다. 지게와 등짐으로 돌을 날라 넣어야 했다.

34호, 197명의 전주민은 한덩어리가 되어 작업반을 편성, 섬 주위에서 3 킬로미터의 돌을 모아 물때를 맞추어 장비나 넋이나 머리가 뜯고 돌이 밤 도록 부서진터 어려운 공사를 하나 하나 해 나갔다.

이렇게 하여 5개월간의 피나는 공사가 끝났다. 실로 엄청난 대역사의 마무리 위웠었다. 연인원 9천명의 피와 땀의 결정으로 마침내 진펄한 갯벌이 반듯한 둑길로 다져어졌다. 이를 지어 "개미다리"라고 불렀다.

인간 개미들이 이룬 튼튼한 방뚝이 고포를 섬마을을 육지마을로 탈바꿈시켜 놓고만 것이다. 작업이 힘들고 어려웠던 만큼 주민들의 감격은 더없이 컸다.

『1974년 새마을운동-시작에서 오늘까지』에
수록된 개미 다리 공사 장면(새마을운동 중앙회,
〈새마을운동 아카이브〉)

(위) 마산포에서 바라본 어도

(아래) 어도에서 바라본 개미 다리

알 수 있듯이 김주용 씨가 만든 다리가 그 후에 사라져 버렸기 때문에 그에 대한 기억도 사라진 것인지, 아니면 새마을운동의 성과로서 개미다리가 만들어졌음을 강조하기 위해 식민지 시기의 〈대자선가〉 김주용 씨의 존재를 지운 것인지.

사실 저는 이 김주용 씨가, 1925년 을축년 대홍수 때 발생한 이재민을 지금의 서울 강남구 신사동 지역으로 이주시킨 김주용 씨와 같은 인물이 아닌가 추측하고 있습니다. 『서울 선언』에서 소개한 것처럼 김주용 송덕비가 서울 서초구 잠원동에 있는데, 어떤 이유에서인지 그 존재가 거의 잊힌 상태이지요. 어도와 마산포 사이에 다리를 놓은 김주용 씨도 마찬가지 이유에서 존재가 망각된 것은 아닌가 의심합니다.

씨랜드와 선감학원

사당에서 1002번 버스를 타고 남양읍, 남양 신도시, 사강을 지나 제부도 유원지에서 내려 조금 남쪽으로 가면 궁평항이 나옵니다. 이곳에는 1999년 6월 30일에 발생한 씨랜드 청소년 수련원 화재 사고 현장이 있습니다. 씨랜드의 인허가가 불법으로 점철되었음을 확인하고 이의 승인을 거부했던 화성 군청의 이장덕 계장은, 사건 이후 사회적으로는 〈의인(義人)〉으로 널리 알려졌지만 군청 내에서는 계속 근무하기 쉽지 않으셨는지 사건 이듬해에 명예퇴직을 하셨습니다.[19] 화재가 일어난 씨랜드의 소유자는 10여 년 뒤에 또다시 그곳에서 불법으로 야영장을 운영하다가 단속에 걸리기도 했지요.[20]

제가 이곳을 방문한 2018년 5월에는 아직 사고 당시의 수영장이 남아 있었는데, 그 후에 들으니 얼마 전 수영장 시설이 철거되었다고 합니다. 세월호 사고처럼 씨랜드 사고에 대해서도 사회적으로 추모하는 분위기가 컸고, 사고 현장에 추모 시설을 설치하는 문제로 논란이 이어졌다고 알고 있습니다. 부디 이곳에도 세월호 추모 공원과 같은 맥락의 추모 시설이 세워지기를 바랍니다. 현재 궁평항에는 해송(海松) 군락지 산책 코스는 잘 안내되고 있지만 씨랜드 참사와 관련된 안내문은 없습니다. 남양반도 서쪽 끝의 외딴섬 선감도에 있던 선감학원에서 억울하게 죽어 간 소년들의 흔적이 현지에서 거의 안내되지 않는 것과 마찬가지입니다.

　　남양반도의 서쪽 끝에는 씨랜드와 선감학원이라는, 숱한 청소년들의 불행을 전하는 두 곳의 현장이 있습니다. 씨랜드는 현장이 철거되었고, 선감도는 경기 창작 센터로 개조되어 당시의 흔적을 찾기 어렵습니다. 선감학원에서 사망한 소년들의 죽음을 기리는 선감 역사 박물관은 외딴곳에 설치되어 있어서 경기 창작 센터 앞의 너른 장소에 설치된 모 경기도지사 선정비와 극명한 대조를 이룹니다.

　　이 섬의 소망이든 농사를 짓게 하고 뱃길로 나른 물을 수도로 이어　　주고 아기들 학교 길을 뚝을 모아 되었으니 우리 온 선감리 주민은　　먼 훗날까지 그 공을 여기에 세우노라.
　　　　　　　　　　　　　　서기 一九六七년 O월 O일 선감리 주민 일동

　　이 선정비가 세워진 1967년에는 선감학원에서 소년들에 대한 학대가 진행 중이었지만, 생존자 소년들은 주민들이 그 사실을 몰랐거나 모른 척했다는 증언을 하고 있습니다. 씨랜드와 선감학원은 근현대 한국 사회의 문제를 가장 비극적으로 드러낸 장소입니다. 지우고 감춘다고 해서 문제가 해결되는 것은 아닙니다. 대서울의 서남쪽 끝 남양반도에서, 이제는 사라진 바다를 바라보며 생각합니다.

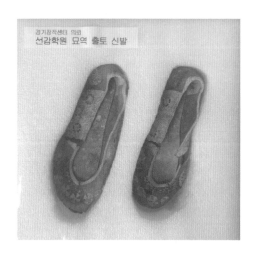

경기창작센터 의뢰
선감학원 묘역 출토 신발

(위) 궁평항 근처의 씨랜드 참사 현장   (아래) 선감 역사 박물관에 전시된 선감학원 묘역 출토물

5
자유로, 경의선, 통일로:
이주민의 땅 고양·파주를 가다

파주로 가는 세 갈래 길

서울시 경계 너머 서북쪽에 자리한 파주와 고양은 원래 교통의 요지이자 경제적으로 부유한 곳이었습니다. 역사적으로 한반도의 중심지 역할을 해온 서울과 개성의 중간에 자리하고 있기 때문입니다. 1945년 8월 15일의 광복과 뒤따른 분단 이후에도 파주와 고양은 한동안 이러한 역할을 계속 수행했습니다. 개성이 38선 이남에 자리했기 때문입니다. 이때까지만 해도 한강 하류는 지금처럼 군사적 이유에서 닫혀 있는 상태가 아니었기에, 김포·통진 사람들은 한강을 건너 고양으로 넘어가 경의선을 타고 서울로 가고는 했습니다.

1950년 6월 25일에 조선 민주주의 인민 공화국 군이 대한민국을 선제공격하면서 시작된 6·25 전쟁의 결과로, 서울과 개성은 서로 다른 국가의 도시가 되었습니다. 그리고 파주와 고양은 더 이상 교통의 요지가 아니라 한국의 최전방 지역이 되었고, 군사 기지의 배후지가 되었습니다.

수십 년간 이어진 군사적 긴장 상태는, 1988년에 집권한 노태우 대통령이 추진한 북방 정책으로 다소 완화되었습니다. 그리고 이러한 긴장 완화가 가시적으로 시민들에게 드러난 것이 1991년 소비에트 연

방 해체 이듬해인 1992년에 이루어진 일산 신도시 준공과 2001년의
인천공항 개통이었습니다.

일산 신도시가 개발되던 1990년대까지만 해도 아직 냉전 시기의
첨예한 군사적 긴장 상태가 이어지고 있었기 때문에 군의 반대가 심했
습니다. 이 지역의 군부대에 근무했던 노태우 대통령이 일산 신도시 건
설을 밀어붙이자, 군에서는 군사 작전을 위한 몇 가지 시설을 일산 신
도시에 설치해 줄 것을 요구했습니다. 그동안 도시 전설처럼 회자되
던 이야기가 사실이었음을, 일산 택지 개발에 참여한 안건혁 선생의 책
『분당에서 세종까지』에서 확인할 수 있습니다.

> 대상지는 당시만 해도 수도 방위의 최전방이었다. 대상지 내에는
> 제9사단 소속 군부대 4~5개 소가 위치하고 있었으며, 북서측 일
> 대에 수도 방위를 위한 최종 방어선 Charlie line이 지정되어 있어
> 서 어떤 종류의 개발도 가능하지 않던 지역이었다. 일산 신도시에
> 대해 군에서는 극렬 반대했지만, 군 시절에 제9사단에 근무한 적
> 이 있어 그 지역을 잘 알고 있던 노태우 대통령이 일산 개발을 허
> 락함으로써 반발을 잠재웠다.
>
> 이들이 차지하고 있던 지역은 정발산과 대화리의 땅 약 14만
> 4000m²였는데, 국방부에서는 부대 이전 조건으로 신도시 내 상
> 당량의 토지를 할애해 줄 것을 요구했고, 협상 과정에서 대상지 북
> 서쪽 끝 대화리에 37만 4000평을 제공하기로 했다.
>
> 국방부는 또한 몇 가지 우스꽝스러운 요구를 해왔는데, 북서
> 쪽 끝에 (내 기억에 따르면) 폭 50m 정도의 수로를 파고 물을 채워
> 서 적의 진입을 막아 달라는 것 하나와 또 하나는 북서쪽에 건설하
> 는 아파트는 고층으로 해서 북서 방향을 향해 길게 일자 배치를 한

다음 옥상에 고사포대를 설치할 수 있도록 해달라는 것이었다.[1]

전차를 방어하기 위한 해자는 파주와 고양을 관통하는 통일로 일대에 설치된 것으로서, 군에서는 이의 연장선에서 일산 신도시 북쪽 끝에 해자를 설치해 달라고 요구한 것으로 보입니다. 대화천이 현재 이 해자의 기능을 맡고 있다고 하겠습니다. 고층 아파트의 일부 구조를 군 사용으로 설계하는 것은 압구정 현대 아파트·한양 아파트에서도 이루어졌던 일로, 이에 대해서는『갈등 도시』에서 말씀드린 바 있습니다. 일산 신도시는 고층 아파트 단지와 단독 주택 단지가 순서대로 배치되어 있는 구조를 보이는데, 서북쪽 끝에는 군의 요구에 따른 것으로 보이는 고층 아파트 단지가 서북쪽 끝을 향해 일자 모양으로 늘어서 있고 그 주변에는 군 관련 시설이 자리하고 있습니다.

서울에서 고양·파주로 향하는 길은 한강을 따라 나 있는 자유로와 제2자유로, 수도권 전철 3호선의 연장 구간으로서 일산 신도시의 서북쪽 끄트머리에서 끝나는 일산선, 1906년부터 전 구간이 운행되기 시작한 경의선, 그리고 조선 시대의 간선 도로인 의주로를 계승한 통일로 등이 있습니다. 제가 이 책을 쓰고 있는 2021년 현재 평택-광명 구간과 서울-문산 구간만 개통되어 있는 평택-파주 고속도로가 앞으로 전 구간 개통되면, 한강 남쪽에서 이 지역으로 접근하기가 더욱 편리해질 것으로 예상합니다. 이 장에서는 일단 2200번 버스를 타고 자유로를 지나 파주시의 중부까지 올라간 뒤, 경의선을 타고 서울역으로 내려와, 다시 통일로를 따라 9710-1번 버스를 타고 올라가는 코스를 택하겠습니다.

자유로 아래를 통과해 한강으로 흘러드는
고양시의 하천

자유로를 따라 2200번 버스를 타고

저는 자주 책을 출판하다 보니 파주시의 한강 가에 자리한 파주 출판 단지에 종종 찾아갑니다. 그때마다 수도권 전철 2·6호선이 교차하는 서울시 마포구 합정역에서 광역 버스를 이용합니다. 합정역에서 파주까지 가는 광역 버스는 200번과 2200번이 있는데, 200번은 고양시의 일산 신도시와 파주시의 운정 신도시를 관통한 뒤 파주시 남부의 옛 교하군 영역에서도 남부 지역에서 운행을 끝냅니다. 2200번 버스는 일산 신도시와 운정 신도시를 피하듯이 자유로를 따라 곧장 북쪽으로 달려 파주 출판 단지와 헤이리 마을 등을 통과하고 파주시 남부의 옛 교하군 영역에서 중심적 기능을 하던 금촌동에서 멀지 않은 맥금동이라는 곳에서 운행을 끝냅니다.

파주시는 중부의 파주군이 1914년에 남부의 교하군을 편입하고, 1945년에 동북쪽 연천군 일부를, 1972년에 북쪽 장단군 일부를 편입하면서 오늘날의 모습을 갖추게 되었습니다. 파주라는 이름이 유래된 파주군의 중심은 경의선 문산역에서 직선거리로 4킬로미터에 조금 못 미치는 곳에 있는 파주리였습니다. 파주리의 옛 이름은 주내리(州內里)였으니, 말 그대로 조선 시대 파주(坡州)의 중심(內)이라는 뜻입니다. 전국에서 확인되는 주내, 읍내, 현내 등의 지명도 이런 식으로 해석할 수 있지요. 식민지 시기에 일본인들이 거주하면서 형성된 한반도 여러 도시의 구도심은 중구, 중앙동, 본정통 등의 지명으로 확인할 수 있습니다.

파주시에 차고지를 둔 2200번 버스는 홍대입구역과 합정역 사이에서 자유로를 따라 북쪽으로 향합니다. 양화대교 북단 교차로에서부터 자유로를 따라 올라가는 2200번 버스에서 왼쪽 차창 쪽으로는, 북한의 간첩이 침투하는 것을 막기 위한 철책이 쳐져 있습니다. 원래는

고양 강매석교

서해안 전역과 한강을 통해 이어져 있던 서울, 고양, 파주는 이렇게 해서 수운(水運)을 상실했습니다. 자유로를 따라 올라가다 보면, 서울 마포가 그렇듯이 포구로서의 기능을 상실한 지역을 많이 지나치게 됩니다. 크고 작은 하천이 한강으로 들어가는 어귀는 철책으로 인해 접근하는 사람들이 없다 보니 수풀이 무성한 모습입니다.

고양시 덕양구 강매동의 강고산 마을은 꽤 내륙에 들어가 있지만 예전에는 해포(醢浦)라 불리는 포구였던 것 같습니다.[2] 1755년에 제작된 『고양군지(高陽郡誌)』에는 이 지역에 해포교, 즉 〈소금젓 포구의 다리〉라는 나무다리가 있었다고 적혀 있습니다. 조선 시대부터 식민지 시기에 걸쳐 새우젓 장수들이 고양 지역에 판매할 새우젓을 이곳 강고산 마을의 강 건너편 섬에 부렸고, 이 섬과 강고산 마을 사이를 오가는 데 편리하도록 1920년에 돌다리를 세웠습니다. 이것이 2020년에 문화재로 지정된 고양 강매석교입니다.

다리에 〈강매리 다리를 경신년에 새로 만들었다(江梅里橋 庚申新造)〉라고 새겨져 있는데, 강매리라는 지명은 1910년에 강고산리(江古山里)와 매화정리(梅花亭里)를 합친 것이니 이 경신년은 1920년에 해당합니다.[3] 이렇게 포구로 번성하던 곳이다 보니, 경의선을 부설할 때 강고산 마을 북쪽에 강매역을 만들었을 터입니다. 6·25 전쟁 뒤로 군사적 목적으로 한강 하류가 폐쇄되면서 조강(祖川)이라 불리던 한강 하류의 숱한 포구는 모두 사라졌지만, 강매리교는 이산포 등과 함께 고양군＝고양시가 한때 어촌이었음을 증언하는 도시 화석이라 하겠습니다.

창릉천이 한강으로 들어서는 어귀를 지나 조금 더 북쪽으로 향하면 2200번 버스의 오른편으로 일산 신도시가 보입니다. 그리고 자유로와 일산 신도시 사이에는 키 낮은 건물과 공장이 가득한 마을이 길게 놓여 있습니다. 고양시 일산 동구 장항동입니다. 장항동에는 옛 마을과

(위) 이산포 수문에서 바라본 일산 신도시

(아래) 6·25 전쟁 당시 발생한 월남민들을 수용한
수용소가 그대로 마을이 된 〈수용소〉, 그리고
수용소 마을의 건물들을 양옥으로 새로 지었다고
해서 붙은 〈문화촌〉 © 국토지리정보원, 1985

소규모 공장 지대가 혼재되어 있는데, 그중 일부 지역에 일산 신도시의 확장으로서 몇 개의 재개발 계획이 예정 또는 실시 중이었습니다. 그리고 보상을 둘러싸고 플래카드와 벽보가 여기저기 붙어 있었습니다. 장항 5통 마을 회관 벽에는 〈고양 방송 영상 밸리 수용 예정 주민들은《수용 결사 반대》하는 데 적극 동참하자 / 장항동 수용 예정 주민 일동〉이라는 플래카드가 걸려 있었습니다.

　6·25 전쟁 이후, 이곳 장항동과 뒤이어 말씀드릴 송포동·대화동 등에는 피난민들을 수용하기 위해 형성된 〈수용소 마을〉, 〈통일촌〉, 〈신촌(새마을)〉 등이 많이 만들어졌습니다. 장단 사람들이 피난 와서 이룩했다고 해서 이름 붙여진 〈장성 마을〉, 외국의 원조를 받아 수용소 마을에 양옥을 지었다고 해서 이름 붙여진 〈문화촌〉 등의 피난민 정착촌은 오늘날 일산 신도시의 장성공원과 문화공원으로 흔적을 남기고 있습니다. 이처럼 6·25 전쟁부터 일산 신도시 개발에 이르기까지, 이 일대는 갈등 도시의 최전방입니다.[4]

　장항동을 지나면 나타나는 송포동은 이산포 포구로 유명했습니다. 『한국의 발견: 경기도』 「김포군」에는 6·25 전쟁 전까지는 김포 사람들이 지금의 김포 한강 신도시 지역에 있던 감암포 나루에서 한강을 건너 이곳 이산포 포구로 와서, 경의선 일산역까지 걸어가 열차를 타고 서울로 들어갔다고 적혀 있습니다.

　이곳(김포군) 사람들은 서쪽 나루들을 거쳐 강화군으로 건너갔고 동쪽 나루들을 거쳐 고양군으로 건너갔다. 특히 감암포 나루에서는 서울까지도 길이 이어졌으니 이곳 주민들은 식민지 시대 동안에만 하더라도 이 나루에서 건너편인 고양군 송포면의 이산포 나루로 건너가 그곳에서 일산까지 걸어간 다음에 일산에서 경의선 기차를 타고 서울로 갔다. 그렇지만 육이오전쟁이 끝난 뒤부터는 배를 타고 서울에 가는 사람이 줄어들어 이 나루도 그 기능을 잃고 말았다.[5]

그러나 오늘날 이산포는 포구로서의 기능을 잃은 지 오래이고, 장항천을 막은 이산포 수문 주변은 낚시꾼들의 명소가 되었습니다. 여담이지만, 수도권 전철 3호선의 일산 신도시 연장 구간에 자리한 대화역의 〈대화(大化)〉라는 지명은, 조선 후기에 이 지역의 대화리, 이산포리 등을 합쳐서 하나의 큰 마을을 만들었다고 해서 붙여졌다는 설명이 대화역 대합실에 붙어 있습니다. 지하철역의 대합실이나 플랫폼에도 도시 문헌학적으로 읽을거리가 풍부합니다.

옛 이주민과 새 이주민이 공존하는 파주

이렇게 기능을 상실한 옛 포구들을 지나고 나면 2200번 버스는 파주시에 들어섭니다. 그 첫머리에 파주 출판 단지가 있습니다. 안건혁 선생의 증언에 따르면, 원래 출판 단지는 분당이나 일산에 들어설 계획이었다고 합니다. 제1기 신도시를 문화 도시로 만들고자 하는 의지와, 출판계의 미래 계획이 맞물려서 추진되던 이 계획은 결국 가격 때문에 무산되었다고 합니다. 책을 쓰는 입장에서는 출판 단지가 분당이나 일산에 자리했다면 서울에서 오고 가기에 더 편리했겠다는 아쉬움이 있지만, 파주시에 또 하나의 도시 거점이 생긴 것은 좋은 일이라 생각합니다.

일산을 문화 도시로 만들기 위한 노력 중 첫 번째는 출판 단지의 유치였다. 출판 단지를 개발하겠다는 구상은 원래 5개 신도시 계획이 발표되면서부터 시작되었다. 열화당의 이기웅 사장을 비롯해서 비봉출판사, 민음사 등 몇몇 출판사 대표들이 모여 출판 도시를 만들겠다면서 분당에 땅을 지정해 달라고 나를 찾았다. 내가 들은 이야기로는 출판계 사람들이 수년 전에 마포에 출판 단지를 만들겠다고 해서 땅을 싸게 분양받은 경험이 있는데, 나중에 땅값이 많이 올라서 재미를 보았다는 것이다. 그런 까닭에서인지 정부가 신도시를 개발한다고 하니까 부랴부랴 추진 위원회를 조성해서 사업 계획을 내놓은 것이 아닌가 싶다. (……)

결국 분당이 어려워지자 나는 이들에게 일산을 추천했다. 일산은 분당처럼 땅에 대한 수요가 많지 않을 것이고, 준비해 둔 땅도 많으니까 서로 좋을 것이라 생각했기 때문이다. (……)

결국 흥정은 깨어졌고, 일산 출판 단지 구상은 허무하게 수포로 돌아갔다. 아쉽지만 나는 그 땅에 수용할 다른 용도를 생각해야만 했다. 몇 달 후에 토개공이 파주에 자유로를 건설하면서 육지쪽에 공유 수면이 생겨나게 되었는데, 수면을 메워 써야 하는 등의 문제로 분양이 어려워지자 출판 단지가 생각이 났는지 추진 위원회 사람들과 접촉했고, 문발리 폐천 부지 26만 평을 평당 40여 만 원에 분양하기로 합의했다. 그것이 지금의 파주 출판 단지다.[6]

출판 단지를 관통한 2200번 버스는 롯데 프리미엄 아울렛과 운정 신도시의 서쪽 끄트머리를 지나 프로방스 마을과 헤이리 마을에 다다릅니다. 합정역에서 승차한 중장년분들은 이곳에서 많이 내리시더군요. 두 마을은 굳이 소개할 필요가 없을 정도로 유명합니다만, 헤이리 마을은 예술가들이 집단 정착한 일종의 이주 단지라고 생각한다는 점만 덧붙이겠습니다.

헤이리 마을은 한반도 북부 지역과 크게 관련이 없는 분들이 이주

(위) 파주 탄현 지방 산업 단지의 전우 용사촌

(아래) 동화은행 창립식 모습(『함북 망향 반세기』
권두 삽화)과 동화은행 광고(『함북 망향 반세기』)

한 곳이지만, 헤이리 마을을 지난 2200번 버스가 도착하는 곳들은 그렇지 않습니다. 파주시 탄현 지방 산업 단지에는 6·25 전쟁 등에서 부상을 입은 상이용사와 그 가족들이 집단 이주해서 공동 경영하는 전우용사촌 공장이 있습니다. 제가 이곳 공단에 갔을 때는 외국인 노동자를 차별한다는 비판을 받은 〈코로나19 확산 차단을 위한 외국인 노동자 진단 검사 행정 명령 실시〉 플래카드가 걸려 있었습니다.

　　동화 경모 공원은 한반도 북부 지역에서 월남한 분들이 묻히는 공동묘지입니다. 한때 이들이 힘을 합쳐 동화은행과 동화 진흥 주식회사 등을 창업하기도 했지요. 마침 제가 가지고 있는 『함북 망향 반세기』(1994)라는 함경북도 출신의 월남민들이 출간한 책을 보니, 〈실향민의 소망인 이북 도민의 동화은행이 설립되어 1989년 9월 5일 개점하였다〉라는 설명과 함께 몇 장의 사진이 실려 있고, 고구려 벽화의 기마상을 연상시키는 로고의 동화은행 광고가 전면에 실려 있었습니다. 저는 아버지 쪽 친척들이 평안북도 구성군이라는 곳에서 월남했지만, 개인적으로는 함경도 지역에 관심이 있어서 이 지역에 관한 지난 100년 간의 자료를 조금씩 모으고 있습니다.

　　다음으로 2200번 버스가 들르는 곳은 통일동산과 법흥리 주거 지역입니다. 법흥리의 동남쪽 끝에는 〈법흥 1리·이주 단지〉라는 버스 정류장이 있는데, 이곳은 자유로를 정비하고 특히 1991년부터 통일동산을 조성할 때 발생한 철거민들을 이주시킨 곳입니다.[7]

　　조선 시대의 지역 중심지를 답사할 때는 향교, 근대 이후의 지역 중심지를 답사할 때에는 마을 회관을 간다는 전략에 따라 법흥 1리 마을 회관에 갔더니, 비석을 떠받치는 거북 모양의 받침돌인 귀부(龜趺)가 놓여 있더군요. 그 옆에 세워진 비석에는 그 귀부를 둘러싼 사연이 적혀 있었습니다.

법흥 1리 마을 회관 앞의 귀부

조선 초기 1450년도경에 조각된 것으로 추정되는 이 돌 거북상
은 오랜 세월 마을의 수호신처럼 역사를 함께하며 약산골(법흥
1리)에 터를 잡고 있던 중 1990년 통일동산 조성 사업으로 온 마
을이 개발되면서 어수선한 사이 전문 도굴범에 의하여 도굴당할
뻔한 것을 되찾아서 30여 년간 탄현 면사무소에 보관해 오던 중
2019년 마을의 안녕과 발전을 기원하는 마을 주민들과 약산 향우
회의 후원과 관심에 이곳 법흥 1리 마을 회관에 옮겨 보존하기로
하였다.

　2019년 9월 일

　리장: 이상서 부녀회장: 윤명자 새마을 지도자: 최상일

　추진 위원: 최덕원, 김용섭, 최석원, 노영래

　약산 향우회 회장: 노한호

　추진 위원장: 김무경

　한반도 북부에서 월남한 실향민들을 위로하고자 통일동산을 조성
하다가 또다시 제자리 실향민이 발생했습니다. 이들 실향민은 옛 고향
에 있던 이 거북상을 잃어버릴 뻔했고, 그 뒤로도 수십 년간 탄현 면사
무소에 보관되어 오던 거북상을 2019년에 마을 회관 앞에 놓아 두는
데 성공했다고 합니다. 그 과정에서 역할을 한 것으로 생각되는 분의
블로그에는 고향에서 쫓겨난 제자리 실향민의 슬픈 심정과, 거북상을
되돌려 받음으로써 새로운 땅에 적응하는 계기로 삼고자 하는 마음이
적혀 있습니다.

　거북상은 원래 법흥 1리 약산골에 있던 약산골 전체 소유 거북상
입니다. 그런데 1990년대 자유로 개발 및 통일동산 조성 계획에

정미소 너머로 보이는 운정 신도시

따라, 우리 마을이 천지개벽 개발이 시작되었습니다. 그리고 단위 부락으로 애틋한 이웃 정 나누며 살던 우리 마을 약산골 주민들은 대를 이어 살던 내 집을 버리고 낯선 이주 단지로 이주를 해야 했습니다.[8]

정미소 너머 저 멀리 남쪽으로 운정 신도시가 바라보이는 법흥 1리·이주 단지 버스 정류장에서 다시 2200번 버스를 타면, 옛 농촌 마을의 경관이 잘 남아 있는 길을 한동안 달린 뒤 종점인 맥금동에 도착합니다. 농촌 풍경과 군사 시설이 얽혀 있는 파주시의 모습을 확인하고픈 생각이 없다면, 이곳 맥금동 종점에서 버스를 갈아타고 경의선 라인으로 이동하시면 됩니다.

경의선 문산역과 기지촌

2200번 버스 종점인 맥금동에서 마을버스 034번을 타면 동북쪽으로 올라가 경의선 문산역에 도착합니다. 일반 버스 90번과 900번, 마을버스 034번, 034-1번, 078번을 타고 동남쪽으로 내려가면 파주시청이 있는 경의선 금촌역에 도착합니다. 두 곳으로 이어지는 버스 운행 횟수의 차이가 파주시의 중심이 이동했음을 보여 줍니다. 원래 파주군청은 문산역 근처에 있었는데, 6·25 전쟁 이후 남쪽의 경의선 금촌역 근처로 옮겨 왔습니다. 제가 소장하고 있는 1932년도 『조선 여행 안내』에 실린 경의선 전체 노선에는 금촌역, 문산역 다음 장단역과 봉동역을 지나 개성에 이르는 것으로 나와 있습니다. 금촌에서 남쪽으로는 일산, 능곡, 수색을 지나 경성역에 이르는 것으로 적혀 있습니다. 파주군의 옛 중심지인 문산·금촌에서는 경성·서울보다 개성이 더 가까웠던 것이죠.

〈문산 복합 상가.아파트〉. 〈상가〉와 〈아파트〉
사이에 〈.〉을 찍은 데에서, 주상 복합의 원형인
상가아파트가 이 지역 주민들에게 낯설게
느껴졌음을 짐작할 수 있습니다.

　　파주의 옛 중심지이자 지금도 파주의 도회지 가운데 가장 북쪽에 자리한 경의선 문산역은 6·25 전쟁 이후 이 일대에 주둔하던 미군·한국군이 경의선을 타고 서울로 갈 때 주로 이용하는 교통 거점이었습니다. 문산역 서쪽의 문산리와 동쪽의 선유리에는 경의선의 오래된 역전 마을로서의 흔적과 미군 기지촌으로서의 흔적이 공존합니다. 특히 문산역 서쪽에 있는 〈전국 주한 미군 한국인 노동조합 파주 지부〉 건물은 인상적인 외관을 드러내고 있습니다. 이 건물과 의정부역 동쪽의 〈전국 주한 미군 한국인 노동조합 KSC 지부〉 건물은, 경의선과 경원선을 따라 수많은 미군이 주둔하며 북한의 침공에 대비하고 있었음을 증언합니다.

　　문산역 동쪽으로는 미군 부대가 점점이 자리하고 있었습니다. 선유리, 연풍리·용주골, 대능 4리, 금곡리, 웅담리, 장파리 순으로 문산역에서 멀어져 갑니다. 현재 파주의 행정 중심인 금촌역에서도 동쪽으로 피엑스 마을, 봉일천리, 광탄면 신산리 순으로 멀어져 가며 미군 부대와 기지촌이 자리하고 있었습니다. 미군 기지촌에 대해서는 한국 도시 아카이브 시리즈의 다른 책에서 자세히 살펴볼 예정이므로, 이 책에서는 주요 지역의 사진만 소개하고 넘어가겠습니다(152~155면 참조).

　　이들 기지촌에 거주하는 사람이 파주 지역민의 상당수를 차지했기에,『한국의 발견: 경기도』「파주군」에서는 〈이 군의 주민 중에는 농사일도 고기잡이도 하지 않는 사람이 절반이 넘는다. 그들은 주로 뒤에 이야기될 기지촌에 생활의 끈을 대고 사는 사람들이다〉[9]라고 적고 있습니다. 특히 광탄면 신산리와 조리읍 봉일천리는 조선 시대에 교통 및 상업 요충지로 유명했는데, 6·25 전쟁으로 인해 이곳에 미군이 주둔하고 기지촌이 형성되면서 그런 옛 모습은 찾아볼 수 없게 되었습니다.

파주시의 기지촌 도시 화석

(위) 전국 주한 미군 한국인 노동조합 파주 지부

(아래 왼쪽) 한때 이곳이 미군 기지촌이었음을
증언하는 양복점

(아래 오른쪽) 미군 기지촌 시절의 경관이 여전히
남아 있는 대능 4리의 골목

파주시의 기지촌 도시 화석

(위) 장파리의 옛 클럽 건물

(가운데) 금곡리에 주둔하던 미군 기지의 옛 정문

(아래) 웅담리의 기지촌 시절 건물들

파주시의 기지촌 도시 화석

(위 왼쪽) 인근 군부대의 피엑스에서 반출한
물자가 거래되어서 이런 이름이 붙은 것으로
추정되는 〈피엑스 마을〉 버스 정류장

(위 오른쪽) 이곳에 주둔하던 미군 부대의 이름이
여전히 남아 있는 자이안트 부대 버스 정류장

(아래) 봉일천리의 옛 기지촌 시절 건물

파주시의 기지촌 도시 화석

(위) 미군 기지촌 시절 광탄의 옛 극장 건물 (아래) 마레이지아교 전경과 머릿돌

이곳은 〈두 서울 중간에 유숙하는 곳, 세도에서 모여드는 길〉(……) 따라서 이곳에는 역과 원이 많이 들어섰으니 광탄원도 그 하나이다. (……) 육이오 전까지 이곳 문산면의 문산장과 조리면 봉일천리의 공릉장이 큰 장으로 이름을 날렸던 것도 이곳이 두 서울 사이의 길목이었던 덕택이겠다. (……)

육이오전쟁이 일어난 뒤로 문산 읍내나 공릉장이 서던 봉일천리는 다 옛 모습을 잃었다. 공릉장, 곧 파주장을 그토록 유명하게 했던 쇠전이 금촌으로 옮겨 갔고, 본디 문산읍에 있던 군청도 난리 통에 문산 읍내가 집도 사람도 없는 텅 빈 도시가 되자 금촌으로 옮겨 갔기 때문이다. 그러자 그전까지 그리 보잘것없던 금촌이 파주군의 중심지로 자리를 굳히게 되었다.

파주군은 1971년까지 파주군을 이루는 읍과 면 열한 군데에 모두 기지촌이 들어서 나라 안에서 기지촌이 가장 많았던 곳이다. 주내읍 연풍 1리의 용주골과 연풍 2리의 대추골, 문산읍 선유 4리, 조리면 봉일천리, 월롱면 영태리, 광탄면 신산리, 천현면 대릉리와 법원리 같은 곳에 미군 부대가 마을을 에워싸고 원을 그리며 들어섰(다.) (……) 그러나 70년대에 들어 파주군은 풍선에서 바람이 빠지듯이 모든 것이 가라앉기 시작했다. 1969년에 발표된 닉슨의 괌 독트린으로 주한 미군이 철수를 시작했고 특히 문산에 있던 제2사단이 1971년에 동두천으로 옮겨 가버렸기 때문이었다.[10]

하지만 경의선 파주역 서쪽에 LG디스플레이 파주 공장과 운정 신도시가 들어선 것처럼, 기지촌이라는 성격은 파주에서 약화되고 있습니다. 『한국의 발견: 경기도』의 다음 문장은 이제 수정되어야 합니다. 〈이 고장에서는 《현대화》나 《지역 발전》과 곧바로 이어진다고 하는 공업 활동은 찾아보기가 힘들다. 경기도의 북쪽에 자리 잡은 다른 지역과 마찬가지로 군사 지역에 드는 이곳에는 규모가 큰 공업 시설이 들어설 수가 없기 때문이다.)[11]

　　파주시 곳곳에 붙어 있는 지도에는 율곡 이이나 우계 성혼과 같은 조선 시대 남성 지배 집단 인사들의 묘지는 크게 강조되어 있어도 미군 기지촌은 표시되어 있지 않고, 하물며 자신의 몸을 외화와 바꾸어 한국이라는 가난한 나라의 외환 보유고를 높여 준 미군 위안부 여성들의 흔적이나 그들에 대한 언급은 찾아볼 수 없습니다.

문산역에서 금촌역과 수색역을 거쳐 서울역으로

문산역에서 경의선을 타고 남쪽으로 향하면 파주역과 월롱역을 지나 금촌역에 도착합니다. 문산역과 금촌역 사이에는 북한 측의 전차가 남쪽으로 진격하는 것을 막기 위한 각종 군사 시설이 설치되어 있습니다. 현행법에 저촉되기 때문에 사진을 싣거나 자세히 설명할 수는 없지만, 특히 이 구간의 군사 시설들은 군사 유산으로서뿐 아니라 미적으로도 웅장하고 아름다워 향후 보존할 가치가 있다고 생각합니다. 캠프 에드워즈가 자리 잡았던 월롱역 인근 영태리의 대전차 방어 시설을 방문했을 때에는 지역 농민들이 방어 시설물 사이로 나 있는 좁은 공간에서 농사짓는 모습을 보면서 한국인의 불굴의 텃밭 정신을 느끼기도 했습니다. 월롱역 동쪽의 도내리에 설치된 군사 시설 또한 한적한 농촌 마을의 풍경 속에 잘 녹아들어 훌륭한 경관을 만들어 내고 있습니다. 경기도·강원도의 시민들과 행정 당국 측이 이들 군사 시설을 지역 발전의 장애물로 여기고 있는 것은 잘 알고 있습니다만, 그 가운데 경관적으로 훌륭한 것은 보존하거나 철원군의 사례처럼 리모델링하는 방법도 적극 채택되었으면 좋겠습니다.[12]

파주역에서 문산역으로 향하는 경의선 열차

금촌역과 금촌 통일 시장 사이의 경관

파주시의 행정 중심인 금촌역 지역에는 옛 교하군의 거점인 교하 향교를 비롯해서 여러 가지 답사 포인트가 존재합니다. 파주 조리읍 봉일천리의 봉일천장이 6·25 전쟁을 계기로 쇠퇴한 뒤, 1906년에 경의 선 금촌역 개통과 함께 생겼던 금촌장이 번성하게 되었으니, 금촌역과 금촌 통일 시장 사이의 공간에서 볼 수 있는 몇몇 건물과 길은 식민지 시대부터 이어져 오는 것일지도 모르겠습니다.

조선 시대부터 6·25 전쟁 전까지 파주 지역에서 최고의 번성을 누렸던 봉일천장에 비하면 금촌장은 경의선 철도 개통과 더불어 1906년에 생겨난 신흥 시장이다. 전쟁 후 비포장 군용도로 외에 변변한 교통 여건을 갖추지 못한 봉일천장에 사람들의 발길이 뜸 해지자, 자연히 금촌역을 배경으로 철도 교통이 발달한 금촌장에 물자와 사람들이 몰리게 됐다. 특히, 봉일천장의 우시장이 금촌장 으로 옮겨 오면서 금촌장은 파주 지역에서 가장 번성하는 장터 중 의 하나가 됐다.[13]

금촌 통일 시장의 골목길을 빠져나오면 폐가와 플래카드가 뒤엉 켜 있는 산동네가 나타납니다. 재개발 사업이 예정되어 있는 율목 지구 입니다. 이곳은 6·25 전쟁 뒤 한국의 초등 교육 일부를 담당했던 재건 중학교가 있었던 곳으로 여겨지며,[14] 이 근처에는 금촌 지역의 교육에 크게 기여한 금촌 중앙 침례교회가 자리하고 있습니다. 한편 재건중학 교의 위쪽 산비탈에 자리한 작은 교회 건물은 〈감람나무 박태선 장로〉 가 1950년대에 일으킨 전도관 측에서 지었다가 나중에 매각한 건물로 추정됩니다. 제가 답사했을 당시 율목 지구 곳곳은 접근이 불가능할 정 도로 붕괴되거나 펜스가 쳐져 있어 자세히 조사하지는 못했지만, 이 건물 아래쪽에 신앙촌 상회가 있어서 이러한 추정을 뒷받침해 줍니다. 교회 건물 위쪽에는 통일교 건물도 자리하고 있어서, 율목 지구가 금촌 지역의 신앙적 중심지로 기능했음을 짐작할 수 있습니다.

금촌역에서 남쪽으로 경의선을 따라가면 운정역, 야당역, 탄현역이 차례로 나타납니다. 이들 역은 모두 파주 운정 신도시를 서쪽에 두고 있지만, 경의선 일산역이 그렇듯이 신도시의 외곽에 있어서 접근성이 떨어집니다. 일산 신도시에는 수도권 전철 3호선의 연장 노선이 들어왔지만, 아직 운정 신도시에는 지하철이 없습니다. 이 책을 쓰고 있던 2021년 4월 22일에 국토 교통부가 주최한 〈제4차 국가 철도망 구축 계획 공청회〉에서 발표된 43개의 추진 노선 가운데, 3호선을 일산 신도시의 서북쪽 끝인 대화역에서 운정 신도시를 거쳐 파주시청이 있는 금촌 지역의 금릉역까지 연장하는 안이 포함되어 있습니다. 이 노선이 확정되어 준공된다면, 경의선과 3호선(일산선)은 대곡역과 금릉역 두 곳에서 교차함으로써 이 지역 주민들에게 상당한 편의를 제공할 것으로 기대됩니다. 이는 현재 존재감이 다소 떨어지는 경의선이라는 철도가 재평가되는 계기가 될 듯합니다.

탄현역을 지나면 일산역이 나타납니다. 『갈등 도시』에서 말씀드린 바와 같이 일산역의 서남쪽은 일산 신도시라 불리며, 오늘날 대부분의 한국 사람이 일산이라고 하면 떠올리는 지역입니다. 하지만 일산역의 원래 역전 마을은 일산역 동북쪽의 일산동 구도심입니다. 일산 구도심은 경의선이 놓이면서 서울과 개성 사이의 길목으로 번성했지만, 교통의 요지라는 데에서 나오는 이익은 서울 상인이나 개성 상인이 모두 취하고 막상 일산 사람은 얻는 것이 없다고 해서 〈실속 없는 일산 사람〉이라는 말이 생겼다고 『한국의 발견: 경기도』「고양군」에서 전합니다(164면). 그리고 1980년대에 이미 일산 지역을 중심으로 한 고양

(위) 전도관 건물이었던 것으로 추정되는 파주   (아래) 백마역의 출근 시간대 풍경
금촌 율목 지구의 건물

군 지역이 서울 〈서대문-은평 지역 생활권에 든다〉고 적고 있습니다
(165면). 통일로와 경의선을 통해 서울시와 이어진 고양시는 일산 신
도시가 생기기 전부터 이미 대서울의 일부로서 정체성을 형성하고 있
었다고 하겠습니다.

일산역의 남쪽인 풍산역을 지나 백마역으로 향하다 보면 나타나
는 백마 지하 차도 인근에는 최근 고층 아파트 단지가 형성되고 있는데,
고양시 장항동의 한강 변 논밭 사이를 걷다 보니 〈일산을 깨우는 초서
울권 큰 도시!〉라고 적힌 광고 플래카드가 보이더군요. 〈초서울권〉이
라니. 흔히 쓰는 〈수도권〉이나 제가 쓰는 〈대서울〉이라는 말로는 임팩
트가 부족했나 봅니다. 이 플래카드 뒤편으로는 〈고양 제1호 농업용수
간선〉이 흐릅니다.

한편 백마역 주변은 유명한 백마부대 및 부대 근처에 형성된 한센
병력자 정착촌에서 출발한 가구 단지가 있고 서울의 젊은이들이 데이
트하러 오던 한적한 동네였는데, 지금은 서울시로 출퇴근하는 대서울
시민들의 거주지로 정체성을 바꾸고 있습니다. 제가 이 지역을 답사하
기 위해 아침 출근 시간에 백마역에 도착했을 때, 서울로 가는 방향의
플랫폼에 가득한 승객들을 보면서 〈이들이 바로 대서울 시민이다〉라고
느꼈습니다.

백마역 남쪽의 능곡역과 화전역 일대도 인상적입니다. 능곡역 일
대는 개량 기와집과 일본식 상점 건물이 공존하며 옛 경의선 역전 마
을의 경관을 잘 남기고 있으며, 옛 능곡역 건물도 헐리지 않고 〈능곡
1904〉라는 이름으로 리모델링되었습니다. 1904년에 경의선 능곡역
이 개통됐음을, 그리고 능곡역이 자리한 토당동이 오랜 역사를 지닌 마
을임을 보여 주는 유산입니다.

한편 화전역 서쪽의 공동묘지에는 뒤에서 말씀드릴 수색 조차장

(위) 옛 능곡역   (아래) 능곡역 근처, 옛 메인 스트리트의 경관

을 만들면서 무연고 묘지를 이장했음을 알리는 비석 〈경성 조차장 제 3공구 내 무연합장지묘(京城操車場弟三工區內無緣合葬之墓)〉가 세워져 있고 동쪽에는 경의선 화전역 시절부터 형성되었을 옛 마을이 곳곳에 자리하고 있습니다. 이들 마을의 대부분은 고양 창릉 공공 주택 지구에 포함되어 갈등이 빚어지고 있는 가운데, 고양 창릉 지구 개발에서 벗어난 〈화전벌말〉이라 불리는 마을은 폭풍 속의 고요와 같은 평화로운 한때를 보내는 모습이었습니다. 옛 상점가 중간의 〈연탄 / 화전 상회 / 쌀〉 가게는 공방으로 리모델링되어 활용되고 있었고, 바로 옆 건물에는 〈화전 도시 재생〉 사업을 알리는 포스터들이 붙어 있었습니다. 〈화전 벌판에 자리한 마을〉이라는 뜻일 〈화전벌말〉의 토지 주인, 세입자, 상인들이 재개발에 밀려 다른 곳으로 이주하지 않고 이곳에서 살고 싶은 만큼 오래오래 행복하게 지내시기를 빌었습니다.

　화전역 서쪽에 무연고 묘지가 조성된 계기는 식민지 시기 지금의 화전역과 수색역 사이에 경성 조차장이라는 대규모 철도 시설 건설에 있었습니다. 건설 예정지에 있던 무덤들을 이장할 필요가 있었던 것이죠. 식민지 시기 말기에 일본 정부는 경성, 부산, 평양에 대규모 조차장을 건설하여 만주·중화민국·소비에트 지역 등으로 진출하기 위한 준비를 했습니다. 제국주의 일본이 미국에 항복하면서 이러한 〈대륙 철도〉 구상은 의미를 잃었지만, 화전역과 수색역 사이의 철도 시설은 한국의 철도청에서 이용하여 오늘날에 이릅니다. 수색역이 이렇듯 큰 의미를 지닌 곳이다 보니, 수색역 서쪽에는 경성 조차장, 즉 수색역을 지키는 군부대를 위한 관사촌이 조성되었고 동쪽에는 철도원들을 위한 관사촌이 건설되었습니다. 그리고 현대 한국 시기에도 변전소와 한전 사택, 연탄 공장과 시멘트 공장, 시장이 들어서는 등 수색역 일대는 서울시 서북부의 거점 기능을 유지했습니다.

(위) 경성 조차장 제3공구 내 무연합장지묘

(가운데) 고양 창릉 공공 주택 지구 사업을
반대하는 측에서 내건 플래카드

(아래) 옛 화전 상회

(위) 수색 변전소와 주변 주거 지역의 경관   (가운데, 아래) 상암 일본군 관사와 수색역 철도
관사

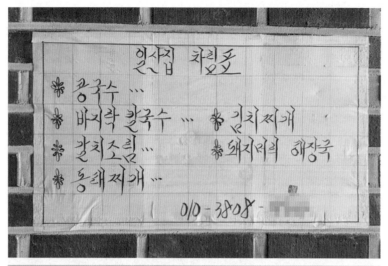

일산집 차림표

❀ 콩국수 …
❀ 바지락 칼국수 …   ❀ 김치찌개
❀ 갈치조림 …   ❀ 돼지머리 해장국
❀ 동태찌개 …

010-3808-■■

(위) 수일 시장의 〈일산집〉 차림표   (아래) 가좌역 동북쪽의 옛 상가아파트 블록

(위) 옛 아현리역 플랫폼 흔적　　　　　(아래) 옛 서소문역 자리인 서소문 건널목

수색역 동북쪽의 큰 시장인 수일 시장의 쇠락한 블록에는 〈일산 집〉이라는 가게가 있었는데, 손 글씨로 적힌 간판과 메뉴가 인상적이었습니다. 수색동은 원래 일산과 마찬가지로 고양군에 속했고, 경의선으로 일산과 수색이 연결되어 있으니, 이 〈일산집〉이라는 상호가 가리키는 일산은 〈일산 신도시〉가 아닌 옛 일산일 터입니다. 상암동에 디지털 미디어 시티가 들어서고, 수색 변전소를 지하로 넣는 지중화 사업이 예정되어 있어 상암·수색·향동·창릉 지역의 모습은 크게 바뀔 것입니다. 옛 일본군 관사촌과 철도 관사촌 지역도 재개발이 상당히 진행된 상태입니다. 이 일산집과 수일 시장이 언제까지 옛 시절의 모습을 간직할지 주목하고 있습니다. 디지털 미디어 시티 개발의 영향을 받아 고층 아파트 단지들이 속속 들어서고 있는 남가좌동의 경의선 가좌역 북쪽 시장 지역에 대해서도 마찬가지로 이야기할 수 있습니다.

가좌역을 지난 경의선은 서울역으로 가는 동안 몇 개의 역을 거칩니다. 이 가운데 서울 서대문구 북아현동의 옛 아현리역은 현재 폐쇄되어 있지만 지금도 역 플랫폼의 흔적을 남기고 있고, 아현리역 다음에 있던 서대문구 미근동의 서소문역은 서소문 건널목으로 이어지고 있습니다. 서소문 건널목은 오늘날 서울역 구내, 즉 서울역의 내부로 간주되는데, 높은 곳에서 서소문 건널목을 내려다보면 이곳까지가 서울역임을 납득하게 됩니다.

9710-1번 버스를 타고 통일로 따라 문산과 통일촌까지

이렇게 해서 경의선 문산역에서 서울역까지 내려왔습니다. 이제 서울역 근처 남대문에서 9710-1번 버스를 타고 다시 통일로를 따라 북쪽으로 올라갑니다. 9710-1번과 9710번 버스는 예전에 은평구 대조동에 있던 서부 버스 터미널, 속칭 불광 시외버스 터미널에서 문산까지

운행하던 시외버스 노선을 거의 그대로 이어받고 있습니다. 물론 남대
문(9710-1)·광화문(9710)에서 대조동까지의 통일로 구간은 광역 버
스를 도입하면서 추가된 것이고요.

통일로는 독립문역 사거리에서 삼송역까지 수도권 전철 3호선과
평행하게 달리다가, 지축 3호선 차량 기지 앞 교차로에서 갈라집니다.
9710-1번 버스는 통일로를 따라 북쪽으로, 3호선 열차는 일산 신도시
를 향해 서북쪽으로 나아갑니다.

서울시 은평구와 고양시 덕양구가 만나는 부근인 구파발 사거리
에는 박정희 전 대통령의 글씨가 새겨진 통일로 비석이 세워져 있습니
다. 이곳에서 서울·고양 경계 지점까지는 북한 측 인사들이 한국을 방
문했을 때를 대비해 만들어진 일종의 선전 주택인 〈한양 주택〉이라는
단독주택 단지가 있었습니다. 1972년에는 서울역에서 한양 주택까지
는 의주로, 거기서부터 임진각까지는 통일로였기 때문에, 한양 주택 남
쪽 끝인 이곳에 통일로 비석을 세우게 된 것입니다. 임진각 근처에도
똑같은 비석이 있습니다. 비석의 내용은 이렇습니다.

통일로
이 길은 국토의 남북을 잇는 길이다. 박정희 대통령께서 통일로라
명명하시고 글씨를 써주셨으므로 이 뜻을 돌에 새겨 길이 전한다.
1971년 12월 1일

은평 뉴타운이 만들어질 당시, 한양 주택의 일부 주민들은 자신들
이 사는 지역의 역사성과 미적 중요성을 강조하면서 재개발에 반대했
지만 그들의 뜻은 서울시 측에 받아들여지지 못했습니다.[15] 이 한양 주
택은 은평구의 경기도 쪽 맞은편인 고양시의 삼송리 공무원 주택, 그리

(위) 통일로 명명비 　　　　　　　(아래) 고양시의 삼송리 공무원 주택

고 파주시 군내면의 통일촌과 동일한 목적으로 조성된 선전 주택 단지
였습니다.

　김명욱 선생은 논문「1970년대 통일로 변에 건설된 단독주택지에
관한 연구」(서울시립대학교 건축학과 석사 학위 논문, 2013)에서 삼송
리 공무원 주택(1972), 통일촌(1973), 한양 주택(1979)이 지어진 배
경을 다음과 같이 설명합니다.

　남과 북이 오고 가던 주요 도로인 통일로 변은 북측과 가까이 있다
　는 이유로 특별한 개발 없이 낙후한 농촌의 형태를 유지하고 있었
　다. 남북 대화가 시작되면서 통일로 변에 놓인 모든 것들은 북한
　언론을 통해 북한에 전해졌다. (……) 남한 정부가 통일로 변을 정
　비할 때 우선적으로 사업을 시행한 곳은 북한 언론에서 자세히 언
　급한 임진강 변과 통일로 변에서 다소 큰 규모의 부락을 이루고 있
　던 고양군 삼송리 일대였다. (……) 회담이 중단된 이후에는 이후 재
　개될 회담에 대비하기 위해 보다 체계적인 수단으로 일대를 정비하
　는 성격이 강하다고 할 수 있다. 1970년대 통일로 변에 시행된 사
　업들로 고양군과 파주군 그리고 서대문구 진관외동 일대에 각각
　삼송리 공무원 주택과 통일촌, 한양 주택이 조성되게 된다.[16]

　이어지는 장에서 김명욱 선생은 한양 주택이 조성된 이유를
1979년의 통일로 정비 사업에서 찾습니다.

　1979년 서울에서 임진각에 이르는 길인 통일로를 국제 관광 도로
　로 정비한다는 계획을 발표하고 이 계획으로 도로변에 산재한 불
　량 주거가 철거되고 노변 정리 사업 등이 시행된다. (……) 한양 주

택은 서울시 제2차 취락 구조 개선 사업 대상지 중 1곳으로 통일로
변 경관 조성을 위해 불량 건축의 현지 정비와 취락 이전을 목적으
로 하였다.[17]

　앞에서 2200번 버스 노선 가운데 법흥 1리 이주 단지가 자유로 및
통일동산 조성 과정에서 발생한 철거민을 이주시킨 지역이라고 말씀
드렸는데, 한양 주택은 통일로를 정비하는 과정에서 발생한 철거민을
이주시킨 지역이었던 것입니다. 분단과 6·25 전쟁으로 인해 수많은 실
향민이 발생한 한국에서, 그리고 20세기 후반의 한국에서 북한이라는
이슈와 관련된 자유로·통일공원·통일로 등의 건설과 정비를 위해 또
다시 실향민을 양산한 것입니다. 이렇게 통일로 주변의 철거민들이 입
주한 한양 주택은 은평 신도시 개발 구역에 포함되어 사라졌고, 이곳에
이주했던 분들은 또다시 다른 곳으로 떠나야 했습니다. 20세기 한국의
역사는 철거와 이주의 역사입니다.

　한편 한양 주택보다 7년 먼저 건설된 삼송리 공무원 주택은 〈사랑
의 전원 마을〉과 〈삼송 주택〉이라는 이름으로 남아 있습니다. 이 지역
의 건축물 대장을 확인해 보면 1973년에 준공된 건물이 많이 보입니
다. 특히 통일로에서 바라보는 삼송 주택은 상당히 단정한 모습이어서,
선전 단지로서의 효과가 컸음을 알 수 있습니다.

　그런데 산기슭에 자리한 〈사랑의 전원 마을〉의 아랫자락에는 상대
적으로 낡아 보이는 주택과 창고가 혼재된 지역이 자리하고 있습니다.
이곳은 6·25 전쟁 및 베트남 전쟁 당시 부상을 입은 상이용사와 그 가
족들이 1968년경에 정착한 신도 용사촌입니다. 신도는 삼송동의 옛 이
름인 신도면에서 온 것입니다.

　예전 신문 기사를 보면 마을 입구에 〈신도 용사촌〉이라고 적힌 팻

말도 걸려 있었는데,[18] 현재 이 팻말은 사라졌습니다. 그래도 흔적이 남아 있을 거라 믿고 마을을 살피다 보니, 〈고양시는 종상향을 조속히 허용하라!! 삼송 1, 2동 마을 운영 위원회〉라고 적힌 플래카드 뒤로 신도 용사촌 복지 회관 머릿돌이 눈에 띄었습니다.

> 용사촌 복지 회관
> 본 회관은 李漢東(이한동) 내무부 장관님께서 국가 유공자 신도 용사촌 후생복지를 위하여 기증하신 회관입니다.
> 서기 1989년 6월 3일
> 국가 유공자 신도 용사촌 회원 일동

오늘날 대부분의 용사촌은 아파트 단지나 공장으로 재건축되어, 〈○○용사촌〉이라는 이름 이외에는 옛 흔적을 찾기가 어렵습니다. 신도 용사촌과 사랑의 전원 주택 주변에는 지축역-삼송역으로 이어지는 라인을 따라 고층 아파트 단지가 건설되고 있어서, 이 지역의 토지주·건물주들도 〈종상향〉이라는 말로 상징되는 재건축을 주장하고 있는 듯했습니다. 서울 동작구 대방동에 있던 대방 용사촌은 성남 중원구 상대원동의 공단으로 이전할 때 옛 명판을 가지고 가서 회사 정문에 잘 붙여 두고 있습니다. 그러나 신도 용사촌의 경우는 입주 당시의 회원들이 대개 사망하거나 이주한 것으로 보여서, 아마도 이 지역이 재건축될 때 이 신도 용사촌 복지 회관 머릿돌도 사라질 것으로 예상됩니다. 고양시나 국가 보훈처 등에서 이런 도시 화석을 적극적으로 수집·보존·전시해 주면 좋겠습니다.

창릉천을 사이에 두고 신도 용사촌과 마주 보고 있던 동산 용사촌의 경우에는 〈용사촌 입구〉라는 버스 정류장 이름과 〈용사촌 입구 교차

(위) 신도 용사촌

(아래) 신도 용사촌 복지 회관 머릿돌

로)라는 지명, 1995년 3월 1일에 세워진 〈대한상이군경 동산 용사촌〉
이라는 비석 정도를 흔적으로서 남기고 있습니다. 〈동산 용사촌〉을 인
터넷과 지도 애플리케이션에서 검색하면 고양시·파주시의 여러 곳에
사무실을 두고 공장을 운영하는 것으로 보입니다. 원래의 용사촌 정착
지인 고양시 덕양구 동산동을 떠나 다른 곳으로 거점을 옮긴 듯합니다.

　　아마도 용사촌 주민들의 거주지였을 옛 골목 근처에는 〈경축 고양
창릉 지구 GTX-A 추가 역 신설 확정! 창릉과 서울이 하나로! 그동안
고양시의 노고에 감사드립니다. 고양시 창릉동 통장 협의회·방위 협의
회·체육회·서오릉 상친회〉라는 플래카드가 걸려 있었습니다. 이처럼
GTX에 대한 경기도 시민들의 기대가 크다는 사실을 지역 곳곳에서
확인합니다. 과연 GTX가 20세기의 철도나 수도권 전철과 같은 교통
효과를 발휘할지에 대해 확신하지 못하는 저로서는, 이런 열망을 확인
할 때마다 머릿속이 복잡해집니다.

　　앞서 김명욱 선생은 논문에서 공무원 주택이 삼송리에 조성된 이
유를, 고양군 삼송리 지역에 이미 어느 정도 주거지가 형성되어 있었기
때문이라고 설명했습니다. 현재 통일로의 서쪽, 수도권 전철 3호선 삼
송역의 북쪽과 남쪽 지역이 기존의 삼송리 주거지였을 것으로 보입니
다. 이 지역에는 1969년에 조성된 단독주택 단지를 비롯하여 삼송리
공무원 주택보다 이른 시기에 준공된 건물이 꽤 많이 존재합니다. 옛
삼송리 마을의 골목길 네거리에 자리한 〈금촌 쌀상회〉는 아마도 고양
군 삼송리와 파주군 금촌리가 통일로를 통해 이어져 왔음을 보여 주는
도시 화석일 터입니다. 오늘날 삼송역 서쪽에서는, 옛 삼송리 마을이
지축역과 삼송역 일대에 잇달아 건설되고 있는 고층 아파트 단지에 압
도된 듯한 경관이 나타나고 있습니다. 옛 삼송리 마을이 삼송역 주변의
재개발 압력을 견뎌 낼지, 아니면 1973년에 건설된 삼송리 공무원 주

(위) 동산 용사촌의 GTX-A 관련 플래카드　　　　(아래) 동산 용사촌 비석

택 단지만이 옛 삼송리의 모습을 전하는 도시 화석으로 남게 될지 지켜
보아야겠습니다.

　　홍제 화장터에서 진관 신도시 부지의 공동묘지, 그리고 고양과 파
주의 각종 화장터와 공동묘지까지, 통일로 변에는 죽은 자들을 위한 시
설이 많이 자리하고 있습니다. 그 가운데 상당수는 경기 도민이 아닌
서울 시민을 위해 조성된 것입니다. 조선 시대부터 식민지 시대에 걸쳐
한양–경성 사람들은 옛 고양군에 묘지를 많이 만들었습니다. 특히 벽
제의 서울 시립 승화원이 유명하지요. 고양시에 있지만 서울시에서 관
리하는 이곳은, 고양 향교·고양 관아·벽제관 등이 자리한 옛 고양군의
중심지 근처입니다. 또한 서울 시립 승화원 용미리 제2묘지는 파주시
에 자리하고 있습니다. 이런 위치 설정에서 한양–경성–서울과 경기도
사이의 불평등한 관계를 느낍니다. 『한국의 발견: 경기도』 「고양군」에
서 인용합니다.

　　서울을 둘러싼 외곽이었던 고양군에는 서울에서 낙향한 선비나
　　관리들이 많이 살았고, 그들 중에는 제 무덤을 이곳에 남긴 사람도
　　많았다. 그래서 지금까지도 〈신도읍은 서울 사람 산소 떼 벗겨먹고
　　사는 사람들이 모인 곳〉이란 말이 우스갯소리로 남아 있다. 서오릉
　　과 서삼릉, 고려 공양왕의 무덤인 고릉 같은 왕족과 임금의 무덤은
　　제쳐 놓더라도, 조선 세조 때 생육신에 들던 남효온, 성종의 맏형으
　　로 문장에 뛰어났던 월산대군 이정, 태조의 형 이원계의 아들로 태
　　종 때의 문신이었던 이천우, 태종의 넷째 아들 이종, 중종 때의 문신
　　인 이의 들의 무덤이 고양군 안에 흩어져 있다. 또 구한말이나 식민
　　지 시대의 독립운동가들의 무덤도 많다. 그러나 고양군 사람들이
　　가장 아끼는 것은 무엇보다도 고려 말의 장군 최영의 무덤이다.[19]

(위) 삼송동의 금촌 쌀상회

(아래) 1969년에 조성된 삼송동 단독주택 단지의 경관

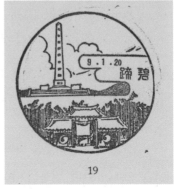

(위) 삼송역 주변의 시층

(가운데) 고양 향교가 가까움을 알리는 비석

(아래) 1934년의 벽제 우체국 기념 스탬프.
벽제관과 임진왜란 당시 일본군이 명나라군에
승리한 것을 기리는 기념비가 그려져 있습니다.

2021년 4월 7일에 실시된 서울시장 보궐 선거를 앞두고 경기도 시장 군수 협의회에서는 〈서울시장 선거 과정에서 후보들이 서울 지역 기피 시설을 경기도로 옮기는 계획을 구체화할 수 있다〉며, 〈후보들의 공약을 조사한 뒤 도민 피해가 불가피한 사항이 있으면 협의회 차원에서 대응〉할 것이라고 밝힌 바 있습니다.[20] 저는 지방 자치 제도에 대해 전반적으로 회의적이지만, 이 기사가 전하듯이 경기도 측이 서울시의 일방적인 정책에 반기를 들 수 있게 된 것은 지방 자치 제도의 긍정적인 효과라고 생각합니다.

통일로를 따라 고양시를 지나 파주시로 들어섭니다. 옛 파주군의 중심지인 주내리, 즉 현재의 파주읍 파주리에 가까운 통일로 변의 월롱면 봉서 1리 마을 회관 및 버스 정류장에는 4H 비석이 서 있습니다. 광복 후 한국에 소개된 4H 운동은 한때 전국적으로 큰 반향을 일으켰으나, 박정희 대통령이 새마을운동을 전개하면서 그 그늘에 밀린 감이 없지 않습니다. 전국적으로 새마을 깃발과 〈근면 자조 협동〉이라고 적힌 새마을운동 로고는 쉽게 볼 수 있지만, 한때 전국의 마을 어귀에 세워졌던 4H 비석은 현재 거의 찾아볼 수 없습니다. 봉서 1리의 4H 비석은 네 잎 클로버 문양과 초록빛이 잘 남아 있고, 비석 위에 꽃나무가 그늘을 드리우고 있어서 꽃이 피면 참 예쁩니다.

봉서 1리를 지나면 문산까지 금방입니다. 통일로와 경의선은 계속 북쪽으로 이어지지만, 버스는 여기에서 방향을 남쪽으로 돌립니다. 서울의 삼핵 가운데 하나인 종로구·중구에서 피자 조각 모양으로 퍼져 나가는 대서울의 한 축이 문산에서 끝난다는 것을 9710번, 9710-1번 버스 노선은 보여 줍니다.

문산을 지나 통일로를 따라 계속 올라가면 파주군 군내면 백연리 통일촌이 나옵니다. 민통선 이북에 자리한 민북 마을·전략촌이자, 삼

파주시 월롱면 봉서 1리의 4H 비석

송리 공무원 주택 및 한양 주택과 같은 목적으로 지어진 통일로 변의
선전 마을. 통일촌 마을 박물관에서 출판한 『통일촌마을 박물관: 통일
촌 사람들, 그 삶의 이야기』(2013)에는 통일촌의 탄생 과정이 다음과
같이 설명되어 있습니다.

> 통일촌은 1973년 8월에 건립되었으나 그 이전인 1972년 통일촌
> 의 모태가 될 수 있는 전진 농장이 있었다. 파주 인근을 지키던 1사
> 단에서는 일부 장병들을 이용하여 민통선 내에 넓은 토지에 농사
> 를 짓게 하였고 이것을 전진 농장이라고 불렀다. 이후 1972년 5월
> 대통령의 적십자 전방 사무소 순찰 시 〈재건촌의 미비점을 보완한
> 전략적 시범 농촌을 건설하라〉는 특별 지시에 따라 통일촌이 본격
> 적으로 조성되었다. 전진 농장에서 농사를 지었던 군인들도 대부
> 분이 전역을 하고 통일촌 조성에 참여하는 주민이 되었다.[21]

통일촌이 위치한 파주군 군내면은 예전에는 장단군 군내면이었
습니다. 〈군내(郡內)〉라는 이름이 보여 주듯이 장단군의 중심이었지만,
6·25 전쟁 때문에 장단군의 대부분이 북측에 넘어가면서 파주에 흡수
되었습니다. 군내면의 중심은 백연리 통일촌이고, 비무장지대 내의 조
산리에는 분단 전부터 있던 옛 마을인 대성동이 있습니다. 통일로를 따
라 올라가면 나타나는 한국의 마지막 마을이지요.

나가며

분단과 6·25 전쟁이 없었고 한반도 북부에 정상적인 국가가 존재했다
면, 고양·파주 지역은 개성과 서울의 중간 지점이자 대서울의 서북부
경계 지역으로서 상당히 도시화되었을 것입니다. 그러나 북한이 단기

적으로는 물론 중기적으로도 변화할 가능성이 보이지 않는 현재, 경기
도 서북부 지역은 휴전선에 너무 가깝기 때문에 발전 가능성이 원천적
으로 제한되어 있다고 판단할 수밖에 없습니다. 같은 1기 신도시인 분
당과 일산의 아파트 가격에 큰 차이가 나는 가장 큰 이유는 북한으로부
터의 거리라고 저는 생각합니다. 통일로의 경기도와 서울시 접경부터
파주에 이르기까지 각종 용사촌과 민북 마을이 존재하는 것이 이 지역
의 군사적 특성을 보여 줍니다.

　　물론 북한이 개방된다면 고양·파주 그리고 김포·철원 등은 눈부
시게 발전할 것입니다. 하지만 북한의 개방이라는 사건이 우선 요원한
일이고, 다음으로 북한 정권이 과연 한국의 경기도·서울 지역과의 교
통망을 확충하는 데 관심이 있는지도 의문입니다. 동유럽과 서유럽 사
이에 자리한 러시아의 월경지(越境地) 칼리닌그라드를 구글 맵으로 보
면 주변 국가들과의 교통망이 거의 단절되어 있습니다. 주변 국가들과
의 교류에 관심이 없다는 것이지요. 한국이 북한에 줄 수 있는 것이 많
지 않은 현재, 북한이 개방 정책을 편다고 해서 반드시 한국과 이어지
는 도로, 철도, 항로를 확충하리라는 보장은 없습니다.

　　한편 고양시와 파주시는 공통적으로 대서울의 서북부 방향에 자
리하고 있지만, 대서울 속에서 처한 상황은 서로 다릅니다. 고양군·고
양시에는 이산포·장항동·강매동 같은 옛 한강 가 지역, 그리고 일산
1동이나 교외선 연선 마을들처럼 산기슭에 자리한 옛 마을도 많습니
다. 하지만 이미 1980년대부터 고양 주민의 상당수는 서울에 생활 근
거지를 갖고 있는 사람들이었습니다. 그런 의미에서 일산 신도시는 고
양의 서울화를 촉진한 것이 아니라 고양의 서울화 과정을 사후에 확인
해 준 것이라고 볼 수 있습니다. 그리고 이번에는 일산 신도시보다 더
서울에 가까운 향동동과 화전동이 대규모 개발을 준비하고 있습니다.

경의선과 서울 지하철 3호선 일산선이 교차하는
대곡역에서 바라본 일산 신도시

한편 파주시에서는 운정 신도시와 같은 대규모 신도시, 헤이리·출판 도시 같은 소규모 이주 단지 등이 대서울의 확장이라는 성격을 시에 부여해 주었습니다. 다만 파주시에 흡수된 옛 장단군의 통일촌, 그리고 미군 기지를 이어받은 파주시 곳곳의 한국군 부대들이 상징하듯이, 파주시는 여전히 북한에 대한 최전방 지역입니다. 물론 영종도에 인천공항을 건설한 것은 북한과의 전면전 가능성을 지극히 낮게 본 결과라고 생각되므로, 파주시도 앞으로 대서울의 일부로서 기능하게 될 가능성은 있습니다. 다만 여기서 장애물은 현재까지 파주시의 철도망이 경의선밖에 없다는 사실입니다.

용인시나 남양주시와 마찬가지로 도농 복합 도시인 파주시는, 최소한 옛 교하현에 해당하는 남부 지역의 철도가 확충된다면 더 많은 인구가 유입되어 대서울의 서북부 경계 지역으로서 활발한 도시 기능을 보일 것으로 예상됩니다.

『한국의 발견: 경기도』「고양군」에서는, 서울에 가까운 고양군의 일부 지역이 따로 시가 되어 떨어져 나가고, 파주군의 교하면 일부가 고양군에 편입될지도 모른다는 전망을 적고 있습니다(173면). 40년이 지난 현재, 이 전망은 실현되지 않았습니다. 하지만 고양시에서는 수도권 전철 3호선과 경의선을 따라 사막 한복판의 수로인 카나트처럼 지축·삼송, 화정, 일산 신도시, 덕이·탄현이 대서울에 편입되었고, 옛 교하현 남부에 속하는 운정 신도시가 덕이·탄현에 이어 도시화되고 있습니다. 나아가 옛 교하현의 영역인 파주시 남부의 운정 신도시에서 화성시의 동부인 동탄 신도시까지 운행하게 될 GTX-A선은 한동안 대서울의 범위를 가시적으로 보여 주는 존재가 될 것입니다. 대서울이라는 관점에서 보자면 『한국의 발견: 경기도』에 적힌 예측은 실현된 것입니다.

제2장
대서울의 동부

6
경원선, 호국로, 금강산 전기 철도: 대서울이 될 수 있었던 철원을 향해

철원을 찾아서

이번에는 대서울의 동북쪽 끝에 자리한 철원군으로 가보겠습니다.

오늘날 대부분의 한국 시민들은 철원이라고 하면 〈철의 삼각 지대〉를 떠올릴 것입니다. 철원이 한때 강원도에서 춘천·강릉 다음으로 인구가 많은 도시였고,[1] 경원선과 금강산 전기 철도가 교차하는 교통의 요지였다는 사실은 잊힌 지 오래입니다.

원래도 곡창 지대였던 철원은 경성-원산 간에 〈이른바 시월 혁명을 만나 쫓겨 온 소련 사람들의 노동력까지 끌어들여서 만든〉[2] 경원선이 1914년에, 그리고 철원과 금강산을 잇는 금강산 전기 철도가 1931년에 개통되면서 교통의 요지로서 강원도의 주요한 도시가 됩니다. 이렇다 보니 6·25 전쟁 당시 한국군과 북한군이 철원을 두고 치열한 공방전을 벌였지요. 그 결과, 한때 인구 8만을 넘던 철원군, 특히 인구 4만에 육박하던 철원읍 일대는 아무것도 남지 않은 텅 빈 땅이 되어버렸습니다. 직업 군인인 저의 지인은, 철원 지역의 지도를 볼 때마다 이상한 느낌을 받았다고 합니다. 「저기 살 때 아무것도 없는 동네를 왜 우미동, 석다동, 백석동, 상토동, 중토동 등등으로 불렀는지 그제야 이해되는…… 까만 네모가 다 집들인데 민통선 되어 버리면서 오늘날은

서울 정릉의 철원 개량 기와집 〈수연산방〉
ⓒ 서울특별시

흔적조차 없어졌어요.」군사 지도에는 무슨 동(洞)이니 리(里)니 하는 지명이 빼곡히 적혀 있는데 눈앞에는 들판만 펼쳐져 있으니, 과연 이상하게 여겨졌을 터입니다.

기와집 천지였는데 전쟁 중에 기둥을 빼다 땔감으로 썼지. 연료 보급이 원활하지 않았으니까. 그도 없어지니 철도 전신주와 침목을 걷어다가 땠어. 철원은 그렇게 사라진 거야.[3]

철의 삼각 지대 전투에 참전한 박명호 선생은 철원 읍내가 사라진 과정을 이렇게 증언합니다. 한때 8만 명이 살던 도시가 빈 땅으로 되돌아가는 데에는 1년이면 충분했습니다. 철원 출신의 소설가 이태준이 자신의 고향집을 서울 정릉으로 옮겨 왔습니다. 오늘날 수연산방(壽硯山房)이라는 이름으로 알려져 있는 이 건물이 한때 8만 명 넘게 살던 부유한 철원 읍내 모습을 떠올리게 하는 유일한 철원 기와집입니다.

이처럼 철원군이 전쟁으로 인해 사실상 자연 상태로 돌아가지 않았다면, 아니 분단이 없었다면, 철원군은 오늘날 충청북도 천안시나 강원도 원주시·춘천시 등과 비슷하게 대서울 경계 지역에서 도시 기능을 담당했으리라 생각합니다. 철원 읍내 가까이 자리한 철원역은 경원선의 출발점인 용산역에서 98.1킬로미터 거리에 있습니다. 경부선 천안역이 서울역에서 96.6킬로미터 거리이니 거의 같은 거리입니다.

1945년의 분단과 1950~1953년의 전쟁을 거치면서 철원군의 옛 중심지인 철원읍 지역은 폐허가 되었습니다. 아니 폐허를 넘어 자연 상태로 되돌아갔습니다. 노동당사·철원 감리교회 등의 건물은 돌로 지어 뼈대가 남아 있지만, 읍내를 메웠을 기와집과 초가집은 흔적을 찾을 수 없습니다. 경원선과 금강산 전기 철도가 지나던 교통의 요지라는 성격은 분단과 함께 사라졌고, 북한 측이 철원 분지에 물을 대던 봉래호의 물 흐름을 황해도 쪽으로 바꾸다 보니 농업 지대로서의 성격도 약해졌습니다. 물이 부족한 철원 분지의 문제는 1960년대 이후 저수지를 많이 만들면서 해결됩니다. 그러니까 오늘날의 풍요로운 농업 지역인 철원군의 모습은 예전부터 이어져 온 게 아니라, 20년 정도의 단절을 거쳐 새로이 만들어진 것입니다.

이처럼 분단과 전쟁을 거치면서 철원군의 성격이 근본적으로 바뀌자, 군의 중심지도 예전의 철원읍이 아닌 다른 곳에 형성됩니다. 철원읍 화지리-동송읍 이평리에 걸친 군사 거점이자 상업 중심은 〈구철원〉, 갈말읍 지포리에 형성된 행정 중심은 〈신철원〉이라 불리게 됩니다. 이처럼 식민지 시대의 번성하던 중심이 지상에서 사라져 버리고 두 개의 새로운 중심이 생긴 것이, 철원군에 대해 한국 시민들이 혼란을 느끼게 된 원인일 것입니다.

철원에 대한 이러한 혼란스러운 이미지를 잘 포착해 낸 것이, 1987년에 김주영 선생이 쓴 단편 소설 「쇠둘레를 찾아서」입니다. 우연한 기회에 철원의 중심지를 찾으러 갔지만 본철원, 신철원, 구철원, 원철원 등의 지명이 주는 혼란 속에 끝내 상상하던 철원을 찾지 못한다는 내용입니다. 〈우리 기어코 철원 한번 찾아보자구〉라는 주인공의 말이, 철원군의 파란만장한 지난 100년을 압축적으로 전해 줍니다.[4]

철원군은 그나마 전쟁 이전처럼 철원군의 형태로 남았지만, 이웃한 금화군과 평강군은 대부분 지역이 북한 측에 남겨지는 바람에 군으로서 형태를 잃고 철원군에 흡수됩니다. 휴전선 서쪽의 장단군과 동쪽의 고성군도 비슷한 과정을 거쳐 지금의 행정 구역을 형성했습니다.

이처럼 분단과 전쟁이 없었다면 대서울의 동북쪽 경계 지역으로 자리 잡았을 철원까지 가는 길은 크게 두 갈래가 있습니다. 하나는 용산역에서 출발하는 경원선 열차를 타고 가는 것이고, 또 하나는 호국로와 구리-포천 고속도로를 따라가는 것입니다. 대서울 동북부의 거점 도시인 의정부에서 철원군의 양대 중심지로 향하는 두 개의 버스 노선인 3001번(동송), 3002번(철원 군청·와수리)이 모두 호국로를 이용합니다. 이 글에서는 우선 경원선 코스를 살핀 뒤에 호국로 코스를 따라가도록 하겠습니다.

경원선 서울시 구간

경원선은 용산역에서 시작하지만, 용산-의정부 구간은 간단히 언급만 하고 의정부시에서부터 본격적인 답사를 시작하기로 합니다. 서울시와 철원군을 잇는 경원선과 호국로가 의정부에서 갈라지기 때문이기도 하고, 의정부는 식민지 시대에 양주군청이 있을 정도로 대서울 동북부의 중요한 도시였기 때문입니다.

　2019년 4월 1일 자로 동두천역과 백마고지역 사이를 오가던 통근 열차의 운행이 중단되면서, 2021년 현재 대부분의 시민들에게 경원선은 수도권 전철 1호선이라는 이름으로 완전히 대체된 상태입니다. 하지만 경원선은 경성·서울에서 뻗어 나가던 여러 열차 노선들 가운데 경부선 다음으로 활발하게 이용되던 노선이었습니다. 그러다 보니 경원선 주변으로 의정부, 동두천, 철원읍과 같은 도시가 많이 형성되었습니다. 철로 주변의 옛 건물을 조사한 보고서에서 인용한 아래의 구절을 보면, 이제는 잊힌 존재가 되었지만 경원선이 20세기 중기에 도시의 확장에 큰 역할을 담당했고, 많은 시민들에게 친숙한 경의선은 상대적으로 뒤늦게 도시 확장의 기능을 담당하게 되었음을 알 수 있습니다. 또한 이제는 거의 모든 한국 시민이 이름조차 알지 못하는 수원-여주 간 수려선이 20세기 중반에는 번성하던 노선이었음을 확인합니다.

용산역 철도 관사촌과 용산역 주변의 옛 블록

전 노선에 걸쳐 1975년 이전에 건축되었으며, 철도 변 반경 1킬로미터 이내 위치한 건축물은 총 23,667동이 존재한다. 이들은 본 연구의 분석 대상 선로인 경부선, 경인선, 경의선, 경원선, 중앙선, 경춘선, 수여선, 수인선의 8개 철도에 분포하고 있으며, 노선별로는 경인선이 6,032동의 가장 많은 건축물이 존재하고 있다. 다음은 경원선이 5,595동, 이어서 경부선(4,118동), 수여선(3,650동), 수인선(3,295동), 중앙선(2,633동), 경춘선(1,201동), 경의선(75동) 순으로 건축물들이 분포한다.

여기서 1순위인 경인선은 주요 대도시를 통과한다. 하지만 수도권의 전반적인 발전은 경기도 남부 지역이 두드러지는 상황에서 2순위가 경원선이라는 사실은 의정부에서 연천군에 이르는 지역은 철도 주변 지역을 중심으로 도시가 성장했다는 점을 반영하고 있음을 알 수 있다. 한편 경기도에서 두 번째로 인구가 많은 고양시를 지나가는 경의선이 가장 적은 건축물이 존재하고 있다는 점은 건축물의 시간적 범위인 1975년 이후에 이 지역이 성장하기 시작했다는 점을 알 수 있다.[5]

그러면 먼저 용산역–의정부역 사이의 경원선 구간을 스케치해 보겠습니다.

용산역이라고 하면 저는 두 가지를 떠올립니다. 하나는 재개발 계획이 확정된 용산 정비창 구역에 자리한 용산역 철도 관사촌이고, 또 하나는 용산역과 이촌역 사이의 빈민촌을 평창 동계 올림픽 때 외국인 방문객들이 보지 못하도록 가림막을 치자고 한 기사입니다.[6] 1988년 서울 올림픽 때 72만 명의 빈민을 살던 곳에서 몰아냈고, 30년 뒤에 또다시 빈민을 외국인에게 보이기 부끄럽다는 주장이 한국 사회에서 제기된 데에서, 그동안 한국 사회가 이루어 낸 민주화와 산업화는 과연 누구를 위한 것이었나, 아니 민주화와 산업화가 과연 이루어지기는 했는가 하는 회의를 느꼈습니다.

서울 올림픽을 준비하는 과정에서 72만 명의 철거민이 발생한 것은 세계적으로도 최악의 행정으로 지금껏 기록에 남아 있습니다. 평창 올림픽을 위해 서울-강릉 간 KTX가 놓인 것은 강원 도민들에게 좋은 일이었다고 생각합니다. 하지만 한시적으로 알파인 경기장을 만든 뒤에 원상 복구하겠다고 했던 가리왕산을 둘러싸고 지금껏 논쟁이 벌어지고 있는 것처럼,[7] 잠시 이용하기 위해 만들었다가 경기 후에 방치하거나 철거하는 것은 낭비라는 생각을 지우기 어렵습니다.

근대 올림픽은 특히나 어두운, 그러나 거의 알려지지 않은 역사를 갖고 있다. 나치는 1936년 베를린 올림픽을 준비하면서 노숙자들과 슬럼 주민들을 베를린 지역에서 무자비하게 쓸어버렸다. 이후 멕시코, 아테네, 바르셀로나 등의 올림픽에서도 도시 재개발 및 강제 퇴거가 수반되었다. 그러나 가난한 주택 소유자, 스쿼터, 세입자에 대한 공권력의 폭력적 진압이 역사상 유례없는 규모로 이루어진 것은 단연 1988년 서울 올림픽이었다. 남한의 수도권에서 무려 72만 명이 원래 살던 집에서 쫓겨났다. 한 가톨릭 NGO는 남한이야말로 〈강제 퇴거가 가장 잔인하고 무자비하게 이루어지는 나라, 남아공보다 나을 것이 없는 나라〉라고 했을 정도다.[8]

경원선에서 다음으로 주목할 곳은 청량리역입니다. 현재 청량리역은 서울시의 여타 부도심에 비해 그 위상이 상대적으로 낮아진 느낌이 있지만, 원래 〈서울에 새로운 교통 시설이 생길 적마다 그것들과 거의 늘 맨 처음으로 인연을 맺었던 곳이 이곳)[9]이었습니다. 1899년에 전차 노선이 서대문 로터리와 청량리 로터리 사이에 처음 개통되었고, 1911년에 경원선이 운행되기 시작했으며, 1938년에는 경춘선, 1939년에는 중앙선이 개통되었습니다. 광복 후인 1974년에는 서울의 첫 지하 철도 서울역과 청량리역을 잇는 노선을 택했습니다.

　　이렇게 20세기 초부터 대서울 안팎을 연결하는 교통의 요지이다 보니 청량리역 주변은 일찍부터 도시화가 시작되었습니다. 지금은 청량리역 주변에서 재건축이 활발히 이루어지고 있어서 옛 모습을 찾기 어렵지만, 청량리역에서 도보로 5분 정도 거리에 자리한 동대문구 제기동의 한 블록에는 20세기 전기에 형성되었을 주거·상업 블록이 현존하고 있습니다. 강원도·충청북도·경상도 지역을 답사하기 위해 청량리역을 이용할 때마다, 조금씩 시간을 할애하여 이 블록을 기록하고 있습니다. 청량리역 동북쪽에 있는 동대문구 전농동의 한 블록에 청량리역 관사촌이 자리하고 있음은 유명한 사실이죠.

　　청량리역 다음에 자리한 회기역, 외대앞역, 신이문역, 석계역 주변에도 20세기 중기에 형성된 흥미로운 주거 지역이 밀집해 있지만, 여기서 이들 지역을 살피기에는 갈 길이 멉니다. 이들 지역에 대해서는 한국 도시 아카이브 시리즈의 다음 책에서 살펴보겠습니다.

　　석계역 다음의 광운대역은 첫 이름이 연촌역이었고, 그 후 한동안 성북역으로 불리다가 역의 위치가 성북구가 아니어서 혼란을 준다는 이유로 광운대역으로 바뀌었습니다. 옛 연촌역은 지금의 수도권 전철 1호선 제기역 부근에 자리한 성동역에서 출발하는 옛 경춘선 노선이 통과하던 곳이었지요. 성동역에서 갈매역까지 가는 옛 경춘선 노선은 최근 완전히 폐지되었는데, 이에 대해서는 다른 장에서 자세히 살펴보겠습니다.

경원선 청량리역 주변 옛 블록의 경관

경원선 의정부시 구간

광운대역을 지나 월계역, 녹천역, 창동역, 방학역, 도봉역, 도봉산역을 지난 경원선 열차는 서울시의 경계를 넘어 의정부시로 들어섭니다. 물론 이들 역 주변에도 답사할 곳이 많습니다만, 이것 역시 한국 도시 아카이브 시리즈의 다음 책에서 자세히 살피겠습니다.

의정부시에 접어든 경원선 열차는 망월사역과 회룡역을 지나 의정부역에 다다릅니다. 이곳은 식민지 시기에 양주군청 소재지로서 번성했고, 광복과 6·25 전쟁을 거치면서는 역 동쪽에 캠프 폴링워터, 역 서북쪽에 캠프 라과디아가 자리하면서 기지촌이라는 또 다른 형태로 번성했습니다. 캠프 폴링워터 동쪽에는 미군 부대에서 일하는 한국인 군무원들의 노동조합이 자리한 KSC 노동 회관이 있고, 두 개의 캠프 사이에는 미군 장병이 1953년에 지어 준 의정부 주교좌 성당과 성매매 집결지가 있습니다. 의정부시가 지닌 미군 기지촌으로서의 정체성에 대해서는『갈등 도시』에서 말씀드린 바 있습니다.

『갈등 도시』를 쓸 때만 해도 두 캠프 사이 자리한 성매매 집결지가 영업 중이었지만, 그 뒤 재개발·재건축이 진행되면서 이 지역의 오래된 건물과 길이 조만간 사라질 것으로 보입니다. 2021년 2월의 어느 휴일, 두 캠프 사이에 자리한 인적 끊긴 옛 마을을 걸어 다니면서 적잖은 개량 기와집과 일본식 가옥을 확인했습니다. 부설한 지 100년 넘은 철로의 역사 주변에는 일찍부터 사람들이 모여 살았습니다. 이는 서울시뿐 아니라 대서울 전역에 걸쳐 일어난 현상임을 새삼 실감했습니다.

경원선 의정부역의 북쪽에서는 세 갈래 길에 주목해야 합니다. 첫번째 갈래는 의정부역에서 갈라져 나와 서쪽으로 고양시를 향하는 교외선, 두 번째 갈래는 의정부역과 옛 의정부북부역인 가능역 사이에서 철로와 엇갈려 동북쪽으로 향하는 호국로, 세 번째 갈래는 녹양역에서

경원선 의정부역 주변 옛 기지촌의 경관

갈라져 나와 동남쪽으로 옛 미군 기지 캠프 시어즈까지 이어지던 39보급선 철로입니다. 교외선에 대해서는 다른 장에서 살펴보겠습니다.

녹양역에서 갈라져 나온 39보급선이 들어가던 캠프 시어스는, 의정부시의 동부에 해당하는 금오동에서 한국 종단 송유관Trans Korea Pipeline (TKP)이라는 유류 파이프 시스템의 종착점이었습니다. 1969~1971년 사이 건설된 한국 종단 송유관은 북한의 위협을 피하기 위해 한국 동남부의 포항으로 유류를 실어 와 전방인 의정부까지 안전하게 보내고자 설치되었습니다. 그렇다 보니 캠프 시어즈는 유류에 오염된 상태이고, 아직도 유류 제거가 끝나지 않은 것으로 알려져 있습니다.[10]

현재 39보급선 노선은 대부분 걷힌 상태이지만 몇몇 구간에 옛 철길 변 모습이 남아 있고, 선로가 중랑천을 지나던 가금 철교는 시민들의 산책로로 이용되고 있습니다. 그리고 캠프 시어즈 주변에는 옛 기지촌의 경관이 일부 남아 있는 금오동 꽃마을과, 옛 블록을 철거하고 재개발 중인 공사 현장이 혼재되어 있는 상태입니다. 이 지역은 경기도청 북부 청사가 자리한 의정부시의 신도시 민락 지구에 가깝기 때문에, 캠프 시어즈의 유류 제거 작업이 끝나고 나면 의정부 동부의 옛 기지촌 경관은 빠르게 소멸할 것으로 예상됩니다.

의정부시를 벗어나기 전에, 의정부역과 녹양역 사이에 자리한 가능역이 예전에는 의정부북부역으로 불렸다는 사실을 덧붙여 둡니다. 그래서 이 역 주변에는 〈북부〉라는 이름이 들어간 가게가 많이 보입니다. 가능역 자리가 의정부의 북부였으니, 의정부에서 상당 기간 거주했지만 자신의 정체성을 의정부 시민보다는 대서울 시민으로 삼고 있는 저의 지인이 그 북쪽의 녹양역 일대에서 땅끝이라는 느낌을 받았다고 한 말을 납득할 수 있었습니다. 그런 곳이다 보니 군용 철도가 운행되었던 것이고요.

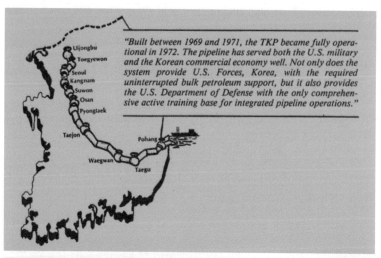

"Built between 1969 and 1971, the TKP became fully operational in 1972. The pipeline has served both the U.S. military and the Korean commercial economy well. Not only does the system provide U.S. Forces, Korea, with the required uninterrupted bulk petroleum support, but it also provides the U.S. Department of Defense with the only comprehensive active training base for integrated pipeline operations."

(위) 한국 종단 송유관의 개요(Defense Fuel Supply Center, *Fuel Line*, 1985 summer 수록)

(아래) 경원선 녹양역에서 시작되는 39보급선 노선 주변의 경관

(위) 39보급선의 종착점인 캠프 시어즈 주변의
경관. 주한 미군 군무원 노조가 조성한 KSC
아파트

(아래) 양주시 회천 1동 주민 센터 앞의 송덕비들

경원선 양주시 구간

의정부시를 빠져나온 경원선은 양주시로 들어섭니다. 대규모 신도시가 조성 중인 양주역과 덕계역을 지나 덕정역에서는 답사 포인트를 몇 가지 확인할 수 있습니다. 첫 번째는 예부터 양주군의 중심이던 덕정역 동쪽 회천 1동의 도시 경관이고, 두 번째는 고려 시대에 건립된 절인 회암사의 터이며, 마지막 세 번째는 양주시와 포천시 사이에 자리한 천보 마을입니다. 이 세 지점은 모두 화합로라는 길을 통해 이어져 있습니다. 회암사 터는 너무나도 유명해서 굳이 언급할 필요가 없을 터이니, 여기서는 회천 1동의 경관과 천보 마을의 사연만 살펴보겠습니다.

회천 1동은 양주시에서 가장 오래된 경관이 남아 있는 곳으로 보이며, 회천 1동 행정 복지 센터에는 조선 시대에서 식민지 시기에 걸쳐 제작된 송덕비 세 기가 모여 있습니다. 식민지 시기의 일본식 연호는 쪼아 지워 버렸지만, 나머지 문구는 남아 있어서 양주군 시절 이 마을의 사연을 추측할 수 있습니다.

행정 복지 센터와 그 주변의 옛길을 살핀 뒤 버스를 타고 화합로를 따라 동쪽으로 향합니다. 회암사지를 지난 버스는 강원도 산길을 연상시키는 천보산의 험한 고개를 굽이굽이 지납니다. 포천 시계로 들어선 버스는 공동묘지, 공장 지대, 군부대가 뒤엉킨 동교 사거리·새터 사거리에 섭니다. 이 정류장에 내리려고 벨을 누르자, 운전기사분이 〈정말 여기서 내리는 거냐〉고 물어보시더군요. 내리는 사람이 거의 없는 곳인 듯했습니다. 이런 곳에 서울시 노원구 상계동에 살던 시민들이 쫓겨와 살고 있습니다. 1988년에 서울 올림픽을 준비한다고 밀려난 철거민들이 이곳에 정착한 것입니다.

1960년대 중반에 청계천, 한남동, 명동 등에서 노원구 상계 5동 173번지 일대로 쫓겨난 철거민들은 20여 년 뒤인 1987년에 상계동에서도 쫓겨났습니다. 1987년의 나머지 기간을 명동 성당에서 농성하던 이들 철거민은 1988년에 남양주와 부천에 나래 마을과 보람 마을이라는 공동체를 만들었으나, 결국 대부분의 주민들은 양주시와 포천시의 경계 지역인 이곳 천보산 자락에 자리 잡게 됩니다.[11] 서울시는 청계천 주변의 빈민들을 경기도 광주군으로 쫓아냈고(1969~1971), 영등포·목동 지역의 빈민을 경기도 시흥군으로 몰아냈으며(1977), 상계동 지역의 빈민들을 포천군으로 쫓아냈습니다(1986).

그전 같으면 이렇게 서울 시내의 빈민들을 쫓아내도 경기도에서 변변히 항의할 수 없었습니다. 1980년대에는 사회 분위기가 바뀌어서인지, 서울시는 이들을 이주시키면서 환경 정비 비용을 지불하기로 약속했습니다. 그런데 이 비용의 지급을 미루는 바람에 경기도로부터 항의를 받기도 했습니다.

> 지난 86년 서울 상계동 철거민을 경기도 포천군 포천읍 동교리 685 새터 부락에 집단 이주시키면서 서울시가 경기도 쪽에 약속한 뒤 3년이 지나도록 이행치 않고 있는 2억 원의 환경 정비 및 편익 시설 설치비 지원을 내년도 서울시 예산에 반영, 지급키로 합의했다.[12]

1986년 7월에 천주교·개신교 재개발 지역 공동 조사 위원회는 상계동 철거민들이 현재의 지역에 이주해 온 경위와, 재개발을 추진하는 측에서 대체 이주지로 제시한 지금의 천보 마을 지역의 상황을 정리한 보고서를 작성했습니다. 아무런 기반 시설이 없는 황무지의 양계장에 자신들을 이주시킨다는 계획이 황당하고, 잘살아 보려고 고향을 떠나 서울로 올라왔는데 다시 농촌으로 이주시킬 거라면 차라리 고향 시골

경원선 덕정역 천보 마을

천보 마을의 벽화

로 돌아가겠다는 세입자 측의 주장이 절절히 와닿습니다.

　여기서 한 가지 덧붙이자면, 양계장 같은 축사에 사람이 사는 것은 현대 한국에서 결코 드문 일이 아니었습니다. 경상북도 구미 공단에서는 〈노동자들이 몰려드니까 소, 돼지 키우던 데를 개조하고 블록 쌓아서 두세 명이 생활할 수 있는 공간을 만들〉[13]었습니다. 서울시 노원구 하계동에는 양돈 마을이라는 지역이 있었습니다. 〈1984년부터 서울 시내에서 가축을 기르는 것을 금지하자 소, 돼지는 경기도로 옮겼고, 대신 가난한 사람들이 들어와 축사를 개조해 살기 시작했다.〉[14] 현대 한국의 주택 상황은 이렇게나 열악했습니다.

　양계장을 개조한 이 척박하고 황량한 곳에 이주한 주민들은 처음에는 살던 곳을 잊지 못해 상계 마을이라는 이름을 썼습니다. 그 후 20여 년이 흘러, 이곳에 정착하자는 마음에서 천보 마을이라는 이름을 새로 쓰기 시작하여 오늘에 이르고 있습니다.[15]

　천보 마을의 담벼락에는 서울 노원구 상계동으로 보이는 벽화가 그려져 있었습니다. 살던 곳에서 쫓겨난 주민들이 이주한 마을에는 종종 옛 마을의 모습이 벽화로 그려져 있고는 합니다. 이곳 포천 천보 마을이 그렇고, 고덕 신도시 건설로 인해 이주한 주민들이 새로이 정착한 평택시 율곡 마을이 그렇습니다.

　그나저나 제가 덕정역에 처음 간 것은 2020년 1월 19일이었습니다. 이날 회천 1동의 교회에서 열린 〈(고) 자이분 프레용을 보내며 — 기업 살인법 제정과 산재 근절을 위한 추도식〉에 참석하기 위해서였습니다. 2019년 11월 13일에 양주시의 한 공장에서 컨베이어 벨트에 끼어 사망한 외국인 노동자 자이분 프레용에 대해 회사 측이 보상을 하지 않으려 하자 대서울 동북부의 시민 단체들이 연대해서 대응했습니다. 그리하여 마침내 회사 측이 성의 있게 대응하기로 합의하고, 활동을 정리하면서 추도식을 연 것이었습니다. 2020년 12월 19일에는 포천의 농장에서 일하던 속헹이라는 이름의 여성 노동자가 사망하는 일이 발생했습니다. 경원선이 지나는 양주와 호국로가 지나는 포천에는 소규모 공장과 농장이 많고, 이들 공장과 농장에서는 수많은 외국인 노동자가 일하고 있습니다. 이들의 노동과 희생으로 대서울 시민들은 채소를 먹고 공산품을 쓰고 있습니다.

경원선 동두천시 구간

양주시를 통과한 경원선 열차는 동두천시에 진입합니다. 아파트 단지가 많이 들어선 지행역을 지나면 미군 기지촌 지역을 관통하는 동두천중앙역, 보산역, 동두천역이 이어집니다. 이 세 곳의 역이 통과하는 거의 전 지역이 동두천 미군 기지촌을 형성하고 있으므로, 동두천역에 내려서 남쪽으로 철로를 따라 걸으며 답사하면 귀갓길이 조금 가까워지겠습니다. 동두천중앙역 근처의 자유 시장은 반세기 전 재래시장을 남기고 있어서, 기지촌과는 조금 다른 분위기의 동두천 구도심을 느낄 수 있습니다.

한편 동두천중앙역에서 버스를 타고 동쪽으로 고개를 넘으면 턱거리 마을이라고도 불리는 광암동 기지촌이 나타납니다. 이곳에서는 결혼을 약속했으나 요절한 박순자 선생을 그리워한 미군 병사분이, 부대가 잘 보이는 언덕에 조성한 무덤이 인상적입니다. 영어 비문 마지막에 한글로 쓴 〈박순자 가지 말아 주오〉라는 대목에서 두 분의 깊었던 관계를 짐작할 수 있습니다. 이들을 기념하고자 동두천시에서는 2020년에 제1회 순자 문화제를 개최했습니다. 〈경기 북부 기지촌 문화가 거의 사라졌다고 해도 무방한데 턱거리 마을은 전형적인 기지촌 모습을 아직 간직하고 있어 개발이라는 이름으로 모든 게 사라지기 전에 보존해야 한다〉[16]라는 주장과 같이, 광암동 기지촌은 동두천역-보산역-동두

경원선 동두천역-보산역-동두천중앙역의 경관.

(위, 가운데) 경원선 동두천중앙역 턱거리의 경관.　　(아래) 턱거리 마을의 박순자 선생 무덤
1년 사이에 카페가 턱거리 마을 박물관으로
리모델링되었습니다.

천중앙역 철길 주변에 형성된 기지촌과는 분위기가 많이 다릅니다. 교통이 편리하지는 않지만, 박순자 선생의 묘소 위치를 미리 확인한 뒤 한번 가보실 것을 권합니다.

2021년 현재 경원선 열차는 성병에 걸린 미군 위안부 여성들을 강제로 수용하여 페니실린 치료를 하던 속칭 〈몽키하우스〉가 자리한 소요산역을 종착역으로 삼고 있습니다. 몽키하우스 사진은 『갈등 도시』에 수록했습니다.

경원선 연천군 구간

한편 저와 도시 답사가 이승연 선생은 동두천역에서 백마고지역까지 운행하던 통근 열차가 2019년 4월 1일 자로 운행을 정지한다는 소식을 듣고, 마지막으로 이 구간의 역을 모두 방문하기로 했습니다. 역전 마을은 열차가 다니지 않으면 그 모습이 판이하게 바뀌기 때문입니다. 운행이 중단된 반년 뒤에 다시 갔을 때에는, 열차가 운행하던 구간을 대체 운행하는 버스 노선이 마련되어 있었습니다.

동두천역 주변에서는 연탄을 제조하기 위한 석탄 저탄장, 미군 기지 캠프 캐슬을 재활용한 동양대학교 북서울 캠퍼스, 동두천 일반 산업 단지의 공업 단지로서의 경관과 그 속에 자리 잡은 옛 석조 교회 건물을 확인할 수 있습니다. 교회 건물은 이 지역이 한때는 지금처럼 석탄 저탄장과 공업 단지만 있는 황량한 지역이 아니었음을 증언합니다.

현재는 폐지된 상태인 동두천역-백마고지역 통근 열차 구간에 포함되어 있던 소요산역, 초성리역, 한탄강역, 전곡역, 연천역, 신망리역, 대광리역, 신탄리역은 하나하나가 모두 개성적인 곳들입니다. 또한 통근 열차를 통해 대서울의 일부로서 이어져 있기도 했습니다. 그렇지만 전체적으로 보아 이들 지역은 대서울 외곽의 공업 지역 또는 기지촌의

(위) 경원선 통근 열차. 2019년 4월 1일 자로 　　　　(아래) 동두천역 석탄 저탄장
운행이 중지됐습니다.

경원선 동두천역 인근의 20세기 중기에 준공된
석조 교회

경원선 주요 역 주변의 도시 화석

(위) 초성리역 구내의 비석

(아래) 한탄강역과 주변의 38선 돌파 기념비

경원선 주요 역 주변의 도시 화석

(위) 연천역과 급수탑   (아래) 대광리역 역전 마을의 경관

경원선 주요 역 주변의 도시 화석

(위) 신탄리역   (아래) 신망리역과 역전 마을의 경관

특성을 짙게 띠고 있으므로 여기에서 각각의 역에 대해 깊이 살필 필요
는 없다고 생각합니다. 〈여기 · 모두의 마음들을 새기다 1978. 6〉이라
고 적힌 초성리역 구내의 비석, 한때 유원지로서의 기능을 했던 한탄강
역 주변의 경관과 38선 돌파 기념비, 6 · 25 전쟁 전에 북한의 영역이었
던 연천역의 급수탑과 플랫폼, 6 · 25 전쟁 이후에 피난민들이 정착한
신망리(新望里), 즉 〈새로운 희망의 마을New Hope Town〉,[17] 기지촌으로서
의 특성이 짙게 남아 있는 대광리역, 한때 경원선의 북쪽 끝이던 신탄
리역 모두 멋진 곳들입니다.

경원선 철원군 구간

　대광리역과 신탄리역은 옛 경원선 시절에는 철원군에 속했습니다. 예
전의 감각으로는 여기부터 강원도인 것이지요. 현재는 신탄리역 다음
에 백마고지역이 있지만, 예전의 경원선에서는 신탄리역 다음에 철원
역이 있습니다. 철원역이 자리한 철원읍은 6 · 25 전쟁 당시 큰 피해를
입어 도시가 소멸하고, 그 후에도 한동안 민간인의 출입이 통제되면서
거의 자연 상태로 되돌아갔습니다. 1959년에 민간인 통제선 북쪽인 철
원읍 월하리에 민북 마을, 즉 민통선 북쪽의 마을이 조성된 것을 시작
으로 전체 열네 개 민북 마을이 한국 측 철원군에 형성됩니다. 그 마을
들은 다음과 같습니다.

　　1959년에 철원읍 월하리, 1960년에 철원읍 관전리와 근남면
마현 1리, 1968년에 철원읍 대마 1리와 대마 2리, 근남면 마현 2리,
1970년에 김화읍 생창리, 1973년에 근북면 유곡리, 1974년에 갈말읍
동막리와 정연리, 1979년에 동송읍 이길리와 양지리.[18]

　　철원군 내에 형성되어 있는 열네 개 민북 마을 중에는 여전히 민통
선 북쪽에 자리하고 있어서 민간인의 접근이 제한된 곳도 있지만, 경원

선 백마고지역 근처이자 옛 금강산 전기 철도 사요역 터 인근인 대마리,
1962년까지 김화군에 속했던 마현리 등은 현재 민간인의 출입이 가능
한 상태입니다. 1960년 남부 지방에 큰 피해를 입힌 사라호 태풍 때 이
재민들이 이주하여 개척한 마현 1리와 1968년에 개척하기 시작한 마
현 2리는 대중교통으로 접근하는 것이 매우 어렵지만, 대마리는 많은
사람이 찾는 백마고지 전적지 바로 옆에 있다 보니 상대적으로 접근하
기 쉬운 편입니다. 민북 마을의 경관을 보기에는 최적의 장소라고 생각
합니다.

　　대마리 마을 초입에는 〈향군촌 대마리〉라고 적힌 안내석이 세워져
있고, 마을 회관 옆에는 마을의 유래를 적은 〈개척비〉가 서 있습니다.
향군촌은 이 마을이 제대 군인들에 의해 조성되었음을 뜻합니다.[19] 마
현 1·2리의 마을 비석과 마찬가지로 〈향군촌 대마리〉 안내석과 〈개척
비〉에도 마을의 형성 과정과 남성 입주자들의 명단이 새겨져 있습니다.

　　옛 전우 백오십 명이 통제부 골짜기에 가입주한 때는 서기 천구백
　　육십칠년 사월 오일이고 이 터에 집을 짓고 전 가족이 입주한 때는
　　이듬해인 서기 천구백육십팔년 팔월 삼십일이다. 지금의 이 벌판
　　은 격전지로 피아 간에 묻은 폭발물은 지뢰밭이 되었고 마음대로
　　자란 나무와 풀은 하늘을 가리었다. 개간하며 희생된 사상율은 일
　　할이 넘었고 이제 남은 동지는 팔십오 명이다. 해마다 팔월 삼십일
　　이 되면 백마고지 전투 전몰장병 위령제를 올리고 갈 수 있는 휴전
　　선까지 마라톤 경기를 행하는 아직은 가칭인 백마제를 갖으며 백
　　두산까지 뛸 소망을 안고 성씨 고향 사업이 달라도 뜻을 모아 자연
　　석 한 덩이를 골라 비를 세우다.
　　　　입주자 명단 (이하 생략)

(위) 마현 2리 입주 기념비   (아래) 철원군 근남면 마현 1리 입주 기념비

백마고지 전적지와 〈향군촌 대마리〉라고 적힌
안내석

대마리 개척비

2019년 3월까지 경원선 열차를 타고 갈 수 있는 최북단 역은 백마고지역이었습니다. 민통선 이북에 자리한 철원역은 6·25 전쟁 때 소멸했고, 현재의 철원역 구내는 안보 관광을 위해 이전하여 재현된 것입니다. 경원선은 철원역에서 금강산 전기 철도와 갈라진 뒤 철원군의 월정리역, 평강군의 가곡·평강·복계·이목·검불랑·성산·세포역, 함경남도 안변군의 삼방협·삼방·고산·용지원·석왕사·남산·안변·배화역, 함경남도 원산시의 갈마역을 거쳐 종착점인 원산역에 다다랐습니다. 강원 철원군 동송읍 중강리 813-1은 휴전선 바로 남쪽에 경원선 철도 지번이 남아 있는 지점이고, 그 이북으로도 구글 위성 사진을 통해 경원선 노선의 흔적을 확인할 수 있습니다.

호국로를 따라 의정부에서 철원까지

이렇게 해서 경원선 열차를 타고 용산에서 철원까지 갔습니다. 이번에는 다시 의정부로 내려와서 호국로를 따라 철원까지 버스를 타고 올라가 보겠습니다.

현재의 호국로는 경기도 고양시 덕양구에서 강원도 철원군 근남면까지의 도로를 가리키지만, 원래는 경기도 의정부시에서 포천시를 거쳐 강원도 철원군까지 이어지는 43번 국도를 가리키는 도로명이었고, 의정부 서쪽 구간은 2010년에 추가로 붙여진 이름입니다. 2010년 이후에 호국로에 고양시까지 추가되면서, 호국로는 서울 시외 북부의 고양-양주-의정부를 잇던 교외선 철도가 수행하던 기능을 대신하게 되었습니다. 호국로라는 이름은 1970년대에 붙여졌고, 의정부시와 포천시의 경계인 축석령에는 1985년 2월 11일부터 1987년 12월까지 43번 국도 정비 공사가 이루어졌음을 알려 주는 서울 지방 국토 관리청의 머릿돌과 전두환 대통령의 휘호가 새겨진 1987년 12월 10일의 〈호

사 업 개 요
노선명 : 국도43호선 (발안-고성)
구   간 : 경기도 의정부시 의정부동
        경기도 포천군 신북면 가채리
사업량 : 25.8 km
사업비 : 235 억원
사업기간 : '85. 2. 11 ─ '87. 12
시행청 : 건설부 서울지방국토관리청

護
國
路

西紀一九八七年十一月十日

天縱題   金斗煥

호국로 준공 머릿돌과 호국로 표지석

국로〉표지석이 세워져 있습니다. 현지의 일부 시민 단체에서는 전두환 대통령의 흔적인 이 표지석을 없애자고 주장하고 있습니다.

호국로, 즉 43번 국도는 조선 시대의 경흥로와 거의 일치합니다. 경흥로는 한양의 수유리에서 축석령, 포천의 송우점과 만세교, 강원도의 김화를 통과해 함경북도 경흥·서수라까지 이어지던 길입니다. 식민지 시기에는 이 경흥로를 따라 경성의 동소문에서 의정부, 포천을 거쳐 김화까지 이어지는 사설 철도를 건설하려는 움직임도 있었습니다. 『조선일보』 1938년 1월 31일 자 등에 따르면 회사 이름은 경성 전기 철도 주식회사가 될 것이었고, 경성-김화 간 철도를 건설해서 김화에서 금강산 전기 철도와 만나게 한다는 계획이었다고 합니다. 『매일신보』 1938년 2월 5일 자에는 이 철도 노선의 이름이 경포 전철, 즉 경성과 포천을 잇는 전기 철도라고 나와 있습니다.

만약 이 계획이 실현되었다면 서울과 강원도 사이에는 경원선과 경포 전철이라는 두 갈래의 철로가 놓였을 터이고, 두 노선은 금강산 전기 철도를 통해 이어져서 순환 철도 노선을 이루었을 터입니다. 하지만 1937년에 중일 전쟁이 벌어지면서 이런 구상은 실현될 수 없었고, 그 후로 수십 년간 서울과 포천 사이에는 버스가 유일한 교통수단이었습니다. 최근 수도권 전철 7호선을 포천까지 연장하는 계획이 구체화되면서, 80여 년 만에 경포 철도 구상이 드디어 실현되는 것인가 하는 생각이 듭니다. 이 경포 철도 구상은 일본의 철도 마니아인 세키 노리카즈 선생을 통해 알게 되었습니다.

경흥로-(경포 철도)-호국로를 통해 서울 동부-의정부-포천-철원·김화는 하나의 생활권을 이루고 있습니다. 동서울 터미널에서 의정부시, 포천시, 철원군의 신철원을 거쳐 와수 터미널까지 운행하는 3002번 광역 버스의 노선이 이 생활권을 시각적으로 보여 줍니다. 와

포천시 소흘읍의 경관

수 터미널이 자리한 와수리는 현재 철원군이지만, 1962년까지는 김화군에 속해 있었습니다. 또 철원에 거주하면서 의정부 성모 병원에서 간병인으로 근무하던 분이 철원의 자택 근처 목욕탕에 갔다 오고 나서 코로나19 확진 판정을 받은 일이 있었습니다.[20] 〈집단 감염으로 폐쇄된 의정부 성모 병원에 인접한 강원도 철원 지역은 비상이 걸렸습니다〉라는 뉴스의 첫 문장이 의정부-포천-철원이 길을 통해 하나의 생활권을 이루고 있음을 압축적으로 보여 줍니다.

현재 서울에서 포천시 중부나 북부로 가려는 자가용 운전자는 최근 개통된 구리-포천 고속도로를 이용하는 경우가 많습니다. 하지만 이 고속도로는 요금이 비싸서 광역 버스나 고속버스는 여전히 호국로를 이용합니다. 구리-포천 고속도로가 아닌 호국로를 따라 올라갈 경우, 축석령 고개를 지나 포천시로 접어들면 가장 먼저 나타나는 행정 구역이 소흘읍입니다. 현재 포천에서 외국인 노동자 지원 활동을 하고 계신 포천 이주 노동자 센터의 김달성 목사로부터 포천시의 외국인 인구가 시 전체 인구의 11~15퍼센트에 달할 것이라는 말을 들었습니다. 이들 가운데 상당수가 포천시의 서남부 지역인 소흘읍에 거주하면서 공장이나 농장에서 일한다고 합니다. 이곳에 거주해야 주말에 서울로 나가기 편리하다는 것이지요. 그래서 한국 이슬람교 포천 성원도 이곳 소흘읍에 자리하고 있습니다. 포천·양주 지역을 중심으로 한 외국인 노동자들의 열악한 근무 환경은 김달성 목사의 책 『파랑 검정 빨강: 코리아 내부 식민지, 이주 노동자 이야기』(밥북, 2020)에 자세히 적혀 있습니다.

구리-포천 고속도로가 호국로와 만나기 직전에 자리한 포천시 신읍동은 포천시청이 있는 포천시의 행정 중심입니다. 가톨릭 신자였던 이한림 장군이 6·25 전쟁 후인 1955년에 이곳에 석조 성당을 세웠는

(위) 포천 방어 벙커   (아래) 포천시 신읍동 포천 성당

데, 1990년에 취객의 방화로 불타서 지금은 석조 구조만 남아 있습니다. 전쟁으로 인해 석조 구조만 남은 철원군 철원읍의 구철원 감리교회와 함께, 6·25 전쟁이 대서울 동북 지역에 미친 영향을 눈으로 보여 주는 건물들입니다.

구리-포천 고속도로가 호국로와 합류하며 끝나는 지점에는, 6·25 전쟁 전인 1948년에 한국군이 북한군의 침공에 대비해서 38선 이남에 건설한 방어 벙커와 한센 병력자 정착촌인 장자 마을을 기반으로 형성된 장자 일반 산업 단지가 자리하고 있습니다. 6·25 전쟁 전에 건설된 네 개 벙커 가운데 세 개는 전쟁 중에 파괴되었고, 현재는 이곳만 남아 있습니다. 장자 마을은 초기에 축산업으로 생계를 유지했고, 이로부터 공업 단지가 형성되었습니다.[21] 여타 한센 병력자 정착촌에서도 이러한 과정이 공통적으로 나타납니다. 현재까지도 축산업을 하거나, 축산 시설을 가구 업체에 임대하거나, 가구 단지가 신도시로 재개발되는 과정을 겪는 것이지요.

장자 마을에서 북쪽으로 가면 군사 도시 포천시의 모습이 짙어집니다. 6·25 전쟁 전에는 북한과의 경계선이었던 38선에 자리한 38선 휴게소에는 박정희 대통령의 휘호가 새겨진 영평제 저수지 준공 기념비석이 서 있습니다. 38선 휴게소에서 서쪽으로 가면, 현재는 연천군이지만 예전에는 포천군에 속했던 기지촌 백의리가 있고, 더 북쪽으로 올라가면 4·19 혁명 직후인 1960년 5월 5일에 한국군이 세운 북진통일로 비석과 대전차 방어벽을 해체한 흔적이 남아 있습니다.

북진통일로 비석에서 좀 더 올라가면 미군과 함께 오랫동안 한국에 주둔했던 태국군의 6·25 전쟁 참전을 기리는 태국군 참전 기념비와 참전비촌이 있고, 그 바로 위의 영북면 운천리는 1970년에 미군이 철수하기 전까지 경기도 북부에서 가장 번성하던 기지촌 가운데 한 곳이

(위) 38선 휴게소의 영평제 저수지 준공 기념
비석과 북진통일로 비석

(가운데, 아래) 태국군 참전 기념비와 참전비촌

었습니다.[22]

　미군 철수와 함께 쇠락해 버린 운천리의 골목을 걷다가 〈CUSTOM TAILOR Holly Wood 성림라사〉라는 손 글씨가 적힌 벽면을 발견했습니다. 라사(羅紗)는 모직물을 가리키는 포르투갈어 〈raxa〉를 중세 일본어로 비슷하게 옮긴 라샤(ラシャ)라는 발음을 한자로 적은 것입니다. 근현대 일본과 한국에서는 양복점이라는 뜻으로 쓰입니다. 경기도 북부에서 확인되는 라사 양복점의 흔적은 예전에 그곳이 미군 기지촌으로 번성했음을 증언해 주는 도시 화석입니다. 양복점 주인이 〈호랑가시나무〉라는 뜻의 할리우드hollywood를 〈신성한 나무holy wood〉라고 생각해서 성림(聖林)이라고 적었던 것 같습니다.

　운천리에서 조금 더 북쪽으로 가면 자일리 수복 기념탑이 나타납니다. 6·25 전쟁 전에는 북한의 영역이었던 포천 지역을 수복했음을 기념하는 비석입니다. 포천에는 호국로의 최북단인 이곳 자일리와, 포천 이동 갈비로 유명한 이동면의 도평리에 수복 기념탑이 세워져 있습니다. 갈빗집이 들어선 가로가 긴 개량 기와집들이 강변에 늘어선 모습은 강원도 도계·철암의 탄광촌을 연상시키는, 분단과 6·25 전쟁이 만들어 낸 현대 한국의 역사적인 경관입니다.

　그리고 포천시 자일리의 송정 검문소 로터리에서 철원의 중심지 두 곳으로 향하는 길이 갈라집니다. 계속해서 호국로를 따라 동북쪽으로 올라가면 현재 철원의 행정 중심인 철원군청을 지나 〈육군대장 박정희 전역 기념〉 탑과 동상이 세워져 있는 군탄공원, 예전에는 김화군에 속했기에 〈김화〉라는 지명이 많이 보이는 와수리·육단리 등의 기지촌, 사라호 태풍의 이재민들이 이주한 사연을 지닌 철원군 근남면의 민북마을 마현 1·2리에 이릅니다. 이곳에서 북원로를 따라 서북쪽으로 올라가면 동송읍의 구철원을 거쳐 민북 마을 월하리와 철원 향교 터, 그

포천 이동 갈비촌

(위) 운천리의 성립라사 간판

(아래) 자일리 수복 기념탑(좌)과 도평리 수복
기념탑(우)

(위) 아버지의 깊은 부정(父情)을 느낄 수 있는
성연교 비석

(아래) 군탄 공원의 〈육군대장 박정희 전역
기념〉탑

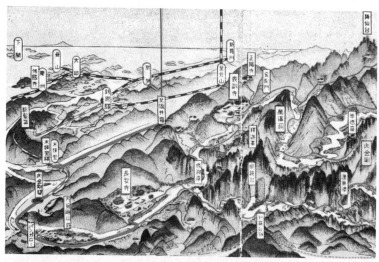

(위) 1937년 조선 총독부 철도국이 제작한 팸플릿. 금강산 전기 철도 노선이 붉은색으로 강조되어 있습니다.

(아래) 금강산 전기 철도 1940년 시각표. (『철도 저널(鉄道ジャーナル)』 1990년 9월 호에서 재수록)

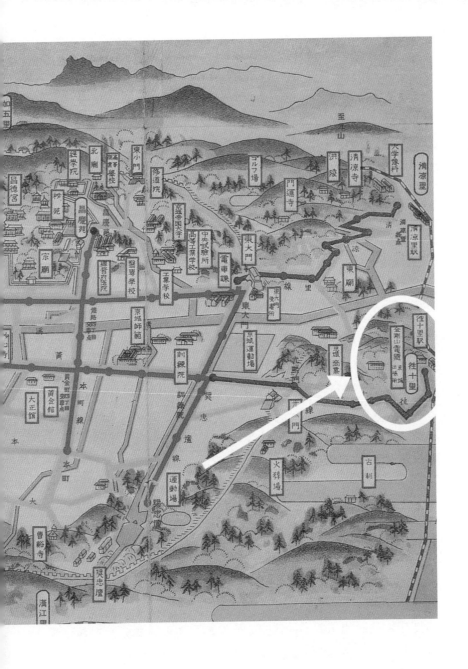

「경성 유람 안내도」에 보이는 왕십리역 금강산
전철 경성 출장소

리고 금강산 전기 철도 노선을 따라서 만들어진 금강산로에 이릅니다.

호국로를 따라 철원군청을 지나 와수 터미널로 가는 중간에는 성연교라고 적힌 비석이 있습니다. 아들이 이곳의 군부대에서 복무하던 중, 교통사고로 사망했다고 합니다. 이를 슬퍼한 아버지가 도로 사정이 나쁜 이곳에 다리를 놓고 아들의 이름을 붙였다고 합니다. 이 사연을 들은 이웃 마을 청양3리에 사는 안정자 선생은, 역시 군에서 사고를 당한 남편 박재운 선생을 떠올리며 비석 주변을 정리하고 꽃다발을 바치고 있다고 합니다.[23] 비석의 글귀를 옮깁니다.

내 아들 통일을 위한 맹훈련 중에 그 뜻을 못다 하고 이 굽은 길녘에 순직하니 이를 바로잡아 모든 이 쉬이 가고 그 넋을 위로하며 통일의 염원으로 아들 성연과 함께 이 다리를 나라에 바치노라

순직, 서기 1967년 12월 12일

소속, 포병 제195대대 고 상병 황성연 부 황덕상

주, 국방부 장관 감사장 및 방패 수수

금강산 전기 철도

금강산 전기 철도는 1924년 8월에 철원역-김화역 구간이 먼저 개통되었고, 1931년에는 철원역에서 내금강역까지의 전 구간이 개통되었습니다. 금강산은 조선에서뿐 아니라 제국 일본 내에서도 저명한 관광지였기에, 관광 철도를 만들면 수요가 있을 것으로 예상했던 것이죠. 1944년에 불요불급선(不要不急線), 즉 필요성이 덜하고 급하지 않은 노선이라는 이유로 일본 정부가 금강산 전기 철도의 철로를 걷어 내자, 한반도 전역에서 사람들이 몰려들어 마지막으로 이 열차를 타기 위해 열차 지붕 위에까지 올라탔다고 합니다.[24] 원래 계획은 내금강역에서

동해안의 동해 북부선 외금강역까지 연결하는 것이었다는데, 당연히
실현되지 않았습니다.

　제가 가지고 있는 조선 총독부 철도국의 팸플릿(1937)에는 철원
역에서 갈라져 나와 내금강역에 이르는 금강산 전기 철도 노선이 붉은
색으로 강조되어 있습니다. 1940년의 시각표를 보면, 철원역에서 출
발해 중간에 말휘리역에 한 번 정차한 뒤 종점인 내금강역에 도착하는
급행과 모든 역에 정차하는 완행이 있었던 것 같고, 급행은 네 시간 미
만, 완행은 그보다 조금 더 걸렸던 것 같습니다.

　제가 소장하고 있는 1920년대의 조선 관광 안내 책자 『취미의 조
선 여행(趣味の朝鮮の旅)』에 수록된 그림 지도 「경성 유람 안내도(京城
遊覽案內圖)」에는 왕십리역에 금강산 전철 경성 출장소가 그려져 있습
니다. 금강산 전기 철도의 시발점은 철원이지만, 대부분의 관광객이 경
성에서 경원선을 타고 철원으로 오기 때문에, 경원선 왕십리역에 출장
소를 설치한 것이겠지요.

　국토지리원에서 1957년에 제작한 철원 지도에는 여전히 경원선
과 금강산 전기 철도 노선이 표시되어 있지만, 이때는 당연히 운행이
중단되고 철도 시설도 모두 철거된 상태였습니다. 앞에서도 말씀드린
것처럼 현재 금강산 전기 철도 노선 가운데 철원역은 민통선 이북에 속
해 있어서 단체 관광만 가능하고, 현재 재현된 역은 원래의 위치에서
옮겨진 것입니다. 철원역 다음의 사요역과 동철원역도 민통선 내에 있
으므로 답사가 불가능합니다. 현재 민간인이 자유롭게 답사할 수 있는
곳은 동철원역 이후부터 동송역과 양지역까지입니다. 이 세 곳의 역도
흔적이 전혀 남아 있지 않습니다. 사요역과 동철원역 사이에는 구철원
노동당사와 구철원 제일교회의 석조 구조가 남아 있고, 동철원역과 동
송역 사이에는 철교의 교대가 남아 있습니다. 여담이지만 노동당사 건

철원군 도로 원표

(위) 동송역-양지역 구간의 대위교

(아래) 동철원역-동송역 구간의 철교 교대

물 앞에는 광복 후에 철원군청이 세운 것으로 보이는 도로 원표가 남아 있는데, 여기에는 옛 김화군, 현재의 김화읍을 가리키는 지명이 〈금화〉라고 적혀 있습니다. 1950년대의 몇몇 지도에도 〈金化〉가 〈금화〉로 적혀 있어서, 예전에는 〈金化〉를 금화로도 읽고 김화로도 읽은 것 같습니다.

동송역과 양지역 사이에는 대위교 원형이 남아 있어서, 여러 매체에서 금강산 전기 철도를 언급할 때 주로 이 철교의 사진을 이용합니다. 철교 교량에 걸려 있는 〈금강산 가던 철길!〉이라는 글귀가 인상적이지요. 대위교 철교 이후에 나타나는 양지역도 당연히 아무런 흔적이 남아 있지 않으며, 1979년에 조성된 민북 마을 양지리는 현재 두루미 평화 타운이라는 콘셉트를 내세우고 있습니다. 양지리뿐 아니라 대마리 등 이 일대의 마을들은 모두 두루미를 내세우고 있는 것 같습니다. 이들 민북 마을은 철원 지역의 철도나 도로 사정과는 무관하게 형성된 마을이므로 이 책에서 깊이 다룰 것은 아닙니다.

의정부에서 북쪽으로 양주와 동두천을 거쳐 철원까지 이어지는 경원선과 평화로, 의정부에서 동북쪽으로 포천, 철원·김화까지 이어지는 호국로, 그리고 이 두 갈래의 길을 잇던 금강산 전기 철도. 만약 6·25 전쟁이 일어나지 않았거나 북한이 주변 국가들과 정상적으로 외교 관계를 맺는 국가였다면, 서울과 철원을 잇는 경원선은 여타 철도처럼 개량을 거듭한 끝에 한 시간 정도면 이 구간을 주파했을 것입니다. 철원의 중요성이나 지리적 호조건을 생각한다면, 고양·인천·안산·용인, 또는 원주·춘천·천안 등이 대서울 경계 지역에서 수행하고 있는 기능을 철원이 수행할 수 있었을 것입니다. 하지만 정치적·군사적 이유로 철원에서는 도시가 소멸해 버렸고, 대서울의 동북부는 철원보다 한참 남쪽의 동두천 및 포천 중부에서 끝납니다.

7
경춘선과 중앙선:
구리, 남양주, 양평, 춘천, 원주

경춘선, 중앙선, 동마장·상봉 터미널

1939년에 사설 철도 회사인 경춘 철도 주식회사가 완공한 경춘선과 1942년에 조선 총독부 철도국이 완공한 중앙선은, 반세기 이상 한강 이북의 서울시와 그 바깥의 지역들을 이어 왔습니다. 지도 애플리케이션의 위성 사진 버전을 보면, 경춘선과 중앙선의 철도역마다 전형적인 카나트 형태로 역전 마을이 형성되어 있음을 확인할 수 있습니다. 철도역마다 역전 마을이 생기는 것은 모든 철도 노선에 공통되기는 하지만, 인구 밀도가 상대적으로 낮은 경기도 동북부와 강원도, 경상북도 지역에서는 이러한 카나트적 분포가 특히 눈에 띕니다. 대서울의 동쪽 경계 지역에 자리한 구리시와 남양주시, 그리고 1989년부터 1994년까지 단 6년간 구리시와 남양주시 사이에 존재하다가 1995년에 남양주시에 통합된 미금시는 이 두 갈래 철도에 의해 만들어진 도시라고 해도 과언이 아닙니다. 남양주시에는 현재 두 곳의 시청이 있는데, 1993년에 완공된 옛 미금시청 건물을 이어받은 남쪽의 제1청사는 경춘선 금곡역 근처에, 북쪽의 제2청사는 중앙선 도농역 근처에 자리하고 있습니다.

 강원도에서 춘천이 지니고 있는 정치적·문화적 우위를 지키기 위해 춘천의 유지들이 주축이 되어 경춘선을 부설했다는 설이 있습니다. 철도 회사가 대도시 교외 지역을 종합적으로 개발하는 일본 본토의 상황과 비슷하게, 경춘 철도 주식회사 역시 자동차 영업, 건축업, 임업, 서비스업 등의 다각적 경영을 펼쳤습니다.[1]

일본에서는 철도 회사가 신도시를 개발하면서 대도시와 신도시 사이의 쇼핑센터 등을 독점하는 경우가 많습니다. 제가 유학 때 살았던 도쿄도(東京都) 서부 히노시(日野市)는 〈다마 뉴타운〉의 북쪽 경계 지역에서 구도심과 만나는 지점에 있었습니다. 히노시와 신주쿠 사이의 신도시 지역을 연결하는 사설 철도 게이오선(京王線) 구간에는 신주쿠의 게이오 백화점, 게이오 스토어와 같이 게이오 전철 회사 소유의 상업 시설이 밀집해 있습니다.

만약 현대 한국에서 이러한 방식으로 신도시가 개발되었다면 지금과는 아주 다른 형태의 메갈로폴리스가 나타났겠지만, 질서 정연하고 효율적인 산업화를 지향하던 한국 정부는 국가가 철도를 부설하고 신도시를 건설하는 방식을 택했습니다. 현대 한국이 일본을 발전 모델로 삼았다고들 하지만, 이런 점에서 두 나라는 서로 다른 길을 갔습니다. 어떤 한국 시민은 현대 일본을 전체주의적·국가주의적 국가라고 말하지만, 이런 관점에서 보자면 현대 한국이 일본보다 더 전체주의적·국가주의적입니다.

아무튼 1930년대 후반에 경춘선 이상으로 산업적·군사적으로 중요한 노선은 중앙선이었습니다. 철도가 근대 역사에서 차지하는 중요성에 주목해 온 정재정 선생은, 조선 총독부와 일본 정부가 중일전쟁·태평양 전쟁 중에도 돌관 공사로 중앙선을 개통시킨 이유를 다음과 같이 추정합니다.

경부선과 나란히 서울과 부산 사이를 달리는 경경선(중앙선 — 인용자)은 한반도 제2 종관선의 사명을 띠고 있었다. (……) 조선 총독부는 중일전쟁(1937. 7)과 태평양 전쟁(1941. 12)으로 이어지는 엄중한 전시 상황 아래 왜 막대한 경비를 소비하고 험준한 산악을 관통해야 하는 경경선 부설을 무리하게 추진했을까? 대단히 궁금한 일이다. 그렇지만 역사학계에서 이에 대한 연구는 전혀 이루어지지 않고 있다. 그 이유는 전시 상황이라는 특수 사정으로 인해 경경선에 관련된 자료가 많이 생산되지 않아 그것의 실상을 파헤치기가 쉽지 않기 때문이라고 추측된다. 거기에다 근대사에서 철도가 지닌 중대한 의미를 역사학계가 제대로 이해하지 못하고 있는 것도 주요 원인이라고 할 수 있다. (……) 경경선의 완성을 전후하여 일제는 동아시아에서 제해권을 상실했다. 그리하여 대륙의 물자와 인력은 철도 교통 그중에서도 특히 한국 철도로 밀려들었다. 이른바 전가 수송이 그것이다. 이에 따라 경경선의 중요성은 한층 더 높아졌다. 경경선이 활동을 개시한 지 불과 3년 만에 일제는 패망했다. 그리하여 조선 총독부가 만난을 무릅쓰고 부설한 경경선도 제 기능을 수행할 수 없었다.[2]

한반도를 남북으로 관통하는 경의선-경부선이 있었음에도, 그리고 군사적·경제적으로 곤란한 상황 속에서도 조선 총독부와 일본 정부가 무리해서 경경선, 즉 중앙선을 개통시킨 가장 중요한 이유는 〈한반도 제2 종관선(從貫線)〉으로 삼기 위해서였습니다. 당시 일본은 연합국 측의 공격으로 해안 지역에 대한 통제권을 잃어 가기 시작했습니다. 일본 본토에서는 해안을 따라 부설되어 있는 간토 지역과 간사이 지역을 잇는 도카이도 혼센(東海道本線)이 연합국 측의 공격을 받아 파괴될 경

(위) 일본 다마 뉴타운의 중심지인 다마시(多摩市)
다마 중앙 공원 인근 경관

(아래) 단성역 앞에 있던 〈경경선 전통지비〉(좌)와
단양역 앞에 서 있는 〈경경선 전통지비〉(우)

우, 간토와 나고야 지역을 산악 루트로 잇는 주오 혼센(中央本線)이 이를 대체할 수 있었습니다.

한반도의 중앙선도 그와 같은 목적에서 경부선을 보완하기 위해, 전쟁 중에도 긴급하게 완공되었습니다. 옛 중앙선 단성역에는 〈경경선 전통지비(京慶線全通之碑)〉, 즉 경경선＝중앙선 전 노선이 개통된 것을 기념하는 비석이 서 있었습니다. 이번에 중앙선 선로가 개량되어 단성역이 폐쇄되면서 비석은 단양역으로 옮겨 갔습니다. 비석 뒷면에는 1942년에 안동건설 사무소에서 준공 내력을 적은 석판이 붙어 있었던 것 같은데, 원래의 비석은 사라졌고 1985년에 태백종합공사 사무소에서 우리말로 번역한 내용만 남아 있습니다.

저는 유학을 마치고 귀국하기 직전인 2010년 2월에 처음으로 도쿄에서 나고야까지 주오 혼센을 따라가 보았습니다. 해안 지역을 따라가는 도카이도 혼센에 비해 지형적으로 험난한 코스를 따르다 보니, 거의 한나절 걸려 해 질 녘에야 간신히 나고야에 도착했던 기억이 납니다.

한국의 중앙선도 일본의 주오 혼센처럼 경기도 동부-강원도-경상북도의 험난한 지형을 따라 운행하는 장거리 노선이지요. 게다가 중앙선이 완공된 지 3년 만에 일본 제국이 붕괴하다 보니, 중앙선은 그 후로도 한동안 기대했던 만큼의 기능을 발휘하지 못했습니다. 하지만 이 노선이 지니는 산업적 중요성을 박정희 정부가 높이 평가하여 1969년에 전철화가 이루어졌고, 2021년 현재는 상당 구간에서 노선을 개량하고 복선화하는 작업이 진행된 상태입니다. 저는 답사 팀과 함께 노선 개량 직전의 중앙선을 답사하는 중인데, 이에 대해서는 몇 년 뒤에 출간할 한국 도시 아카이브 시리즈 강원도 편에서 말씀드릴 수 있을 것으로 기대합니다.

경춘선과 중앙선은 서울시 동부 지역과 경기도 동부 지역을 이어 줄 뿐 아니라, 그 너머 강원도 서부의 춘천과 원주도 카나트 방식으로 대서울로 편입시키고 있습니다. 춘천의 대학교로 통학하는 학생들, 원주 혁신 도시로 통근하는 직장인들을 이 두 철도 노선에서 쉽게 만날 수 있습니다. 강원도 서부 지역 일부의 대서울화 현상은 원주에서 먼저 나타났고, 최근에는 춘천에서도 눈에 띄기 시작했습니다. 지난 2020년 4월에 실시된 국회 의원 선거는 이러한 원주·춘천의 대서울화를 경제적·문화적 차원을 넘어 정치적 차원에서까지 확인시켜 주었습니다.

> 강원도의 경우 춘천에서 미래통합당 계열이나 무소속 후보가 당선된 적은 있지만 민주당 계열의 정당 후보의 당선은 처음이다. 최문순·이광재 때문에 강원도가 경쟁 지역화가 됐다고 생각하지만, 그 두 사람이 강원도지사를 한 것은 강원도의 선거구가 경쟁 지역이 되는 것과 아무 상관이 없다. 최문순과 이광재는 강원도 유권자 입장에서 당과 상관없이 우리 동네 사람일 뿐이다. 실제 선거구는 원래 다 미래통합당 계열의 것이었다. (20대 총선에서 강원도 원주시를 제외하고 7개 모두 미래통합당의 선거구였다.) 그나마 경쟁 지역이 된 선거구는 원주 정도다. 원주는 지리적으로 보면 서울에서 가장 가까운 곳에 있는 강원도의 대도시이고, 원래 경쟁권역은 딱 원주까지 가고 끝났었다. 그런데 이번엔 춘천까지 간 거다. 춘천이 영서에서 영동으로 넘어가는 연결 라인이기 때문에, 강원도 정치에선 굉장히 의미가 큰 지점이다.[3]

정치적 차원의 대서울화는 원주가 춘천보다 앞서 있지만, 대서울 확장을 가시적으로 보여 주는 수도권 전철은 현재 춘천에서 완료된 반

면 원주에서는 구상 단계입니다. 이를 보완하는 것이 상봉 터미널과 동
서울 터미널입니다. 이 두 개의 터미널은 옛 동마장 시외버스 터미널
에서 갈라져 나왔습니다. 서울 사대문 일대의 시외버스 터미널들을 모
아 1969년에 개장한 동마장 터미널은 당시엔 한강 이북 서울시 도심
의 동쪽 끝이었습니다. 하지만 서울시의 동부 확장이 계속되면서 결국
1989년에 영업을 종료하고, 이곳의 노선은 상봉 시외버스 터미널과 동
서울 터미널로 나누어집니다.

　초기에는 서울시 바깥 동부 지역을 폭넓게 담당하던 중앙선 상봉
역 인근의 상봉 터미널은 한강 이북 서울의 도심에서 멀고 수도권 전철
2호선과 연결되지 않은 탓인지 점점 이용객이 줄어들었습니다. 오늘
날에는 원주·대전·청주·전주·광주 노선 정도만 남아 있고, 서울시 동
쪽 바깥의 다른 노선은 수도권 전철 2호선 강변역과 가까운 동서울 터
미널이 커버하고 있습니다. 아마도 장차 상봉 터미널은 서울 서부 터
미널·수유 터미널과 마찬가지로 소멸할 것으로 조심스럽게 예측해 봅
니다.

　아울러 잠실역 환승 센터도 강원도 춘천·원주까지는 운행하지 않
지만, 경기도 동부 지역을 구석구석 커버하고 있습니다. 서울시의 한강
남쪽에 사는 저도 이 책을 준비하는 과정에서는 주로 수도권 전철 2호선
잠실역이나 강변역까지 가서 잠실역 환승 센터 또는 동서울 터미널에서
경기도 동부로 이동하는 코스를 택했습니다. 심지어 경춘선·중앙선 철
도역이 있는 역전 마을도 스마트폰의 지도 애플리케이션에서는 잠실역
환승 센터나 동서울 터미널에서 버스를 이용할 것을 추천하더군요. 경춘
선과 중앙선이 대서울 동부 지역에서 중요한 기능을 수행해 왔음에도 불
구하고 서울시 안팎의 다른 지역에서는 접근하기가 어렵다 보니 고속
버스나 시외버스에 여객 수요를 빼앗겨 버렸음을 느낍니다.

(위) 1970년도의 동마장 시외버스 터미널　　(아래) 성업 중이던 1986년의 상봉 터미널
ⓒ 서울역사편찬원　　　　　　　　　　　ⓒ 서울역사아카이브

경춘선 서울 폐선 구간

중앙선은 1942년에 완공된 이후 1969년에 전철화, 그리고 현재는 복선 전철화 작업이 진행 중인 데에서 알 수 있듯이 끊임없이 개량 사업이 이루어졌습니다. 이는 경춘선도 마찬가지였습니다. 처음에는 국철과 사철이던 중앙선과 경춘선은, 광복 이후 경춘선이 국유화되면서 모두 국철로 바뀌어 정부 차원에서 개량 사업을 추진해 왔습니다. 중앙선 개량 구간은 대부분 인적이 드문 산간 지대여서 대서울 시민들에게는 특별한 이미지를 주지 않는 것 같지만, 원주 시민들은 현재 원주 시내에서 시외로 철도역이 빠져나갔다는 큰 변화를 겪고 있습니다. 마찬가지로 경춘선은 열차가 출발하는 역이 바뀌고 서울 시내 구간의 노선이 거의 전부 바뀌는 등의 근본적인 변화를 겪으면서 서울 시민들에게 깊은 인상을 남기고 있습니다.

1939년에 개통된 경춘선 철도 가운데 폐지된 구간에는 더 이상 열차가 다니지 않고 철로도 대부분 걷혔지만, 열차가 다니던 시기의 흔적이 뚜렷하게 남아 있습니다. 도시는 쉼 없이 그 경관을 바꾸지만, 뜻밖에도 숱한 것들이 꽤 오랫동안 사라지지 않고 남아서 옛 시기의 역사를 증언합니다. 이런 것들을 저는 〈도시 화석〉이라고 부릅니다.

도시가 생겨난 뒤 시간이 지나면서 겹겹이 쌓이는 도시 화석들 가운데에서도 가장 마지막까지 남는 것은 〈길〉입니다. 길은 대규모 개발이 이루어지지 않는 한 수백 년 동안 남아서 그 도시의 역사를 전합니다. 그래서 대서울의 시층(時層)을 찾기 위해서는 결국 길에 주목해야 한다고 생각합니다. 서울 사대문 안을 비롯해서 한반도 곳곳의 구도심에서는 고려 시대나 조선 시대에 형성된 것으로 추정되는 도로가 남아 있습니다.

전근대 한반도의 도시 화석이 도로라면, 근대 한반도의 도시 화석

중앙선 상봉역

은 철로입니다. 19세기 말부터 갈리기 시작한 철로는 2019년에도 여전히 새로 개통되고 있고, 옛 철로는 직선화 공사를 거치면서 폐선되고 있습니다. 대서울에서 폐선된 철로 구간 가운데서도 특히 인상적인 곳 가운데 하나가 서울 시내의 경춘선 폐선 구간입니다. 경춘선의 출발역이 청량리역으로 옮겨 가기 전의 서울 시내 구간 상황에 대해서는 『갈등 도시』에서 이미 말씀드렸으므로, 여기서는 짧게 언급하고 지나가겠습니다.

앞서 말씀드린 것처럼, 춘천에 철도가 없는 것을 불편하게 여긴 조선 총독부에서 철도가 놓인 철원 등으로 강원도청을 옮기려 하자, 춘천의 유지들이 강원도청을 놓치지 않기 위해서 사철을 부설했다고 하는 설이 있습니다. 그래서 경춘선의 경성 쪽 출발지는 국철 역사인 청량리역이 되지 못하고, 수도권 전철 1호선 제기역의 동북쪽에 자리한 오늘날의 한솔동의보감 건물 자리에 성동역이라는 이름으로 새로 건설되었습니다. 아직 성동역이 현역이던 시기에 대해, 야학교인 유성초중고등학교의 이종임 교장 선생님은 이렇게 회상합니다.

서울로 이사(1957)를 오게 되었죠. 용두동에 미도파 백화점이 있었는데, 그곳이 옛날에 성동역 자리라. 성동역이 경춘선 종점이 되어서 그곳에 나무 이고 와서 팔고 많이 왔었어요. 그곳에 공부도 못하고 하는 애들이 구두통 메고 다니고, 그렇지 않으면 그냥 막 다니고 했어요. 그곳에서 한 집에 사는 애들도 없이 살아서 공부를 못하고, 그래서 그곳에서 (애들 공부시키는 것) 좀 했죠.[4]

성동역에서 출발한 구경춘선은 보성전문학교(지금의 고려대학교)와 경성고등상업학교(지금의 서울대학교 사범대학 부속 중·고등학

교) 사이의 고상전역, 그리고 지금의 수도권 전철 6호선 월곡역과 상월
곡역 중간에 자리한 월곡역을 지나 지금의 광운대역에 해당하는 연촌
역에 이르렀습니다. 고상전역은 경성고등상업학교를 줄인 고상전에서
유래한 이름입니다. 연촌역은 그 후 성북역으로 이름이 바뀌었다가, 지
금은 광운대역으로 바뀌었습니다. 1946년에 경춘선이 국유화된 뒤에
도 지역 주민들의 요망에 따라 1971년까지 운행되던 경춘선 성동–연
촌 구간의 흔적은, 철로가 걷힌 지 40여 년이 지난 오늘날에도 뚜렷이
남아 있습니다. 한편 광운대역부터 화랑대역을 지나는 구간에는 경의
선 숲길과 비슷한 느낌의 경춘선 숲길이 조성되어 있습니다.

경춘선 갈매역

옛 화랑대역 옆에 자리한 육군사관학교 정문을 지나 계속 동쪽으로 걸
어가면 철길이 사라지면서, 구리 갈매 공공 주택 지구로 지정된 담터
마을이 나옵니다. 남북으로 고층 아파트 단지들 사이에 끼어서 옛 경춘
선 철길 변 마을의 모습을 남기고 있는 담터 마을은 황량하면서도 아련
한 느낌을 줍니다. 전통 시대의 마을 제사인 도당(都堂)도 전해져 온 이
곳 담터 마을은 경춘선이 놓이면서 역전 마을로서 더욱 번성하게 된 것
으로 보입니다.[5]

그러나 최근에는 갈매 역세권 개발로 인해 갈 곳을 잃은 주민이 극
단적인 선택을 하고, 1986년에 주민들이 성금을 모아 구리시에 기부한
갈매 동사무소 건물의 내력을 시청 측이 망각해 버리는 등, LH · 구리
시에 대해 마을 주민들은 반감이 컸던 것 같습니다. 그러다가 2021년
초에 LH 직원 및 지역 정관계 인사들이 전국적으로 개발 예정지에서
투기 행위를 저지른 것이 밝혀지면서, 이 책을 쓰고 있는 2021년 현재
현지 주민들의 저항은 최고조에 달했습니다.

(위) 담터 마을의 경관

(아래) 담터 마을 주민들은 몇 년에 걸쳐 LH의
재개발 추진에 저항하고 있습니다.

A씨는 지난 5월 말 91세로 세상을 떠난 모친의 삼우제를 마친 3일 (……) 스스로 생을 마감했다는 것. 오랜 기간 모친의 병수발을 하는 A씨를 딱하게 여겨 친족들이 십시일반으로 장만해 준 50여 평의 땅은 고인의 전 재산이었고 고인은 이곳에서 텃밭을 가꾸며 닭과 토끼를 기르며 살아 왔던 것으로 알려졌다. 하춘성 대책 위원장은 〈고인은 평소 새마을 부녀회, 노인정 허드렛일 등 마을의 궂은 일을 도맡아 해왔고 대책위 활동도 적극적으로 해오는 등 봉사의 삶을 살던 분이었다. 모친의 상례를 도와줬다며 대책위에 감사의 떡을 보냈는데 떡이 도착하기도 전에 부음이 먼저 도착했다. 평소에도《지분이 적어 수용되면 갈 곳이 없다. 엄마가 돌아가시면 나도 따라가겠다》는 말을 자주 하기는 했지만 이렇게 극단적인 선택을 할 줄을 몰랐다〉라며 망연자실했다. 이어 〈고인은 사업 지구 내 물건 조사를 앞두고 LH가 보낸 6월 7일까지 기본 조사 신청하라는 안내장을《협박문》이라고 분개했다. 수용 후 앞날에 대한 절망감에 모친까지 타계하자 희망을 버린 것 같다〉라며 〈토지 수용을 앞두고 지구 내 많은 주민들이 분노하고 있지만 특히 지구 내 작은 건물을 소득원으로 삼아 하루하루를 살아가고 계시는 어르신들의 절망감이 더욱 크다. 또 어떤 일이 일어날지 몰라 노심초사하고 있다〉고 말했다.[6]

원주민 A씨의 증언에 의하면 〈1986년 구리읍에서 시로 승격되면서 지어진 구 청사(산마루로 1)는 당시 시 예산이 부족함을 알고 갈매동 원주민들이 십시일반으로 모금하여 기부한 돈으로 부지를 매입하여 청사를 건립했다〉. (……) 구리시청 관계자는 〈지난 1986년 구갈매 동사무소 신축 당시 주민들이 성금을 모아 기부 채

(위) 시흥시 북부의 갈등 도시 현장 　　　(아래) 지금은 철거된 길음역 인근의 개량 기와집
　　　　　　　　　　　　　　　　　　　단지에 버려진 태극기

납 형식으로 구리시에 기증했다는 말을 갈매동 원로 어르신들의
말을 어렴풋이 들었다〉며, 하지만 〈당시 동사무소 건물과 어린이
집 건물 부지가 나뉘어 있어 어떤 부지를 기부했는지 정확한 상황
은 잘 모르겠다〉고 설명했다.[7]

재개발·재건축에 맞서 저항하던 주민들이 무력하게 무너지는 모
습은 비단 이곳 담터 마을에서만 확인되는 것이 아닙니다. 2021년 3월,
경기도 시흥시 북부에서 도시 계획상 〈대야 1 일반 공업 지역〉이라 불
리는 이 지역을 걷다가, 태극기가 한가득 붙어 있는 컨테이너를 보았습
니다. 태극기 아래에는 이런 구호가 적혀 있었습니다. 〈도지사님 살려
주세요! 시장님 도와주세요! 가족 520명 이대로 죽을 수는 없다!〉 이
공업 지역을 둘러싼 일대에는 고층 아파트 단지들이 잇달아 건설되고
있었습니다. 태극기 아래 붙어 있는 이 구호는, 대야동 일대가 공업 지
역에서 주거 지역으로 성격이 바뀌는 과정에서 발생한 갈등을 시민들
에게 호소하는 것으로 보였습니다.
　재개발·재건축 대상지에서 갈등이 폭발하는 것은 흔히 있는 일입
니다. 그리고 이런 갈등에서 열세에 놓인 시민들은 태극기를 내걸어 자
신들의 절박함을 호소합니다. 다른 사례로 재개발을 둘러싸고 여전히
갈등이 진행 중인 서울 동작구의 구노량진 수산시장 건물에는, 철거되
기 전 2년 동안 태극기가 구석구석 그려져 있었습니다. 점점 비워지고
부서져 가는 구시장 건물의 그늘진 벽에 나란히 붙어 있는 철거 계고장
과 태극기를 바라보며, 현대 한국의 갈등 도시에서 태극기가 무엇을 상
징하는지를 진지하게 고민하게 되었습니다.
　한편 지난 2020년에는 수도권 전철 4호선 길음역 서북쪽의 개량
기와집촌이 철거되었습니다. 이 지역을 답사하던 중 주민이 떠난 빈집

의 창틀에 구겨진 채로 버려진 태극기를 보았습니다. 부유하지 않은 시민들이 거주하는 지역일수록 집의 문이나 창에 태극기가 펄럭이는 모습을 자주 봅니다. 그러나 태극기로 표출되는 이들 시민의 소박한 애국심은 대체로 재개발·재건축 사업으로부터 이들을 지켜 주지 못합니다.

지난 2016년 중국 상하이에서 철거 대상인 건물 사방에 시진핑 주석의 사진이 붙은 일이 있었습니다. 사진을 훼손하면서까지 이 건물을 헐겠느냐는 저항의 표현이었습니다. 시진핑 주석의 사진 덕분에 이 건물은 잠시나마 철거를 연기할 수 있었다고 합니다. 이 사건을 보도하는 한국의 일부 언론에서는 건물주가 더 많은 보상을 받기 위해 〈알박기〉를 한다는 일각의 지적도 있다고 전했습니다.[8] 재건축·재개발에 반대하는 시민 개인이나 집단의 저항을 알박기라고 부르는 것을 한국의 일부 언론이나 시민 사회에서 흔히 봅니다.

물론 정말로 터무니없는 보상을 요구하는 알박기 행위도 존재합니다. 재개발이 예상되는 서울시 남부의 한 빈민촌에 토지를 구입해서 자경단 활동을 하는 등 영세민인 척하는 어떤 부자의 이야기를 직접 들은 적이 있습니다. 이런 사례가 전국의 재건축·재개발 예정지에서 비일비재합니다. 하지만 정말로 그 땅을 빼앗기면 갈 곳이 없는 영세민도 존재합니다. 앞에서 말씀드린 것처럼 LH의 재개발 사업에 반대하다가 극단적인 선택을 한 분의 행동을 감히 알박기라고 말할 사람은 없으리라 믿습니다.

그리고 본질적으로 민주주의 국가이자 자본주의 국가인 대한민국에서 자신의 재산을 지키거나 그 재산의 가치를 최대한 높이 평가받으려는 행위가 왜 〈알박기〉로 비난받아야 하는가 하는 의문을 저는 지니고 있습니다. 현행 법률이 재개발·재건축 때 일정 비율의 주민이 동의하면 동의하지 않은 주민의 토지까지 수용할 수 있게 하는 것은, 궁극적으로 개인의 재산권을 침해하는 것이라고 생각합니다.

제5공화국 초기인 1980년에 지정된 택지 개발 촉진법과 1983년부터 실시된 합동 재개발 방식에 따라, 재개발과 재건축 현장은 공공의 이익이라는 명분을 위해 시민 개개인의 재산권이 침해되고, 법치 국가인 대한민국에서 사적(私的) 집단인 용역들이 활개 쳐도 공권력이 개입할 수 없는 무법 지대가 되었습니다. 6·25 전쟁이 끝난 직후에는 주택 사정이 정말로 심각했기 때문에 강제적인 토지 수용이 어느 정도 용인되는 분위기였습니다. 하지만 전쟁이 끝난 지 70년이 다 되어 가는 지금까지 왜 이런 전시 상황이 지속되어야 하나요? 손정목 선생은 『서울 도시 계획 이야기 4』에서 택지 개발 촉진법에 대해 〈처음부터 만들지 말아야 하〉는 〈천하의 악법〉이라고 비판했습니다.[9] 저는 이 택지 개발 촉진법이 국가 보안법과 아울러 당장 폐지되어야 하는 법률이라고 생각합니다.

또 재개발·재건축 때 동의를 받는 대상인 〈주민〉은 토지주와 건물주만을 가리킵니다. 하지만 그곳에서 수십 년 동안 실제로 살아온 사람과 부재지주 가운데 누가 과연 진짜 〈주민〉일까요? 서울시 봉천동, 사당동, 상계동, 성남 광주 대단지에서 그러했듯이, 문자 그대로 아무것도 없던 땅에서 아등바등 버티면서 그곳에 각종 인프라를 끌어와 살 만한 곳으로 만든 이는 언제나 세입자와 임차인들이었습니다. 세입자·임차인들이 황무지를 간신히 살 만한 곳으로 만들어 놓으면, 부재지주들이 나타나서는 재개발·재건축을 한다고 이들을 도시 바깥으로 몰아낸 것이 현대 한국의 도시 개발 역사였습니다.

국가는 가진 것 없는 사람들에게서 세금을 받아 가는 대신 무엇을 해주었습니까? 그리고 수십 년간 그 땅에 살지 않던 사람들이 갑자기 주민이라면서 나타나 수십 년 거주한 사람을 밀어내는 것이 법적으로

(위) 갈매역-별내역 사이의 경춘선 선로 　　(아래) 별내역 동쪽 용암천 위에 놓인 두 개의
경춘선 철교

정당화될 때, 국가는 구성체의 최말단에 있는 시민 개개인을 위해 무엇을 해줄 수 있습니까? 입으로는 한국이 자본주의 국가이고 사유 재산은 신성하다고 하면서, 군사 정권 시기 이래로 전쟁 치르듯이 자행해 온 토지 몰수를 당연시하고, 시민 개인이 재산권을 주장하는 것을 알박기로 폄하하는 사람이 너무나도 많습니다.

이들에 맞서 태극기를 내건 시민들은 대한민국이라는 나라가 민주 공화국이자 자본주의 국가라고 말하고 있는 것입니다. 세금을 내야 하는 시민의 의무를 강조하는 국가가, 정작 시민의 재산권을 보장해 주어야 한다는 의무를 방기하고 있음을 지적하고 있는 것입니다. 그러나 대체로 국가는 이들 시민의 요청과 지적에 응답하지 않습니다. 결국 용역에 밀려나 주민들이 떠난 재개발·재건축 현장에는 태극기만 남겨져 펄럭입니다.

경춘선 별내역에서 마석역까지

화랑대역을 지나 구리시 갈매동에서 사라졌던 구경춘선 철로는 남양주시 별내동에 자리한 현재의 경춘선 별내역(삼육대학교역) 서남쪽에 있는 옛 갈매역 인근의 군부대에서 다시 살아나 퇴계원역에서 현재의 경춘선과 합류합니다. 그러므로 대서울의 길을 답사하는 분이라면, 폐선된 옛 경춘선 노선 동쪽 끝에 자리한 담터 마을까지 가서 이곳의 변화를 관찰하는 것이 좋겠습니다. 그것이 갈등 도시의 과거, 현재, 미래를 직시하는 답사가의 진면목입니다.

별내 신도시의 남쪽 끄트머리에 자리한 별내역 근처에서는 현재 수도권 전철 8호선의 연장 구간으로서 암사동에서 별내동까지 운행할 별내선 공사가 진행 중입니다. 별내역 동쪽 용암천 위에는 옛 경춘선 철교와 새 경춘선 철교가 나란히 놓여 있는 모습이 인상적이었습니다.

그런데 무슨 사연이 있는지는 모르겠지만, 별내역과 공사 구간 주변을 둘러보는 내내 공사 관계자들이 쫓아내고 뛰어와서는 신분을 확인하려고 하는 등 위협을 가했습니다. 그래서 별내역과 퇴계원역 사이에 있는 검문소 사거리에서 답사를 중단하고 일단 물러났습니다. 공사 현장을 침입한 것도 아니고, 공개되어 있는 철로를 살피는 정도를 가지고 이렇게까지 위협을 가하면, 시민의 눈을 피해 그들이 무언가 불법적인 일을 한다는 나쁜 인상을 줄 수 있습니다.

별내의 동쪽인 퇴계원역은 남양주시 퇴계원읍에 자리하고 있습니다. 퇴계 이황과는 아무런 관련이 없는 이 퇴계원읍은 전국에서 가장 면적이 작은 읍으로 유명합니다.[10] 이곳에 있던 육군 제2군수사령부 예하 부대는, 주한 미군이 2016년에 경상북도 성주시에 사드THAAD를 배치하면서 땅을 교환하게 되어 이전했습니다. 하지만 이 퇴계원읍의 군부대 부지가 서쪽 신도시와 동쪽 왕숙 신도시 사이에 끼어 있는 형국이다 보니, 롯데그룹은 아직도 이 부지의 개발 계획을 뚜렷이 세우지 못했다고 합니다.[11]

퇴계원역이라는 경춘선 간선 철도역의 역전 마을이자 군부대 기지촌으로서의 성격을 동시에 지닌 퇴계원읍은, 이 제2군수사령부 부지의 용도가 결정되지 않다 보니 혼란스러운 경관을 보이고 있었습니다. 역 주변에는 비교적 이른 시기에 조성된 것으로 보이는 길과 블록이 경춘선 철로를 따라 형성되어 있는 한편, 군부대에 속했던 것으로 보이는 〈퇴계원 관사〉와 그 밖의 기지촌, 강변의 상습 침수 지역으로서 〈민방위 시범 마을〉로 지정된 신하촌 등의 특징적인 블록들이 확인되었습니다. 철도와 군사라는 두 가지 요소가 결합했을 때 어떤 도시가 형성되는지를 보여 주는 사례로서 흥미로운 지역이었습니다.

퇴계원읍에서는, 서울 강동구 강일동에서 남양주시 왕숙 신도시까지 수도권 전철 9호선을 연장하는 계획이 확정되었다는 플래카드가 도서관 건물 앞에 걸려 있던 모습도 인상적이었습니다. 원래 종로구·중구, 영등포, 영동(강남)의 3핵으로 발전시키려 했던 서울시가 사실상 강남 1핵의 도시가 되면서, 서울시 외곽의 경기도 지역들도 3핵의 어딘가에 연결되면 대서울의 일부로서 안심할 수 있는 것이 아니라 〈강남〉과 연결이 되어야만 어필할 수 있는 상황이 되었습니다. 서울과 인접한 경기도 지역들에서 보이는 〈강남에서 ○○분〉이라는 분양 광고들이 이러한 변화된 현실을 소리 높이 증언합니다.

   퇴계원역에서 옛 경춘선 철로를 건너, 왕숙 신도시가 개발되고 나면 바쁘게 운영될 사릉역을 지나 금곡역에 도착합니다. 이곳은 1989년에서 1994년까지 단 6년간 존재했던 미금시의 시청이 있던 곳입니다. 1986년에 구리시, 1989년에 미금시가 독립하면서 남양주군은 도시적인 특성을 상실하고 농업 지역의 성격을 강하게 띠게 되었습니다. 마치 의정부시와 동두천시가 독립하고 난 양주군과 같은 상황이었습니다. 그러다가 지방 자치 제도 실시를 앞두고 1995년에 전국적으로 행정 구역 개편이 이루어질 때 남양주군과 미금시는 남양주시라는 이름으로 다시 하나가 되었습니다. 옛 미금시 지역에 제1청사, 옛 남양주군 지역에 제2청사가 설치되었고, 두 곳의 시청은 경춘로와 1000번 버스로 이어져 있습니다. 1995년 당시 구리시도 남양주시에 통합하자는 주장이 있었으나, 한때 서울시 중랑구 망우동과 같은 행정 구역인 적도 있는 구리시는 차라리 서울시에 통합시켜 달라며 이에 반대했습니다.

   대부분의 경춘선 철도역이 그렇듯이 현재의 금곡역도 옛 금곡역과는 다른 위치에 있습니다. 현재의 금곡역은 옛 금곡역보다 남양주시 제1청사에 더 가깝고 아파트 단지도 더 많이 들어섰습니다. 남양주시 제1청사 정문에는 1993년 12월 31일에 이 건물이 준공되었음을 알리

(위) 경춘선 퇴계원역 철로 인근의 옛 블록   (아래) 퇴계원역 인근의 퇴계원 관사 단지

퇴계원읍 군부대 인근의 〈민방위 시범 마을〉
신하촌

(위) 수도권 전철 9호선 연장 사업 확정을 알리는
플래카드

(아래) 옛 금곡역 남쪽에서 확인한 구리 우체국
우편함

옛 경춘선 퇴계원역-사릉역 구간의 철교

는 머릿돌이 붙어 있습니다. 이로부터 1년 뒤에 미금시가 사라지게 되지요. 세상일은 알 수가 없습니다. 한편 현재 교회와 카페로 쓰이고 있는 옛 금곡역 주변에는 예전의 역전 마을 구조가 잘 남아 있어서 좋은 대조를 이룹니다. 옛 금곡역 남쪽의 어떤 집에는 〈구리 우체국〉이라고 적힌 우편함이 있었는데, 아마도 한때 이 지역까지 구리 우체국 관할이었던 것 같습니다.

금곡역 동쪽으로 평내호평역, 천마산역, 마석역까지가 남양주시의 영역입니다. 평내호평역과 천마산역-마석역 사이에는 각각 새로운 고층 아파트 단지가 들어서고 있어서, 경춘선이 수도권 전철화되면서 이들 역전 마을이 카나트식으로 대서울의 일부가 되어 가고 있음을 확인하게 해줍니다. 그러나 예전에는 이들 지역이 서울시로부터 상당히 먼 곳에 있었음을 알려 주는 것이, 평내호평역과 마석역에서 약간 떨어진 지역에 자리한 한센 병력자 정착촌인 협동 농장과 성생 농원입니다. 이들 지역에 대해서는 『갈등 도시』에서 자세히 살펴보았으므로, 여기서는 현재 두 지역이 모두 공업 단지로 바뀌었고, 외국인 노동자들이 다수 근무하고 있다는 사실만을 언급하는 데 그치겠습니다.

노동자라고 하면 마석역에서 동남쪽으로 조금 떨어진 곳에 자리한 모란공원 묘지를 빼놓을 수 없습니다. 전태일, 김경숙, 이소선, 이덕인, 박종철, 노회찬 선생 등 현대 한국사에서 큰일을 한 분들 옆에, 2019년에는 태안 화력 발전소에서 산업 재해로 사망한 김용균 선생이 묻혔습니다. 독립 유공자를 기리는 남양주 문화원의 플래카드와, 노동자 김용균 선생의 죽음을 추도하는 노동당의 플래카드가 나란히 걸려 있는 공원 입구의 경관이, 민족주의와 민주주의가 현대 한국에서 어떤 식으로 공존하고 불화하는지 생각하게 했습니다.

이렇듯 마석은 마석 공단과 마석 모란공원 묘지로 외부에 잘 알려

(위) 옛 금곡역

(아래) 옛 미금시청이던 남양주시 제1청사와
1993년 준공을 알리는 머릿돌

(위) 모란공원 입구의 플래카드들

(아래) 절미가정. 〈말로 하는 반공보다 행동으로
실천하자〉라는 1970년대 구호가 적힌 마석역
인근의 개량 기와집

마석역 일대의 옛 블록

져 있지만, 전통 시대부터 식민지 시기에 걸쳐 번성한 마석역 일대의
마석우리 지역에는 옛 블록부터 21세기 초의 고층 아파트 단지에 이르
는 주거 단지, 그리고 마석역 일대가 교통의 요지로 번성하던 시기의
흔적인 여관 골목 등이 복잡한 경관을 이루고 있었습니다.

중앙선 구리역에서 도심역까지

이번에는 경춘선 남쪽에 놓여 있는 중앙선을 따라 구리시와 남양주시
구간에 카나트식으로 발달한 도심들을 살펴보겠습니다.

경기도 양주군에 속하던 구지면과 망우리면은 1914년부터
1962년까지 구리면이라는 하나의 행정 단위에 속했습니다. 그러다가
1963년의 서울시 대확장 때 망우리면 일대가 서울시에 편입되면서 경
기도 양주군 구리면과 서울 중랑구 망우동으로 분리됩니다. 원래 구리
라는 지명이 〈구지〉와 〈망우리〉를 합친 것이니, 망우리가 분리된 뒤에
는 도로 〈구지〉가 되어야겠지만, 지역 주민들은 〈굳이〉 되돌릴 필요를
느끼지 못한 것 같습니다. 이후 1973년에 구리면이 구리읍으로 승격하
고, 1980년에 양주군에서 남양주군이 분리되고 나서 6년 뒤인 1986년
에는 남양주군에서 떨어져 나와 구리시가 되었습니다.

이처럼 20세기의 반세기 정도 밀접한 관계를 맺어 온 망우리와 구
리의 경계에 해당하는 구리시 교문동에는 딸기원이라는 농원이 있었
습니다. 지금은 이곳에서 딸기밭을 찾을 수 없지만, 한때는 서울과 경
기도 시민들이 즐겨 찾던 인기 관광지였다고 합니다. 마을 입구의 〈딸
기원 마을 유래〉 안내판에 따르면 〈1960년대 지금의 316번지 일대에
노인 부부가 천여 평 이상 되는 토지에 딸기를 재배하여 현재 중문 쪽
에 딸기원이라는 푯말을 새겨 놓아 지나던 사람들이 오가며 딸기원이
라 불리게 되었다〉고 합니다. 재미있는 유래입니다. 이런 기억을 소중

히 여기는 주민들은 마을 입구에 〈딸기원〉이라는 비석을 세우고 딸기
가 가득 그려진 마을 지도를 설치했습니다. 하지만 동네 여기저기에 재
개발을 추진하는 측의 플래카드와 간판이 걸려 있는 모습에서 얼핏 평
화롭게 보이는 이 동네도 역시 갈등 도시의 현장이라는 것을 느낄 수
있었습니다.

옛 중앙선과 현재의 중앙선은 딸기원 북쪽의 인창동에서 서로 다
른 노선을 따릅니다. 시층이 인상적인 블록과 배탈고개라는 옛 언덕,
그리고 대부분 복개된 인창천을 따라 동남쪽으로 향하던 옛 중앙선 철
로는, 구리역에서 현재의 중앙선 노선과 만납니다. 구리역 서남쪽의 구
리 전통 시장 인근 인창 C구역과 동남쪽의 수택 E구역은 모두 구리역
이 개통한 뒤로 형성된 옛 블록으로 보입니다. 특히 수택 E구역은 6·25
전쟁 즈음에 준공된 것으로 보이는 개량 기와집도 있어 주목할 부분
이 많은데, 구리시나 경기도에서 충분한 조사를 해둔 상태이기를 바랍
니다.

한편 인창동의 인상적인 건물인 동진연립을 철거 전에 마지막으
로 방문했을 때에는, 퇴거를 거부하는 주민이 용역들에 항의하는 글이
문 앞에 붙어 있었습니다.

여보시오. 남에 대문을 닫고 돌맹이를 지켜놓은단 게 인간으로 할
수 있는 일인지. 문밖으로 나가지 말란 말이오. *절대 닫지 마시오.

하지만 이러한 저항에도 불구하고 결국 구리역 주변의 옛 블록들
은 대부분 고층 아파트 단지로 재개발될 것으로 보입니다. 구리역 주변
은 서울시에서 중앙선 철도로 이어지는 가장 가까운 역전 마을이다 보
니, 개발 압력이 서울 시내의 웬만한 지역보다 클 것으로 추측되기 때

(위) 딸기원의 유래를 알리는 비석과 마을 경관   (아래) 망우리와 구리시 인창동 사이의 중앙선
폐선 구간

(가운데) 복개된 인창천

문입니다. 인창 C구역·수택 E구역보다 구리역에서 더 멀리 떨어진 통일교 소유의 수택동 옛 일화 공장도 철거가 완료되고 고층 아파트 단지가 건설 중이지요. 이 일대에 일화 공장이 있었음을 전하는 도시 화석은 공장 남쪽의 일화 식당이라는 가게 정도입니다. 인창 C구역에서 대서울 동부 지역의 전통 있는 야학인 상록 야학의 신입생을 모집하는 2012년도 안내문을 본 것도 반가운 기억입니다.

구리역에서 왕숙천을 지나 남양주시로 들어서면 가장 먼저 나타나는 도농역 주변은, 이황화 탄소 노출 사건을 일으킨 원진레이온 공장이 있던 것으로 외부에는 잘 알려져 있습니다. 현재 이 공장 터를 비롯하여 도농역부터 양정역, 덕소역, 도심역에 이르는 남양주시 중앙선 구간에서는 대규모 신도시가 건설되고 있습니다. 남양주시 제2청사도 도농역 근처에 세워졌지요. 제가 이 지역을 처음 답사한 2018년 2월에는 도농역 동쪽에 황량한 벌판이 끝없이 펼쳐져 있었는데, 이 책을 쓰기 위해 다시 답사한 2021년 4월에도 그 황량함이 사라지지는 않았지만 벌판 곳곳에 아파트와 각종 시설이 조금씩 들어서고 있었습니다.

이 중앙선 연선 지역의 변화를 촉발한 것은 〈감람나무 박 장로〉로 일세를 풍미한 박태선 씨가 창립한 신종교 전도관이 덕소역과 도심역 사이에 설립한 제2신앙촌이라고 할 수 있습니다. 이에 대해서도 『갈등 도시』에서 자세히 살펴보았습니다만, 제2신앙촌이 해체되면서 이곳의 공장 부지가 고층 아파트 단지로 재건축되자, 구리와 덕소-도심이라는 두 거점 사이에 자리한 남양주시의 중앙선 연선 지역에도 개발 압력이 밀려온 것입니다. 한편 중앙선이라는 길의 관점에서는 전도관 건물이 자리한 언덕 아래로 옛 중앙선 철교와 터널이 새로운 철교와 터널과 거의 평행하게 남아 있는 것이 인상적입니다.

『한국의 발견: 경기도』「동두천시와 양주군과 남양주군」에서는,

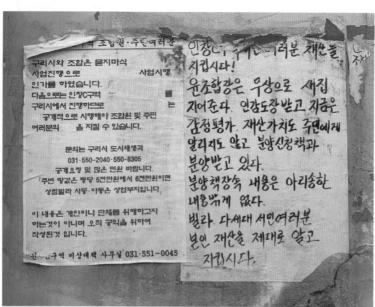

2021년 5월 현재 철거가 상당히 진행된 인창
C구역

(위) 수택 E구역   (아래) 인창동 동진연립의 2021년 1월

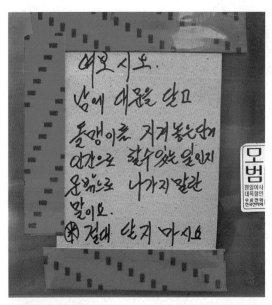

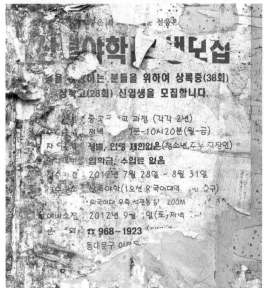

(위) 동진연립 입주민의 항의문 (아래) 2012년도 상록 야학 신입생 모집 안내문

(위) 구리시 수택동의 옛 일화 공장 터와 일화 식당

(가운데) 도농역 동쪽의 신도시 개발 구역

(아래) 중앙선 덕소역-도농역 구간의 옛 철교와 터널

옛 양주군에서 갈라져 나온 오늘날의 양주시와 남양주시가 한동안은 〈깊은 산 맑은 물〉(138면)이라는 특징을 공유할 것이며, 〈양주군과 남 양주군은 얼마 동안은 두 지역을 하나로 이어 주던 옛 양주의 틀을 완 전히 벗어나지 못한 채로 서로 엇비슷한 모습을 하고 있을 듯하다〉 (143면)라고 예측했습니다.

그러나 이 책이 출간된 지 30여 년이 지난 2021년 현재, 남양주시 는 도농 복합 도시로서 별내 신도시 등 몇몇 중심이 대서울의 배후 주 거지가 되었습니다. 퇴계원역 동쪽의 왕숙 지구와 같은 개발 예정 지 역은 광대한 면적을 자랑하지요. 한편 군사 시설이 많아 주거지 개발에 제한을 받았던 양주시도 최근 들어 옥정·회천 신도시가 건설되는 등 농촌이자 군사 도시에서 대서울 북부의 주거 지역으로서 탈바꿈하고 있습니다.

이처럼 『한국의 발견: 경기도』의 예측은 그 후 10~20년 정도 유효 했으나, 이제는 시효가 다했습니다. 현장에 가서 책에서 예측한 미래가 실현되었는지를 확인하고 기록하면, 다음 기록자가 같은 현장을 찾았 을 때 그가 비교할 수 있는 과거의 자료를 저의 책에서 얻을 수 있으리 라 믿습니다.

중앙선 양평역에서 반곡역까지

남양주시를 벗어난 중앙선은 양평군을 지나 원주시에 도착합니다. 양 평역이 경성에서 멀다 보니 식민지 시대에 양평역에는 대규모 철도 관 사 단지가 건설되어 오늘날에도 그 흔적을 쉽게 찾아볼 수 있습니다. 용문역은 현재 철도역 남쪽에 소규모 신도시 건설이 예정되어 있지만, 역의 북쪽에는 오일장을 비롯하여 지방 도시로서의 면모가 짙게 남아 있습니다.

양평역 철도 관사 단지

(위) 지평 막걸리 공장 　　　　　　　　　　　(아래) 조선 시대의 철제 선정비

　　지평역 역전 마을에는 유명한 지평 막걸리 공장이 있는데, 이 막걸리 공장 건물은 6·25 전쟁 당시 프랑스군의 주둔지로 이용되었던 곳입니다. 이에 대해서는 근처의 〈지평 의병·지평리 전투 기념관〉에 자세히 설명되어 있습니다. 프랑스 대대 장병들이 지평 막걸리 공장 앞에서 훈장을 받는 사진도 걸려 있더군요. 이 기념관에 가신다면 1957년에 세워진 〈지평리 지구 전투 전적비〉와, 철로 만들어진 조선 시대 선정비도 꼭 챙겨 보시기 바랍니다. 특히 철로 만든 비석은 현재 거의 남아 있지 않으니 말이지요. 한편 지평역 역전 마을에는 베트남 쌀국수 가게와 다 지워져 가는 〈원주 통닭〉이라는 간판이 있었습니다. 전국 구석구석에 외국인들이 정착해 살고 있다는 사실을 확인하고, 이제 강원도 원주가 멀지 않음을 느낍니다.

　　지평역 동쪽의 옛 중앙선 철로를 따라 영업하던 구둔역 폐역 일대는 지금은 완전히 시골 동네가 되어 버렸지만, 1960년대에는 수원에서 여주까지 운행하던 수려선 철도를 이곳까지 연장해서 중앙선과 만나게 하려는 계획이 있었습니다.[12] 이 계획이 실현되지 못한 채 수려선은 영업을 종료했고 중앙선 선로까지 바뀌는 바람에 구둔역은 폐역이 되어 버렸지만, 만약 이 계획이 실현되었다면 중앙선 지평역과 원주역 사이에는 또 하나의 도심이 형성되었을 수도 있겠습니다.

　　양평군을 뛰어넘어 원주 시내에 자리한 옛 중앙선 반곡역 주변의 혁신 도시는 대서울의 동쪽 끝으로 생각됩니다. 전국에 건설된 혁신 도시 가운데에는 공무원·공공 기관 직원들의 정착률이 낮아서 현지에서 문제가 되고 있는 곳도 많고, 혁신 도시가 기존의 교통 체계에서 동떨어져 있어서 불편한 곳도 적지 않습니다. 〈퇴근 시간만 되면 각 기관 앞에 서울행 대형 버스가 줄지어 기다린다. (……) 수도권과 한 시간 남짓한 거리에 있다 보니 이주보다는 출·퇴근을 선택하는 사람이 아직도

(위) 지금은 폐역이 된 중앙선 구둔역   (아래) 중앙선 반곡역

많다〉[13]거나, 〈주말은 곳곳이 유령 도시〉[14]라는 말처럼, 원주 혁신 도시는 초기부터 서울에서 출퇴근하는 인원이 많다 보니 실패 사례로 지적되었습니다. 물론 아래의 코멘트처럼 차츰 원주에 정착하는 분도 늘고 있지만, 여전히 원주시, 특히 반곡역 주변의 원주 혁신 도시는 강원도라기보다는 대서울의 동쪽 경계로서의 성격이 강하지 않나 조심스럽게 짐작해 봅니다.

> 공공 기관에서 일하는 직원들에게 지방 이전은 쉽지 않은 선택이었다. 거주지와 멀어지면서 퇴사하거나 이직한 사람도 많았다. 건강보험공단 본부가 있는 원주 혁신 도시에서 서울까지 1시간 10분~2시간 걸린다. 마음만 먹으면 출퇴근을 못할 거리는 아니지만, 최근에는 정착하는 사람이 많이 늘었다. 건강보험공단에서 일하는 김승하 씨(30)도 지난해 결혼하면서 원주에 정착했다. 그는 〈원주 혁신 도시에 있는 13개 공공 기관을 보면 사내 부부가 늘고, 정착하는 사람의 수가 늘고 있다〉고 말했다.[15]

저 개인적으로는 공공 기관 이전 정책이 지역 균형 발전과 지역 인재 채용이라는 점에서 긍정적이라고 생각하고 찬성합니다. 하지만 특히 대서울권 경계 지역으로 이전한 공공 기관의 직원과 가족들이 현지에 정착하지 않고 서울에서 출퇴근하거나 가족을 서울에 남겨 놓는 것을 비판하는 것은, 정치적 목적이 강한 정책을 실행한 뒤 정책 실패의 책임을 시민들에게 돌리는 부당한 행위라고 생각합니다.

1980년대에 출간된『한국의 발견: 강원도』「원주시」의 부제목이 〈산골짜기가 가깝되 서울이 멀지 않다〉인 것처럼, 당시에도 서울에서 가장 가까운 강원도의 도시인 원주는 그 후로 더욱 서울과 밀접한, 대

옛 원주역-반곡역 구간에서 바라본 원주 혁신 도시

옛 원주역 주변의 여인숙 블록

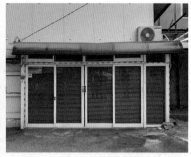

(위) 희매촌

(아래) 피난민들을 위해 원주역 앞에 희망촌을
만든 이재춘 선생을 기리는 비석

서울의 동쪽 경계 지역이 되었습니다. 제가 수도권이라는 말 대신 〈대서울〉이라는 말을 사용하는 이유가 이것입니다. 서울특별시 행정 특례에 관한 법률 시행령(대통령령)에서는 〈수도권 지역이라 함은 서울특별시와 인천광역시 및 경기도 일원의 지역을 말한다〉고 하지만, 저는 강원도 원주와 춘천, 충청북도 청주·오송, 충청남도 천안·아산 등의 비경기도 지역 역시 교통 발달로 인해 서울의 확장 지역으로서의 성격을 점차 짙게 띠고 있다고 생각합니다.

원주 시내에는 몇 개의 중앙선 철도역이 있거나 있었지만, 이 가운데 카나트식으로 대서울의 확장 기능을 담당한 것은 옛 원주역과 옛 반곡역, 두 곳입니다. 옛 원주역 근처에는 여인숙 블록 및 성매매 집결지 등이 밀집되어 있습니다. 원주역이 폐지되기 전부터 특히 〈희매촌〉이라 불리는 성매매 집결지 및 그 주변의 옛 블록에 대한 재개발 계획이 진행 중이어서, 원주역이 옮겨 간 것과는 무관하게 옛 원주역 일대는 주거·상업 지역으로 번성할 가능성이 있습니다. 다만 이것은 대서울의 확장으로서가 아니라 강원도의 중심지 중 하나인 원주시의 모습을 보여 주는 것이므로, 이에 대해서는 한국 도시 아카이브 시리즈의 강원도 편에서 살피는 것이 합당하겠습니다. 한 가지만 덧붙이자면 희매촌이라는 성매매 집결지의 이름은 원래 별개의 지역이던 희망촌과 매화촌, 두 지역의 이름을 합친 것이라고 합니다. 이 가운데 희망촌은 이재춘 선생이 6·25 전쟁의 피난민들을 수용하기 위해 만들었다고 하여, 현재의 희매촌 인근에 이를 기념하는 비석이 서 있습니다.

KTX 열차가 정차하는 만종역은 기존의 원주 시내와 떨어져 있는데다 주변에는 대한송유관공사 강원 지사 등의 공업 시설이 다수 자리하고 있어서 도심화되기에는 어려움이 있어 보입니다. 이 지역이 〈땅끝〉이던 시기에 형성된 한센 병력자 정착촌인 대명원을 재개발하려는

(위) 폐역이 되기 전의 옛 원주역과 급수탑　　　　(아래) 옛 원주역과 옛 반곡역 사이 원주천에 놓인
철교

계획이 추진 중인데, 이 계획이 실현된다면 대서울의 카나트식 확장으로서 만종역 역전 마을이 탄생할지도 모르겠습니다. 또한 원주 시내의 남쪽 외곽으로 이전한 새 원주역 주변에도 역세권 개발이 추진 중인 것 같습니다만 아직은 코멘트할 것이 많지 않습니다. 이렇다 보니 원주역이 외곽으로 이전한 뒤에도 한동안은 옛 원주역 주변 지역이 여전히 원주시의 중심으로서 기능할 것으로 예상합니다.

그리고 경춘선 춘천역

『한국의 발견: 강원도』가 간행되던 시점에도 이미 〈하루에 백오십 번이 넘게 서울을 오가는 버스〉(217면)가 있던 춘천시는, 경춘선 전 구간이 수도권 전철화하고 ITX까지 운행되면서 원주시와 함께 또 하나의 대서울 동쪽 경계 지역의 도시가 되었습니다. 물론 이것은 경춘선 춘천역과 남춘천역, 춘천고속·시외버스 터미널 인근 지역 및 몇몇 대학 주변만을 가리키는 것입니다. 원주와 마찬가지로 춘천 역시 대서울의 동쪽 경계로서의 성격과 강원도의 중심 도시라는 성격이 공존합니다.

특히 춘천역을 시내와 분리시키던 미군 기지 캠프 페이지가 사라지면서, 기지촌으로서의 성격이 강하던 춘천역 동쪽의 옛 블록이 빠른 속도로 변화하고 있습니다. 그전까지는 춘천역 앞의 미군 기지 때문에 춘천역이 아닌 남춘천역이 춘천의 실질적인 교통 중심지였지요. 처음 춘천을 방문했을 때, 그런 사실을 모르고 춘천역에 내렸다가 춘천이라는 도시가 대단히 어둡다는 인상을 받은 기억이 납니다. 강원도의 중심 도시 가운데 하나인 춘천에 대해서는 한국 도시 아카이브 시리즈의 강원도 편에서 살피기로 하고, 이 장에서는 춘천역 앞의 미군 기지가 빠지면서 그 동쪽 지역에서 생겨나고 있는 변화의 모습을 소개하는 데 그치겠습니다.

　　전주 한옥 마을이 잘 보여 주듯이, 개량 기와집 단지는 20세기 중후반 한반도 곳곳에 조성되었습니다. 식민지 시기에 조성된 경기도 개성의 개량 기와집 단지는, 개성이 6·25 전쟁의 피해를 기적적으로 피한 덕분에 지금도 북한 지역에 잘 남아 있습니다. 구글이 제공하는 위성 지도에는 개성 한옥 마을이 뚜렷하게 보입니다. 반면 식민지 시대에 번성했던 강원도 철원에 많이 지어진 개량 기와집들은 6·25 전쟁 당시 철원이 격전지였던 탓에 깡그리 사라졌습니다. 한편 의정부역 동쪽에는〈월남촌〉이라 불리는 개량 기와집 단지가 있는데, 베트남 전쟁에서 귀환한 군인들이 그곳에서 번 돈으로 기와집 단지를 세웠기에 이런 이름이 붙었다고 합니다. 참고로 인천 유동에도〈월남촌〉이라 불리는 주택 단지가 있는데 이곳은 양옥집 단지입니다. 또 의정부 월남촌의 서남쪽에는 6·25 전쟁 당시 황해도 연백군에서 월남한 피난민들이 정착했다고 해서〈연백촌〉이라 불리는 지역이 형성되어 있습니다. 이처럼 개량 한옥 마을과 주변 지역 가운데에는 전쟁과 관련이 있는 곳이 많습니다. 20세기 중후반 한국이 사실상 전쟁을 통해 그 모습을 갖추었음을 보여 주는 도시 화석들입니다.

　　개성, 철원, 전주, 의정부 등과 마찬가지로 강원도 춘천에도 개량 기와집 단지가 조성되었습니다. 춘천의 개량 기와집 단지는〈기와집골〉이라 불립니다. 지역 이름을 따서 최초의 도로명 주소도 기와집골로 붙였습니다. 그러나 현재의 도로명 주소는〈기와집골〉이 아닌〈기와집길〉입니다. 기와집〈골〉과 기와집〈길〉이 공존, 또는 혼재하고 있는 것입니다.〈골〉과〈길〉이 혼용되는 유명한 사례는 서울 강북 구도심의 피마길 또는 피마골입니다. 조선 시대에 고위 관료들을 피해 하층 계급민들이 다녔다는 골목을 가리키는 피마길 또는 피마골은, 골목이라는 점을 강조하면〈길〉이고 건물들 사이에 가늘게 나 있는 골짜기 같은 모습

(위) 개발을 앞둔 춘천역 앞의 미군 기지 부지

(가운데) 1980년 남춘천역 인근에 건립된 어린이 회관

(아래) 〈기와집골〉과 〈기와집길〉 도로명 주소

(위) 캠프 페이지 부지　　　　　(아래) 캠프 페이지 주변의 기지촌 흔적

을 강조하면 〈골〉입니다.

기와집골 또는 기와집길은 춘천 구도심 봉의산의 서남부 사면의 좁은 골짜기에 형성되었다는 점에서 우선 〈기와집골〉이라 불리는 것이 납득이 됩니다. 동시에 사면에 넓게 펼쳐진 개량 기와집들 사이로 난 골목길을 걷다 보면, 이곳에 〈기와집길〉이라는 도로명 주소가 붙은 것도 납득이 됩니다. 다만 이 〈기와집길〉이라는 도로명 주소는 2021년 3월 이후에는 명실상부하지 않게 됩니다. 고층 아파트 단지를 건설하기 위해 철거되기 때문입니다.[16]

춘천 봉의산 서남쪽 사면에 개량 기와집 단지가 형성된 것은 6·25 전쟁 무렵이었습니다. 1951년부터 춘천역 동쪽에 미군 기지인 캠프 페이지가 자리 잡으면서, 부대 동쪽 소양동 일대에 기지촌이 형성되었습니다. 당시에는 부대 동쪽의 보물 제77호인 고려 시대의 칠층 석탑 주변이 기지촌으로 번성했고, 기와집골은 그 배후 주거지이자 춘천 구도심의 부촌(富村)으로서 기능했습니다. 칠층 석탑이 문화재이다 보니 주변 지역의 재개발이 제한되어, 지금도 기지촌 시절의 양복점과 약국 건물 등이 일부 남아 있습니다. 이곳에서 만난 양복점 사장님은 차라리 기지촌 시절의 블록을 전체적으로 남겼다면 관광지가 되었을 터인데, 탑 주변의 짧은 골목길만 남는 바람에 마을이 이도 저도 아니게 되었다며 아쉬워했습니다.

기지촌 골목과 기와집골 사이에는 아세아 극장이 영업을 하고 있었는데, 이 건물은 간호 보조 양성소를 거쳐 현재는 어린이집으로 운영되고 있습니다. 칠층 석탑 옆의 기와집 골목과 함께 이 지역이 한때 미군 기지촌이었음을 오늘에 전하는 도시 화석이기도 하고 그 자체로도 잘 지은 건물이므로, 이번 재개발에 철거되지 않으면 좋겠습니다.

옛 아세아 극장 건물과 경로당 건물을 지나면 언덕 위로 펼쳐지는 것이 기와집골 또는 기와집길입니다. 이 지역의 동쪽 고지대에는 고층 아파트 단지가 있는데, 어떤 분들은 이 고층 아파트 단지도 기와집골 같은 개량 기와집 단지를 재건축한 것이라고 기억하지만, 1982년에 제작된 지도를 보면 이 지역에는 주택 단지가 형성되어 있지 않습니다. 또 어떤 분들은 이 고지대에 옛 〈감람나무 박태선 장로〉의 전도관 건물이 있었다고 증언합니다. 20세기 중반 한때를 풍미한 전도관의 종교 시설은 대체로 구도심이 내려 보이는 외곽의 고지대에 세워졌으므로, 이 증언은 신뢰할 만합니다.

　기와집골은 드라마 「겨울 연가」에서 주인공 준상이 어린 시절에 살았던 기와집이 있는 곳으로 유명합니다. 일본어로는 「겨울 소나타(冬のソナタ)」라 불리는 드라마 「겨울 연가」 속의 준상이네 집은 기와집골과 고층 아파트 단지 사이에 자리하고 있습니다. 한때는 일본과 동남아시아 관광객이 줄지어 찾아왔다는 이곳 준상이네 집과 그 주변에는, 현재 〈공가(空家)〉와 〈철거 예정〉이라는 페인트 글씨가 살벌하게 쓰여 있을 뿐입니다. 드라마 촬영지임을 알리는 안내판과 철거 예정 페인트 글씨가 나란히 놓여 있는 풍경은, 한때 드라마 「겨울 연가」가 만들어 냈던 우호적인 분위기가 허무하게 사라져 버린 2021년 현재의 한일 관계를 떠올리게 합니다.

　기와집골의 전체 모습을 잘 볼 수 있는 지점은 기와집골 서쪽의 언덕 지대입니다. 이 서쪽의 언덕 지대와 동쪽의 고층 아파트 단지 사이의 골짜기에 개량 기와집 단지가 형성되어 있는 것입니다. 한때 춘천의 부자들이 살았다고 하는 기와집골과 달리, 이 서쪽의 언덕 지대에는 한국 곳곳의 비탈에서 흔히 볼 수 있는 산동네가 형성되어 있습니다. 현재 주민들의 퇴거가 거의 끝난 것으로 보이는 이 언덕에 서서 동쪽을 바라보면 기와집골과 아세아 극장 건물이 한눈에 들어오고, 서쪽을 바

(위) 아세아 극장   (아래) 기와집골의 준상이네 집

철거를 앞둔 기와집골의 경관

(위) 철거를 앞둔 기와집골의 경관

(아래) 기와집골의 어떤 집 대문에 붙어 있는
〈의심 나면 다시 보고 수상하면 신고하자〉라는
반공 방첩 구호

라보면 캠프 페이지의 부지 전체가 조망됩니다.

이 언덕 위에 서서 기와집골을 내려다보며 다시 한번 생각했습니다. 〈사실상 마지막 남은 춘천의 유산〉[17]인 이 개량 기와집 단지까지 굳이 헐어서 고층 아파트 단지를 만들어야 할까 하고 말이지요. 서울 북촌이나 익선동, 전주 한옥 마을 이상으로 개량 기와집들이 잘 조성되어 있는 이곳은, 20세기 전기의 도시 공간이 6·25 전쟁으로 거의 파괴된 춘천에서는 희귀한 구도심입니다. 그 가치를 알아본 춘천시에서 이 지역을 도시 재생 사업 대상으로 삼으려 했지만, 토지주들의 반대로 좌절되었다고 합니다. 이 지역이 고층 아파트 단지로 재개발되면, 대서울의 동쪽 경계 지역으로서 급부상하고 있는 춘천역 인근의 주목받는 거주 지역이 될 것임에 분명합니다.

이렇게 보존 움직임이 좌절되고 재개발이 추진되는 사례를 접할 때마다 한국 시민들은 사실 기와집을 안 좋아하는 게 아닐까 하는 생각이 듭니다. 20세기 후반에 서울 안암동의 대규모 개량 기와집 단지를 철거한 것은, 그 가치가 미처 알려지지 않았기 때문이었다고 할 수도 있습니다. 하지만 북촌, 서촌, 전주 한옥 마을에 맞먹는 서울 길음 역세권 개량 기와집 마을이나 이 춘천 기와집골이 21세기에 철거되고 있는 것은 당혹스러운 일입니다. 이곳 토지주들이 고층 아파트 단지로 재개발한다는 계획이 이미 확정되어 시행을 목전에 두고 있으므로, 춘천 기와집골은 이 책이 출판될 2021년 중에는 사라질 것이 확실합니다. 그렇게 되면 〈기와집길〉이라는 도로명 주소도 바뀌어야 할 것입니다. 새 도로명 주소는 〈아파트길〉이라고 붙여야 할까요?

철원의 개량 기와집 단지처럼 전쟁으로 인해 사라지는 것은 아니지만, 전쟁보다 더 철저하게 한국의 모습을 바꾸는 재개발로 인해 춘천의 개량 기와집 단지가 사라지기 전에 서둘러 이곳을 둘러보실 것을 권합니다. 이 책의 출간이 기와집골의 철거보다 앞서기를 바랄 뿐입니다.

나가며 — 철도와 버스

이렇게 해서 청량리역과 상봉역에서 춘천과 원주까지, 경춘선과 중앙선을 따라 카나트식으로 형성된 도심 지역들을 살펴보았습니다. 이들 역전 마을은, 처음에는 무언가 마을의 형태가 존재했기에 철도역이 설치되었겠지만 어느 시점부터는 철도역이 있기에 도심이 성장하는 인과 관계를 이루었습니다. 그러나 현재 대서울 동부 지역에서 철도의 역할은 더 이상 절대적이지 않습니다. 경춘선과 중앙선이 지나는 경기도 지역을 답사할 때에는 퇴계원·마석 등의 역전 마을을 가더라도 잠실이나 동서울에서 버스를 이용하는 것이 더 빠르고 편리합니다. 대서울 동부 지역 가운데 경기도 지역의 도심들은 철도 의존에서 도로 의존으로 바뀌고 있다고 하겠습니다.

그러나 같은 대서울의 동쪽 지역이라도 경기도의 춘천과 원주, 특히 원주 혁신 도시는 여전히 철도에 의존하는 경향이 큽니다. 경춘로, 서울-양양 고속도로, 영동고속도로 등의 교통 혼잡이 획기적으로 해결되지 않는 한, 이 지역에서 철도에 대한 의존성은 줄어들기는커녕 경원선 서울-원주 구간의 수도권 전철화 요구가 보여 주듯이 앞으로도 더욱 커질 것으로 예상됩니다. 이처럼 대서울은 철도와 도로라는 두 가지 길을 통해 상보적으로 확장되고 있습니다.

8
역말로:
하남시에서 옛 광주군의 흔적을 찾다

옛 광주군과 하남시

이 장에서는 옛 경기도 광주군의 일부였다가 떨어져 나온 하남시의 구도심을 잇는 역말로를 걷습니다.

예전에 하남시가 속했던 광주군은 땅이 넓다고 해서 광주(廣州)였다고 하지만, 서울시에 넘어간 지역은 지금의 〈강남〉이 되었고, 서울 강북 청계천 지역의 철거민이 집단 이주한 광주 대단지는 성남시가 되었습니다. 그리고 남은 땅의 북부 지역이 1989년에 하남시로 독립하면서 광주군＝광주시는 더 이상 서울시와 경계를 접하지 않는 행정 단위가 되었습니다. 그뿐 아니라 예전에는 북쪽 경계 대부분이 한강을 접하고 있었지만, 이제는 남양주군 조안면의 정약용 유적지를 바라보는 일부 지역에서만 한강을 접하게 되었습니다. 전체적으로 보아서 광주군＝광주시는 서울시와 한강으로부터 멀어지면서 동남쪽으로 축소된 느낌입니다.

특히 오늘날 하남시가 된 옛 광주군 동부읍은 〈일터와 학교를 거의 모두 서울에 두고 있는 형편〉(252면)이라는 언급처럼, 『한국의 발견: 경기도』가 출간되던 1980년대에 이미 대서울화가 시작된 상태였습니다. 그리하여 이 책에서는 장차 동부읍이 새로운 시로 떨어져 나간다는

최근 철거가 끝나고 펜스가 쳐진 하남 C구역

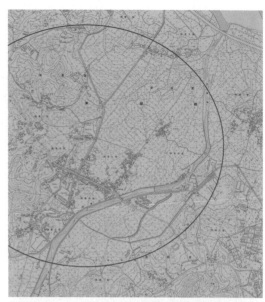

1986년과 1987년의 광주군 동부읍 일대 구지도
© 국토지리정보원

소문이 있는데, 만약 이 소문이 실현된다면 광주군은 큰 타격을 입으리라는 전망을 싣고 있습니다. 그리고 이 예측은 1989년에 실현되었습니다. 특히 인상적인 것은, 옛 광주군의 중심이라 할 광주 향교가 하남시에 포함된 사실입니다. 광주 향교 없는 광주군 → 광주시는, 어떤 의미에서 시흥 행궁 없는 시흥시와 비슷한 처지가 되었다고 하겠습니다.

더우기 광주군도 시흥군처럼 땅은 거의 없고 이름만 남게 되지 않을까 하고 걱정하는 사람이 많다. 그도 그럴 것이 광주군청의 살림 밑천의 절반쯤을 대주며 전체 인구의 30퍼센트쯤을 차지하는 동부읍이 머지않아서 새로운 시로 떨어져 나가리라는 말이 나돌기 때문이다. 만일에 동부읍과 그 언저리마저 잃어버리면 광주군은 아예 이름을 바꾸어야 할 만큼 볼품없는 곳이 되고 말 것이다.[1]

1970년에 제작된 5만분의 1 축척 지도는 광주군의 서북쪽 영역이 서울시 영등포구로 넘어간 1963년으로부터 7년 뒤의 상황을 보여 주는데, 3번 국도를 통해 서울 사대문-뚝섬-곡교리(고분 다리)-광주군 동부면 덕풍리가 카나트식으로 도심을 이루고 있었음을 알 수 있습니다. 현재의 하남시 덕풍동으로 이어지는 이 덕풍리 지역은 하남시에서 가장 오래된 도심이었으나, 3번 국도의 동북쪽 블록은 현재 대부분 재개발에 들어갔거나 완료되어 옛 모습을 찾기 어렵습니다. 서남부 지역은 3번 국도에서 역말로를 따라 옛 동부 읍사무소=옛 하남 시청, 동부중학교, 동부초등학교, 1945년에 준공된 개량 기와집이 있는 역말 2지구 재개발 예정 지역 등이 자리하고 있어서, 아직 광주군 동부읍 시절의 모습을 남기고 있습니다.
또한 3번 국도 인근에는 현재 덕풍 전통 시장이 자리하고 있는

데, 1986년 지도에서는 이 블록에 건물과 길이 거의 보이지 않다가 1987년 지도에서부터 정연한 구획이 확인됩니다. 구지도를 보면 이 일대에는 엘칸토 사를 비롯하여 몇 개의 공장이 자리하고 있으니, 이들 공장에서 근무하는 직원과 가족들을 위한 배후 거주 지역으로서 현재의 덕풍 전통 시장 일대의 경관이 형성되었으리라 추정할 수 있습니다. 하남시가 생기기 몇 년 전의 일입니다.

예전에는 모두 광주군에 속했던 지금의 하남시와 서울 강동구 사이에는 개발 제한 구역이 설정되어 있습니다. 서울시에서는 이 지역에 장애인·노인 복지 시설을 설립했고, 전우 용사촌, 국가 유공자 용사촌 십자성 마을회 등의 용사촌도 서울시의 동남쪽 경계인 강동구에 들어섰습니다. 한편 1967년에 홍인동·서부이촌동 철거민이, 1968년에는 숭인동·창신동 이재민이 강일동으로 이주했고, 하남시와 마주한 길동 지역은 〈농촌 지역과 다름없는 빈촌〉이었다가 1972년부터 개발되어 주거지와 개발 제한 구역이 혼재된 경관을 보이게 되었습니다.[2] 이들 시설과 마주한 오늘날의 하남시도, 당시에는 가나안 농군 학교로 상징되는 농업 시설과 덕풍리 일대의 공업 시설이 혼재된 모습을 보였습니다.

새마을운동에 영감을 주었다고도 하는 하남시 미사 지역의 가나안 농군 학교는, 미사 지구가 신도시로 개발되는 바람에 이곳을 떠나야 했습니다. 학교를 설립한 김용기 선생의 아들 김평일 선생은 하남에서 밀려나는 심정을 이렇게 토로했습니다. 〈국가와 민족을 위해 일평생 대를 이으며 이 땅에 개척 정신을 불어넣는 데 매진해 왔음에도 개발 앞에서는 아무 소용이 없었다.〉[3] 서울의 중산층 시민들이 살 고층 아파트를 옛 광주군 땅에서 제공하기 위해 밀려난 것입니다. 이 책을 쓰는 2021년 5월 현재, 옛 가나안 농군 학교의 건물 가운데 두 채가 미사 역

(위) 이전·복원된 옛 가나안 농군 학교 건물과 그 뒤의 미사 신도시

(아래 왼쪽) 천호동의 십자성 마을회

(아래 오른쪽) 가나안 농군 학교의 설립자 김용기 선생이 새벽마다 〈개척의 종〉을 치는 모습을 형상화한 동상이 미사 역사 공원에 세워졌습니다.

사 공원에 이전 복원되어 있지만, 이곳에서 더 이상 교육은 이루어지지 않는다고 합니다.

이처럼 옛 광주군 영역이 서울시의 편의를 위해 희생되는 모습을 『한국의 발견: 경기도』 「광주군」에서는 다음과 같이 고발하고 있습니다.

> 광주군이 서울시와 맞붙어 있다고 해서 얻는 이득은 거의 없다. 서울 사람들은 광주군이 제 땅을 제 마음대로 써먹지 못하게 단단히 묶어 두고 필요한 것이 생길 때마다 이곳에서부터 먼저 챙겨 가기 때문이다. 또 국토 이용 관리법, 국토 건설 종합 계획법, 환경 보전법, 공유 수면 관리법, 수도법, 공원법 같은 모두 열 개가 넘는 갖가지 법률로 이곳을 묶어 두고 서울 사람들의 필요에 따라서 집터, 공장 터, 놀이터, 무덤 터 따위로 광주 땅을 이용한다. 이를테면 강동구와 강남구의 땅을 가져가고도 모자라서 동부읍과 서부면의 논밭을 집터나 공장 터로 쓰고, 중부면 남한산성처럼 물 좋고 경치 좋은 곳은 놀이터로 쓰고, 남종면의 강이나 저수지는 낚시터로 쓰고, 오포면처럼 산수가 좋은 데는 무덤 터로 쓴다.[4]

〈강동구와 강남구의 땅을 가져가고도 모자라서 동부읍과 서부면의 논밭을 집터나 공장 터로〉 쓴다는 대목은 특히 지난 수십 년간의 상황을 잘 표현하고 있습니다. 광주군에서 땅을 떼어서 서울시 동남부에 붙였고, 서울시를 확장하는 정책을 중단한 뒤에도 일종의 신도시 개념으로 하남시를 떼어 냈고, 이번에는 또 3기 신도시를 개발한다며 하남시 덕풍동 구도심의 남쪽 지역을 하남 교산 지구로 묶었습니다.

하남 교산 지구를 관통해서

2021년 초에 LH 직원과 현지 공무원들의 개발 예정지 투기 의혹이 문제가 되었을 때 이곳 하남 교산 지구를 찾아갔습니다. 이곳은 조선 시대에 광주군의 중심이던 곳으로 지금도 광주군 시절의 광주 향교가 있습니다. 그래서 향교의 〈교〉자가 들어간 교산동(校山洞)이라는 지명이 있고, 광주군의 옛 고을 터라는 뜻으로 보이는 〈고골〉이라는 지명도 남아 있으며, 관아가 있었기에 〈궁〉이라는 글자가 들어간 궁말(宮村)·춘궁동(春宮洞)이라는 지명이 있습니다.

참고로, 향교와 세트를 이루는 유림 회관은 향교 인근에 있지 않고, 하남 교산 지구에서 동쪽으로 객산을 넘어가면 나오는 하산곡동에 자리하고 있습니다. 이곳은 미군 기지 캠프 콜번 인근인데, 미군 이전 부지의 용도가 확정되지 않다 보니 이 일대는 농업과 공업 시설이 옛 기지촌 시절의 흔적과 혼재되어 있는 상태입니다.[5] 하산곡 4통 마을 회관 입구에는 〈마을 회관 관계자 외 출입 금지〉라는 거대한 경고판이 세워져 있어서, 사정은 알 수 없지만 이 지역에서도 갈등 도시의 양상이 나타나고 있음을 짐작게 했습니다.

하산곡동의 서쪽에 인접한 천현동의 행정 복지 센터 정문 옆에는 이 센터의 부지를 모 문중이 1991년에 기증했음을 하남시장의 명의로 기리는 공적비가 서 있었습니다. 이곳뿐 아니라 하남 시의원의 투기 의혹이 제기되어 검찰이 압수 수색을 벌인 바 있는[6] 하남 교산 지구 인근의 토지 근처에도 모 종중의 재실이 있는 등, 하남시 곳곳에서 문중이 소유한 토지·건물을 쉽게 볼 수 있습니다. 물론 전국 어디에 문중 소유 토지·건물이 없겠습니까만, 하남시는 이들 토지와 건물이 알아보기 쉬운 형태로 존재한다는 점에서 대도시라기보다는 농촌의 특성이 짙게 남아 있는 지역임을 추정할 수 있습니다.

시의원의 투기 의혹이 제기된 토지는 중부고속도로와 하남 교산 지구에 인접해 있어서 투자 가치가 높다고 합니다만, 저는 부동산에는 문외한이어서 토지의 투자 가치에 대해 논평할 수는 없겠습니다. 투기 의혹이 있는 황량한 토지 한쪽에 놓인 컨테이너에 〈3기 신도시 취소하라〉라는 구호가 붉은 페인트로 적혀 있는 모습이, 미국의 황량한 서해안 지역에서 촬영한 영화의 한 장면을 보는 것 같았습니다.

이곳에서 하남 교산 지구를 통과해서 광주 향교로 가는 버스는 시간을 맞추기 어려워서, 결국 한 시간 정도 걸어서 3기 신도시 예정지를 관통했습니다. 버스가 한 시간 간격으로 오는 것은 대도시 교외의 농촌에서 흔히 볼 수 있는 특성인데 하남시에도 이런 지역이 있다는 사실에 놀라워하며 길을 걸었습니다. 〈바깥샘재〉라는 옛 지명과 샘재 복지 회관의 가마솥, 개량 기와집 등은 이 지역에도 아직 전통 시대의 하남시 또는 광주군의 모습이 남아 있음을 전하는 도시 화석입니다. 반면 〈개 사고 팝니다〉, 〈부동산〉, 〈작업복〉, 〈전동 지게차 배터리 복원〉이라는 광고 문구가 몰려 있는 벽은 하남 교산 지구가 현재 공업 지역으로 기능하고 있음을 짐작게 했습니다.

LH의 3기 신도시 개발에 반대하는 플래카드 뒤편으로 고압 송전탑과 고층 아파트 단지들이 시층을 이루고 있는 모습에서는, 하남 교산 지구가 하남시에서도 경계에 해당하는 땅임을 알 수 있었습니다. 누군가 잘 모셔 둔 불상들과 토지 보상금을 높게 받게 해주겠다는 플래카드가 마주하고 있는 옛길을 따라 걸으며 사진을 찍었습니다. 그런데 지나가던 트럭이 멈추더니 운전사가 내리고서는 왜 사진을 찍느냐고 따지더군요. 신분증을 보여 주면서 〈하남 교산 지구가 개발에 들어가기 전에 이 지역의 경관을 기록하러 왔다〉고 하니, 자신이 이 지역의 토지주인데 LH 직원이 지장물을 조사하러 온 줄 알고 물어본 것이라고 설명

(위) 광주 향교. 왼쪽의 고압 송전탑은 향교가 경계   (아래) 고골 노인 복지 회관
지역에 자리하고 있음을 보여 줍니다.

(위) 캠프 콜번 정문의 경관   (아래) 춘궁동이라는 지명이 보이는 마을 비석

(위) 천현동의 황량한 토지 한쪽에 세워진
컨테이너

(아래) 천현동 행정 복지 센터 입구의 공적비

하남 교산 지구의 시층

했습니다. 현지에 들어갈 때는 이런 일을 예상하던 터라 놀라지는 않았지만, LH에 대한 전 국민적인 분노가 폭발한 시점에도 LH 직원들이 지장물 조사를 강행할지도 모른다는 생각을 토지주들이 하고 있다는 사실은 흥미로웠습니다.

역말로를 걷다

농업과 공업이 혼재되어 있는 하남 교산 지구를 관통해, 병자호란 전까지 광주군의 중심지였던 광주 향교에 도착했습니다. 여기부터 옛 동부 읍사무소＝옛 하남 시청을 향해 걷기 시작했습니다. 정확히 말하면 역말로는 하남시 구도심을 관통하는 도로이며, 광주 향교와 하남시 구도심 사이의 도로는 역말로라고 불리지 않습니다. 하지만 이 도로는 실제로 역말로에서 곧바로 뻗어 나오는 길이기도 하고, 광주 향교에서 시작해서 하남시청역까지 가야 하남시의 시층을 시간 순서대로 확인할 수 있으므로 편의상 이 코스 전체를 〈역말로〉라고 부르겠습니다.

이 역말로를 걸으면 조선 전기의 광주 향교-역말 2지구의 1940~1960년대 개량 기와집 블록-옛 동부 읍사무소 ＝ 옛 하남시청 (역말로 71)-덕풍 전통 시장-하남 C구역 주택 재개발 정비 구역과 수도권 전철 5호선 연장 구간으로 이어지는 하남시의 조선 시대, 식민지 시기, 현대, 미래를 시간 순으로 살필 수 있습니다.

광주 향교에서 북쪽으로 난 길이 중부고속도로 아래를 지나 도로명상의 〈역말로〉와 만나는 부근부터 하남시의 구도심이 시작됩니다. 이곳에서 저를 반겨 준 것은 수도권 전철 5호선 연장 구간에 덕풍역을 추가로 만들어 달라고 요구하는 플래카드였습니다.

플래카드가 걸린 고층 아파트 단지를 지나 골목에 들어서니, 이 지역의 역사가 얕지 않음을 보여 주는 꼬불꼬불한 골목 양옆으로 집장사

집·연립 주택이 빼곡히 들어차 있었습니다. 종교 문화에 관심이 많은 저에게는 이 골목 한편의 덴리교(天理敎) 시설이 눈에 들어왔습니다. 일반적으로 덴리교 시설이 있는 블록은 최소한 20세기 중반에 형성된 곳이기 때문에, 덴리교 시설은 도시를 답사할 때 훌륭한 도시 화석으로 기능합니다. 솔직히 하남시에서 덴리교 시설을 확인할 줄은 몰랐기에 놀랐습니다. 또 어떤 집의 외벽에 복(福) 자가 형상화되어 있는 모습도 인상적이었습니다.

하지만 이 책에서 하남시 역말로에 대한 장을 할애하기로 결심하게 한 것은, 현재 역말 2지구라는 이름이 붙은 블록에서 확인한 개량 기와집군(群)이었습니다. 솔직히 하남시 구도심에 1945년, 1961년, 1964년도에 준공된 개량 기와집이 남아 있을 줄은 몰랐거든요. 1986년의 구지도에도 이 블록은 뚜렷이 표현되어 있습니다. 이들 개량 기와집 가운데 한 집의 대문에는 동부 농협에서 제작해 준 〈경기도 광주군 동부읍 덕풍 3리〉 문패가 붙어 있었습니다. 하남시가 광주군 동부읍이던 시절의 도시 화석이 아직 하남시에 남아 있었던 것입니다.

다만 이들 개량 기와집군에는 조합 설립 인가를 받았다는 플래카드가 걸려 있었습니다. 지주 조합이 설립된 것이기 때문에 실제로 재개발이 이루어지기까지는 시간이 걸립니다만, 플래카드가 걸린 개량 기와집의 소유주는 재개발에 찬성한 것일 터이니 언젠가 재개발은 실현될 것이라고 예상할 수 있습니다. 하남시 구도심에 이런 옛 블록이 얼마나 더 존재하는지는 잘 알 수 없지만, 1940~1960년대의 개량 기와집이 군집을 이루고 있는 이 역말 2지구의 향방에 주목할 필요를 느낍니다.

이렇게 뜻밖에 오래된 블록을 발견하자, 역말로 인근 지역을 좀 더 찬찬히 살펴야겠다는 생각이 들었습니다. 동부읍 시절부터 있었을 동

(좌) 하남시 구도심의 덴리교 시설

(우) 하남시 구도심의 단독주택 외벽에 보이는
〈복(福)〉자 문양

하남시 구도심의 개량 기와집군

(위) 옛 경기도 광주군 동부읍 덕풍 3리 문패와   (아래) 옛 동부 읍사무소＝옛 하남시청
지주 조합 설립을 허가받았음을 알리는 플래카드

부초등학교와 동부중학교를 지나자, 1960~1980년대의 전형적인 관공서 건물들이 나타났습니다. 이 건물들에는 여러 관변 단체와 사회단체들이 입주해 있었습니다. 이 건물들이 예전에 관공서로 쓰이다가, 관공서가 신축 이전하면서 다른 단체들에 임대해 주었음을 쉽게 추론할 수 있었습니다. 경비실을 찾아가 여쭈어 보니 과연 동부 읍사무소와 하남시청이 있던 곳이었습니다. 이로써 역말로가 하남시 구도심을 관통하던 메인 스트리트였음이 확인되었습니다.

　옛 하남시청에서 지하철 하남시청역 사이에 자리한 지역에서도 옛길의 흔적을 뚜렷이 확인할 수 있었습니다. 이 길들은 1986년 구지도에 표시된 논길과 밭길이 현재까지 이어져 내려온 것입니다. 예를 들어 현재 아파트 단지가 서 있는 엘칸토(주) 공장 부지와 천주교회 주위의 길을 지도 애플리케이션의 위성 사진과 비교해 보실 수 있습니다. 『갈등 도시』의 강남 편에서 서울 강남구 대치동 구마을과 그 서쪽 지역에 농촌 시절 영동의 길들이 확인된다고 말씀드린 바 있습니다. 현대 한국처럼 빠른 속도로 도시화가 진행된 나라의 도시에서는 자연스러운 현상이라고 할 수 있습니다.

　이렇게 역말로에서 조선 시대의 광주 향교에서 근대의 읍사무소, 현대 초기의 개량 기와집이라는 광주군의 시층을 확인하며 옛 광주군 동부읍 덕풍리의 북쪽 끄트머리에 도착한 저는, 이곳에서 버스를 타고 서울 강동구를 지나 집으로 돌아왔습니다. 제가 이 지역을 집중적으로 답사한 것은 아직 수도권 전철 5호선 2단계 연장 구간이 개통되기 직전인 2021년 3월 상순이었습니다. 그 후 이 책을 쓰던 중에 5호선이 하남시 동북쪽 끝의 하남시 버스 환승 공용 차고지 근처까지 개통되었습니다. 하남시를 답사하면서, 5호선 연장 구간 개통을 둘러싼 갖가지 요구를 담은 플래카드를 사방에서 보았습니다. 어떤 역은 지하로 가는데 왜 어떤 역 주변은 지상선이냐, 자기 지역에도 역을 만들어 달라 등등.

이처럼 말도 많고 탈도 많지만, 아무튼 지하철이 개통되었으니 미사 지구를 포함한 하남시의 대서울화는 더욱 빠른 속도로 진행될 것이라 예상할 수 있습니다. 하남시의 대서울화가 성남·용인의 확장 강남화와 맞물려 광주시의 대서울화를 촉진할지, 아니면 동남쪽으로 경계를 접하고 있는 양평·이천과 비슷한 특성을 광주시가 한동안 유지할지도 아울러 지켜볼 지점입니다.

9
헌릉로:
서울의 남쪽 경계선이 경험한 현대

성남 또는 광주 대단지

이 장에서는 헌릉로를 걷습니다. 서울, 성남, 과천 사이에 자리한 이 길은, 도중에 조선 왕조 3대 임금인 태종과 원경 왕후 민씨 부부의 무덤인 헌릉, 그리고 23대 임금 순조와 순원 왕후 김씨 부부의 무덤인 인릉이 있어서 이런 이름이 붙었습니다. 헌릉로는 동쪽으로 수도권 전철 8호선 산성역에서 시작해서 서쪽으로 양재동 꽃 시장과 현대자동차 본사가 있는 염곡 사거리까지 이어집니다. 하지만 여기서는 헌릉로의 동쪽과 서쪽 끝에서 조금씩 더 나아간 곳들까지 포함해서 말씀드리려 합니다. 그렇게 해야 헌릉로가 지니는 길의 특성이 잘 드러나기 때문입니다.

헌릉로의 동쪽 끝인 8호선 산성역은 남한산성 어귀에 해당하는 산중턱에 자리하고 있습니다. 최근 들어 이 지역에서 고층 아파트 단지가 건설되고 있지만, 성남시에서 상대적으로 부유하지 못한 성남 원도심으로서의 특성이 산성역 일대에서도 아직 엿보입니다.

『갈등 도시』에서도 말씀드린 것처럼, 성남 원도심은 서울 시내의 철거민 10여만 명을 1968년부터 당시의 경기도 광주군 서부로 강제 이주시키면서 형성된 곳입니다. 그래서 당시에는 광주 대단지라고 불렸습니다. 정부와 서울시 등이 사람만 이주시키고 교통·상하수도·직장 등의 인프라를 거의 갖추지 않은 데다 투기 열풍까지 일어난 결과, 1971년 8월 10~12일 사이에 〈광주 대단지 사건〉이라 불리는 시민 봉기가 일어났습니다.

이렇게 광주 대단지가 형성되기 전에는 이곳에 사람이 많이 살지 않았습니다. 그래서 철거민 이주 단지를 이곳으로 정한 것이겠지요. 이곳에는 광주 대단지가 들어서기 전부터 육군 교도소가 자리하고 있었습니다. 영등포에서 설립된 육군 교도소는 6·25 전쟁 때문에 대구, 부산 등을 전전하다가 1962년에 이곳 산성역 부근에 자리 잡았습니다. 광주 대단지가 만들어지기 6년 전이었습니다. 그래서 지금도 나이 든 남성들은 군 복무 중에 범죄를 저질러 수감되는 것을 〈남한산성 간다〉라고 말하고는 하지요. 육군 교도소는 성남시의 성장에 따라 1985년에 이천시 장호원으로 옮겨 갔습니다. 군사 교도소가 1962년에 성남, 1985년에 장호원에 설치된 것은, 그 지역이 대서울, 즉 〈수도권〉의 경계 지역임을 상징합니다. 장호원은 1927~1944년 사이에 경기선 철도의 동쪽 종착역이 있던 곳이지요. 이곳에서 북쪽으로 수려선, 동쪽으로 중앙선 방향으로 연장한다는 계획이 실현되었더라면 장호원은 교통의 요지가 되었을 것입니다. 하지만 계획이 무산되면서 장호원은 군사 교도소가 자리하는, 경기도 동남부의 외진 지역에 머무르게 되었습니다.

군부대에는 흔히 〈○○대〉라는 별명이 붙는데, 성남 육군 교도소의 별명은 〈희망대〉였습니다. 교도소에서 희망을 버리지 말라는 뜻이었겠지요. 육군 교도소가 들어서면서 비로소 랜드마크라고 할 만한 것이 생긴 이 지역은, 육군 교도소가 떠난 뒤에도 희망대라고 불렸습니다. 헌릉로 남쪽의 언덕 위에 자리한 〈희망대 공원〉은 그러한 현대 한국의 기억을 전하는 도시 화석입니다. 제가 이곳을 답사한 2018년 당시, 희망대 공원 주변은 신흥 2구역으로 지정되어 재개발이 진행되고 있었습니다. 철거가 시작되기 이틀 전에 우연히 이곳에 들러 몇 장의 사진을 찍은 것은 행운이었습니다. 어디서나 마찬가지로 주민들은 떠났고, 종교 시설이 최후의 저항을 하고 있었습니다. 곧 사라질 도시 경관을 사진에 담는 작업은 언제나 쓸쓸합니다. 제가 이곳을 들른 직후에 철거가 완료되었다고 들었습니다.

수도권 전철 8호선 산성역에서 출발한 헌릉로는 위례 신도시의 남쪽 경계를 형성하며 8호선 복정역에 다다릅니다. 서울시 송파구 위례동, 성남시 위례동, 하남시 위례동의 세 지방 자치 단체에 걸쳐 있는 위례 신도시는 주민 센터도 세 곳이고, 한때는 도서관이나 쓰레기봉투도 서로 달라서 주민들이 크게 불편했습니다. 이렇게 여러 행정 단위에 걸쳐 있는 곳은 〈특별동〉 같은 형식을 취해서 한 행정 단위에 편입시키면 좋겠다는 게 저의 생각입니다만, 이곳에서 걷힐 세수 등을 생각하면 각 지자체들이 자기 지역을 포기하지 않는 심정도 이해가 됩니다. 한때 어떤 트위터 사용자가 자기소개 글에 〈위례 신도시는 서울임 암튼 서울임〉이라고 올린 것을 보고 〈여기도 복잡하구나〉라고 생각했습니다. 아마도 이분은 서울시에 속하지 않은 위례 신도시에 사셨겠지요.

서울시 송파구와 성남시의 경계선이 지나가는 수도권 전철 8호선 복정역 교차로의 서남쪽에는 지금도 화훼 마을이라는 이름의 빈민촌이 존재합니다. 1980년대 초에 잠실 아파트 단지를 만들 때 추방당한 철거민들이 재정착한 마을인 이곳은 이웃한 옛 광주 대단지의 과거를 재현한 것 같은 곳입니다. 〈일반 시민〉들이 눈치채지 못하도록 마을 주변에 펜스가 높게 쳐져 있어서, 여름에는 무척 덥겠다고 답사할 때마다 생각합니다. 이처럼 화훼 마을이 일반 시민들로부터 분리돼 있다 보니 마을 바로 옆의 장지동 버스 정류장에서 버스를 기다리는 시민들 가운

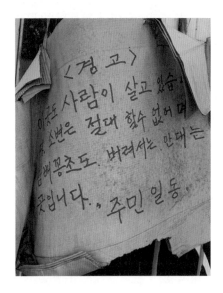

＜경고＞

이곳도 사람이 살고 있슴.
첫 소변은 절대 할수 없어며
담빼꽁초도. 버려서는. 안대는
곳입니다. 〃주민일동. 〃

(위) 화훼 마을   (아래) 화훼 마을 주민들이 내건 흡연 금지 경고문

데 흡연자들이 펜스 너머로 담배꽁초를 버리는 일이 자주 있는 것 같습니다. 버스 정류장에서 마을로 들어가는 펜스 출입구에는 이런 경고문이 쓰여 있습니다.

> 이곳도 사람이 살고 있습니다. 소변은 절대 할 수 없으며 담배꽁초도 버려서는 안 대는 곳입니다. 주민 일동.

비단 화훼 마을뿐 아니라 대서울을 답사하다 보면 흡연하지 말라는 경고문을 마을 입구와 집 담벼락에서 자주 확인합니다. 흡연자들은 담배를 구입하면서 세금을 냈기 때문에 타인의 건강과 안전을 해쳐도 된다고 생각하는 것 같습니다. 그들은 사람들이 모여 있는 버스 정류장과 지하철 입구에서 담배를 피우고, 걸어 다니면서 담배를 피우고, 남의 집과 마을에 담배꽁초를 버립니다.

일부 흡연자들의 악의적인 행동은 시민들이 공개적으로 말하지 못하는 대서울과 한국 사회의 근원적인 문제입니다. 서울과 성남 사이의 경계 지점에서는 흡연자들의 악의적인 무감각함이 사회적 약자들에게 어떤 피해를 주는지 노골적으로 드러나 있습니다.

지방 자치 단체가, 나아가 한국이 무엇을 혐오하는가, 그리고 중앙 정부와 지방 정부가 시민들에게 무엇을 감추려 하는가를 보려면 경계 지역을 걸으면 됩니다. 경계 지역에는 한국 사회의 근원적인 문제들이 도사리고 있습니다. 그 가운데 화훼 마을이 자리한 서울 송파구와 경기 성남시 수정구의 경계 지점을 살펴보면, 남쪽 성남 방면에는 복정 정수장과 성남시 수질 복원 센터, 그리고 서울 중심부의 빈민 수십만 명을 트럭에 실어 보낸 성남 원도심 옛 광주 대단지가 있습니다. 북쪽 서울 방면에는 송파의 발전소와 복합 물류 센터, 그리고 청계천을 복원한다는 명목으로 몰아낸 상인들을 수용한 가든파이브가 있습니다.

헌릉로와 헌인 마을

화훼 마을 동쪽으로 헌릉로는 은곡, 세곡, 내곡, 자곡, 염곡 등 〈골짜기 곡(谷)〉 자가 들어간 지역들을 차례로 지나며 염곡 교차로까지 나아갑니다. 그 어귀에는 성남시에 있지만 〈서울공항〉이라는 이름이 붙은 군사 공항과, 여기가 서울 강남임을 외치는 커다란 비석이 세워져 있습니다. 비닐하우스와 고층 아파트 단지를 따라 좀 더 서쪽으로 가면, 강남구와 서초구의 경계를 표시하는 간소한 나무 표지판도 서 있습니다. 행정 단위들 사이의 경계를 지나는 대로변에서 흔히 볼 수 있는 커다란 녹색 표지판이 아닌, 녹색이 가득한 계곡 오솔길에 서 있는 강남구/서초구 경계 표지판을 보면 〈여기도 강남인가?〉라는 생각이 절로 듭니다.

이렇게 외진 곳이다 보니, 헌릉로 남쪽의 작은 분지에는 한센 병력자 정착촌이 형성되어 있습니다. 서울 강남이 아직 농촌이던 시절에 많이 세워진 소박한 교회 건물 앞에는 이 마을을 건설하는 데 도움을 준 미국 변호사 에틴저 선생을 기리는 비석이 서 있습니다. 현재 가구 단지가 조성된 이 마을은 재개발이 예정되어 있습니다. 마을은 사라지더라도 부디 이 교회와 에틴저 비석은 도시 화석으로서 이 지역에 남겨 두면 좋겠습니다.

한국에서는 제국주의 일본에 맞선 독립운동, 그리고 공산당과 북한에 맞선 자유 민주주의 운동을 한 범주로 묶어서 이해하고는 합니다. 하지만 현대 한국을 만든 이 두 가지 활동은 때로 충돌합니다. 1969년 서울 서초구 헌인 마을에서 그 충돌이 일어났습니다. 헌인 마을에 대해서는『갈등 도시』에서도 이미 말씀드렸지만, 덧붙일 이야기가 있어서 다시 한번 거론하려 합니다.

박정희 정부는 소록도 등에 격리된 한센 병력자 가운데 감염성이 없는 음성 환우들을 사회로 복귀시키는 사업을 1961년에 시작했습니다. 이분들 가운데 일부가 당시 서울시 서초구 내곡동에 자리 잡았습니다.

이렇게 시작한 헌인 마을에 비극이 발생한 것은 1969년입니다. 한센 병력자 환우들의 다섯 자녀가 근처의 대왕국민학교에 입학했습니다. 혹시나 하는 마음에 이들은 보건 사회부의 진단서까지 제출했습니다. 하지만 학부모들이 자녀의 등교를 거부하는 일이 일어났습니다. 이른바 〈미감아 사건〉입니다. 미감아란 한센병에 감염되지 않은 아이라는 뜻입니다.

30여 명을 제외한 전교생이 계속 등교를 거부하자, 당시 최복현 서울시 교육감은 기자 회견에서 〈다수를 위해서는 소수가 희생하는 게 민주주의의 기본 원칙〉[1]이라고 말했습니다. 헌인 마을 주민들이 땅을 제공하면 분교를 만들어서 자녀들을 따로 교육해 주겠지만, 그러지 않는다면 다섯 어린이에게 등교 정지 처분을 내리겠다는 것이었습니다.

〈모든 국민은 능력에 따라 균등하게 교육을 받을 권리를 가진다〉라는 헌법 제31조에 어긋나는 이러한 결정을 보건 사회부는 비판했습니다. 당시 홍종철 문교부 장관은 다른 학교에 다니던 딸 홍미영 양을 대왕국민학교로 전학시켰습니다. 800여 학생의 학부모들이, 〈문교부 장관 자녀 중 한 아이만이라도 전학해 오면 우리 자녀도 등교시키겠다〉라고 요구한 데에 따른 결정이었습니다. 정희섭 보건 사회부 장관, 홍종관 국립 중앙 의료원장, 김탁일 보건국장, 차윤근 의정국장, 유준 의대 교수 등 다섯 명은 다섯 어린이를 각각 한 명씩 자기 집에서 기르겠다고 했습니다.

그럼에도 학부모들이 계속해서 다섯 어린이의 등교를 반대하자,

문교부는 강북구 수유동에 한국신학대학 부속 국민학교를 신설해 이곳으로 통학시킨다는 결정을 내리고 말았습니다. 의학적으로 아무런 문제가 없는 현인 마을의 다섯 어린이는 가까운 학교로 입학할 권리를 박탈당하고, 직선거리로 30킬로미터가 넘는 학교까지 통학해야 했습니다.

이 사건에서 저는 다음 포인트에 주목합니다. 우선 〈다수를 위해서는 소수가 희생하는 게 민주주의의 기본 원칙〉이라는 서울시 교육감의 발언입니다. 이 교육감은 식민지 시대에 사상범으로 체포되어 보안법 위반으로 징역 1년형을 선고받은 독립운동가였습니다. 반일 독립운동가와 민주주의자가 반드시 같은 길을 걷지는 않는다는 사실을 이 사건에서 확인할 수 있습니다.

한편 이들 다섯 명의 입학이 보류되었다가 재개된 뒤에 재학생 853명 가운데 30여 명이 등교했다는 사실, 문교부 장관이 자기 자녀를 전학시키고 보건 사회부 장관 등 저명인사 다섯 명이 다섯 아이를 각기 맡아 기르겠다고 나선 사실, 그리고 27년 뒤인 1996년에 현인 마을 주민들이 동병상련으로 특수 학교 설립을 수용한 사실에도 주목합니다.

다섯 어린이의 입학은 결국 좌절되었지만, 그 과정에서 민주주의 원칙에 맞는 정책을 실현하고자 노력한 정부 당국자들, 이들을 믿고 등교한 학생 30여 명과 학부모들, 그리고 자신들처럼 소수자인 다섯 아이들을 진심으로 받아 준 현인 마을 주민들의 행동은 민주주의 시민의 모범으로 기억해야 합니다. 어떤 사건이 일어났을 때 누군가를 비난하기는 쉬운 일입니다. 하지만 그 와중에 시민으로서 법적·도덕적 의무를 다한 사람들을 기억해야만, 그 사건은 비극으로 끝나지 않고 더 나은 사회를 만들기 위한 교훈이 될 수 있습니다. 다른 나라의 한센 병력자들을 구호해 준 에틴저 변호사와 법치를 실현하려 한 행정가들, 그

리고 합리적으로 판단하여 자신의 아이를 등교시킨 시민들을 기억합
니다.

〈곡〉 자 붙은 마을들과, 실현되지 않은 남부 순환 철도

〈곡〉 자 붙은 지명이 이어지는 헌릉로의 이 구간은, 성남 서울공항은 물
론 서초구 내곡동의 국가정보원, 신흥 마을 계곡의 예비군 교장 등 군
사 지역으로서의 성격이 짙고, 그로 인해 개발이 제한된 구역이 많습니
다. 내곡동의 고급 주택과 개발 제한을 알리는 표지판, 그리고 집성촌
의 유래를 설명하는 비석이 공존하는 경관이 이 지역의 특성을 보여 줍
니다.

　이처럼 군사적 성격이 강한 구간이다 보니, 한때 의왕에서 출발해
한강 건너 남양주까지 이어질 예정이었던 남부 순환 철도 부설 계획이
한국군 측의 반대로 무산되었다는 소문도 있습니다. 한국 남부에서 컨
테이너 트럭으로 실어 온 화물을 의왕 오봉역에서 철도로 옮겨, 고속도
로 정체를 피해 강북까지 운송할 목적으로 구상된 남부 순환선은 어느
정도 계획이 추진되었습니다.[2] 현재 의왕역 일대에 자리한 오봉역 및
각종 대형 화물 터미널, 그리고 8호선 문정역 주변에 길쭉한 모양으로
조성된 문정 근린 공원 등이 바로 남부 순환선 계획을 전하는 도시 화
석입니다. 덧붙여서 1969년에는 이 지역에 〈관악산 맘모스 유원지〉가
건설될 계획도 있었는데[3] 『조선일보』 기사에 조감도까지 실려 있는 걸
보니, 꽤 구체적인 단계까지 추진되었던 모양입니다. 어쩌면 이 계획이
훗날 과천 서울대공원으로 실현된 것일지요?

　세계에서 손꼽힐 유원지가 서울에 세워진다. 문화재관리국은
　23일 서울 성동구 내곡동 산 13에 있는 1백만 평 임야에 78억

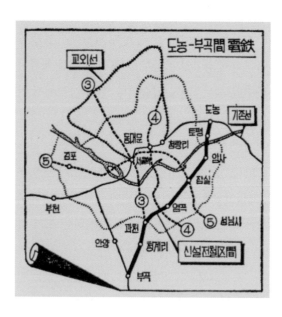

(위) 관악산 맘모스 유원지의 예상 조감도를 보여
주는 삽화(『조선일보』, 1969년 9월 24일)

(아래) 남부 순환 철도 예정 노선을 보여 주는
삽화(『경향신문』, 1978년 6월 2일)

원을 들여 세계 최상급의 동물원 등을 세우기로 했다. 국비 24억 3천만 원과 민간 자본 53억 6천만 원을 들여 70년에 기공, 74년에 완공 예정인 이 계획에 의하면 동물원 부지는 40만 평이고 그 옆에 녹지대 40만 평과 20만 평의 골프장을 마련하는 등 호화판 유원지를 만든다는 것이다. (……) ▲허련 문화재관리국장의 말 =이만 한 동물원은 하나쯤은 꼭 필요하다. 특히 4백만 서울 시민들에겐 아직도 적당한 휴식처가 없다. 그래서 동물원을 겸한 디즈닐랜드 같은 것을 만들기로 한 것이다. 자금이 문제이나 해결 전망이 밝다.

기사 말미에서 관계자는 〈자금이 문제이나 해결 전망이 밝다〉고 말하는데, 언제나 자금이 문제이고 그래서 계획이 무산되지요. 그래도 이 계획은 관악산 남쪽의 과천 서울대공원이라는 형태로 실현되었다고 볼 여지가 있겠지만, 남부 순환 철도 계획은 결국 무산됩니다.

만약 남부 순환선이 지금의 헌릉로 자리에 부설되었다면, 화물 운송으로 인한 수도권 남부의 교통 정체는 지금보다 덜 했을 터입니다. 그리고 오늘날의 헌릉로 〈곡〉 구간은 더 한적하고 강남답지 않은 공간으로서의 성격을 지니게 되었겠지요. 남부 순환선을 둘러싼 사연과 오늘날의 헌릉로 주변 경관은, 대서울이 여전히 군사 도시로서의 성격을 짙게 띠고 있음을 보여 줍니다. 서울시 또는 수도권 도시들의 중심부에 사는 시민들이 자기 도시의 군사적 성격을 알아채지 못하는 것은, 군사적 특성을 띤 시설들이 중심에서 행정 단위들의 경계 지역으로 밀려나 있기 때문입니다.

그리고 염곡 사거리. 여기까지가 지금의 헌릉로입니다. 여기서 강남대로로 갈아타고 양재천을 건너 조금 북쪽으로 가면 양재역이 나옵니다. 이곳이 옛 말죽거리입니다. 복잡한 양재역 사거리의 동북쪽 한편에 놓여 있는 말죽거리 비석은, 이 지역이 한때 한강 남쪽의 한적한 경기도 농촌에 자리한 저잣거리였음을, 그리고 불과 40~50년 사이에 강남 지역이 참으로 빠르게 성장해서 원래 강남이라 불리던 영등포에서 강남이라는 이름까지 빼앗아 올 정도가 되었음을 떠올리게 합니다.

서울시와 성남시 사이를 지나며 서울 강남과 위례 신도시의 남쪽 경계를 이루는 헌릉로는, 서울 강남이 강남역과 테헤란로, 또는 청담동과 압구정만으로 설명될 수 없는 다면적인 성격을 지니고 있음을 보여 줍니다. 사람들이 〈강남〉이라고 말할 때 떠올리는 이미지는, 중심에서 외곽으로 밀려나가거나 외곽에서 중심으로 편입되지 못하고 남겨진 것들이 있기 때문에 형성될 수 있었습니다. 최근에도 서초구 대법원 근처에 있던 군부대가 안양시와 광명시의 경계 지역으로 옮겨 가고, 군부대 자리의 개발이 시작된 사례가 있지요. 길게는 1936년에 경성부로 편입된 영등포, 짧게는 1967~1969년에 완공된 제3한강교(한남대교)와 1967~1970년에 개통된 경부고속도로와 1968~1971년에 극적인 부침을 경험한 광주 대단지 등으로부터 시작된 파란만장한 한강 남부 개발의 역사를 헌릉로 주변에서 확인할 수 있습니다.

10
교외선:
대서울 순환 철도를 상상한다

대서울 순환 철도의 꿈

앞의 장에서 실현되지 않은 남부 순환 철도 구상을 말씀드리면서
1978년 6월 2일 자 『경향신문』에 실린 예상 철도 노선도를 보여 드렸
습니다. 이 지도를 잘 보면 서울시 동남부에 건설될 예정이던 남부 순
환 철도는 서북부의 교외선과 대칭을 이루고 있습니다. 그리고 남부 순
환 철도와 교외선은 각각 한강 남쪽과 북쪽에서 서울 순환 철도의 핵심
부분으로 기능할 예정이었습니다.

　현재 대서울에서 운행하고 있는 순환 철도 노선은 1980~1984년
사이에 개통된 수도권 전철 2호선 하나뿐입니다. 하지만 20세기 중
기에는 경용 교외 순환 철도가 서울시 서북부 지역에서 운행되었고,
1963년 8월에 완공된 교외선이 한동안 대서울 북부를 순환했으며, 여
기에 남부 순환 철도를 통해 이루어질 예정이던 대순환 철도 계획이 있
었습니다.

　서울역을 출발하여, 용산부터 현재 경의선 숲길이라 불리는 용산
선 노선을 통과한 뒤 신촌에서 경의선과 합류하여 서울역으로 돌아오
던 경용 교외 순환 철도는 1930~1960년 사이에 운행됐습니다. 지금
의 수도권 전철 2호선이 서울시의 3핵(核), 즉 3대 도심권인 사대문·영

등포·강남을 이으며 강남과 강북을 순환한다면, 옛 경용 교외 순환 철도는 경성이 아직 강북에 머물러 있던 시절에 그 서쪽 교외 지역을 순환한 것입니다.

한편 실현되지 않은 순환 철도 노선이란, 대서울 북부의 고양시와 의정부시를 잇던 교외선, 인천-안산-수원-용인-이천-여주를 거쳐 중앙선 원주역으로 이어질 계획이던 수인선과 수려선, 경부선의 천안역에서 동쪽으로 안성-장호원을 거쳐 역시 원주역으로 이어질 계획이던 경기선(안성선), 그리고 서울 동대문에서 출발하여 왕십리-뚝섬 유원지·광나루 간을 운행했고 천호-이천까지 연장될 계획이던 경성 궤도(기동차 길)를 포함한 광역 철도 체계를 가리킵니다.

한국에서 철도에 대해 말할 때에는 으레 〈일제가 조선을 수탈하고 대륙을 침략하기 위해 깔았다〉는 말이 앞머리에 놓입니다. 물론 맞는 말입니다. 하지만 음모론을 믿지 않는 저는, 공무원은 미래를 내다보고 장기적인 계획을 세우는 게 아니라 눈앞의 문제를 해결하는 데 급급하며, 세상은 음모론자들의 상상과는 달리 아무도 예측하지 못한 방향으로 흘러간다고 생각합니다. 제국주의 일본이 놓은 철도는 식민지 지배자들이 예상하지 못한 방향으로 한반도와 대서울의 공간을 만들어 나갔고, 현대 한국 시민은 여전히 그 공간 속에 살고 있습니다. 철도를 부설한 식민주의자들이 예상하지 못한 방향으로 공간을 만들어 내고 있는 식민 잔재인 것입니다. 이 철도 시스템 자체를 다 뜯어내고 식민지 시대에 놓인 모든 길을 없애지 않는 한, 철도역이나 철로 변에 남은 식민지 시기의 글자를 지우고 건물을 철거한다고 해서 식민 잔재를 청산하는 것이 아닙니다.

일본이 놓은 경부선, 경인선, 경의선 라인은 한반도의 구조를 경성 중심의 방사선 형태로 발전시켰습니다. 남북 분단으로 인해 경의선 라

인이 무용지물이 된 한편으로, 한국의 동남부에서 잇달아 등장한 군사
정권들은 경부선 라인을 따라 현대 한국의 공업 축을 발전시켰습니다.
자동차 산업을 발전시키기 위한 국가 산업 전략에 따라 경부고속도로
가 놓이면서 이 축은 더욱 견고해졌습니다.

　한편 똑같이 일본이 놓은 수인선·수려선과 경기선·충남선은 서
울·경기도의 남부 지역과 충청남도를 동서(東西)로 이었으며, 그 중
심은 수원-평택-천안입니다. 현재 이 지역은 서울 강남에서 출발하
여 성남, 용인 수지, 수원 영통, 화성 동탄으로 이어지는 〈확장 강남〉
의 다음 대상 지역이 되어 있습니다. 만약 수려선·경기선·경성 궤
도가 원래 계획대로 연장 건설되었다면, 이들 지역은 21세기가 아닌
1940~1950년대에 이미 교통의 요지이자 물산의 중심지로서 발달했
을 가능성이 있습니다. 실제로 수려선 라인은 현재 분당선, 용인 에버
라인, 경강선에 의해 거의 복원되어 있어서, 이 노선이 지니고 있던 미
래적 성격을 보여 줍니다.

　그러나 태평양 전쟁에서 패색이 짙어진 일본은 이들 철도의 이
천·원주로의 연장 계획을 중단했고, 경기선의 안성-장호원 구간 철로
까지 불요불급선이라 하여 걷어가 버렸습니다. 이는 일본 본토를 포함
한 일본 제국 내에서 널리 이루어진 시책이었습니다. 서울·경기 남부
를 동서로 잇던 이들 철도는 광복 후에도 경기도 남부의 화물·여객용
으로서 여전히 기능하고 있었습니다.

　그러나 6·25 전쟁 당시 임시 수도가 자리하면서 부산의 위상이
높아지고, 경상도 정권이 정치적 필요에서 구미·울산·포항 등을 키
우기로 하면서, 기동차와 서울·경기 남부 간을 동서로 운행하던 철도
는 더 이상 활성화되지 못하고 1960년대부터 차례로 운행을 중단합니
다(기동차 1960년대 후반, 수려선 1972년, 경기선 1989년, 협궤 수인

장항선에서 비인 공업 지구까지 놓일 예정이던
비인선 철도의 교량과 응지 터널. 비인 공업 지구가
무산되면서 비인선 건설도 중단되었습니다.

선 1995년). 충청남도 서천군에 건설하기로 약속되었던 비인 공업 지구·장항 국가 산업 단지 등이 정치적 이유로 경상도에 유치되면서, 장항선에서 갈라져서 비인 공업 지구까지 이어질 예정이던 비인선 철도도 교량과 터널만 건설하고는 취소되어 버렸습니다.

소설가이자 언론인인 선우휘는 1959년에 출간한 소설 『깃발 없는 기수』에서 〈해방이 좀 빨랐지, 아니 좀 늦었는지도 몰라〉라고 적은 바 있습니다. 소설 속 맥락과는 다르지만, 만약 일본의 패망이 좀 더 빨랐다면 서울·경기 남부 간을 동서로 운행하는 철도들은 처음부터 태어나지 않았을 수도 있습니다. 또 만약 패망이 좀 더 늦었다면 이들 철도가 모두 강원도(원주)까지 연장되었을 것입니다. 1944년에 공사가 시작된 서울·경기 북부의 교외선도 1961년이 아닌 1940~1950년대에 개통되어 수인선·수려선·경기선·충남선 등과 함께 서울·경기·충청·강원도를 잇는 대순환 철도가 이 시기에 완성되었을 가능성이 있습니다.

교외선

이런 관점에서 보았을 때 특히 아쉬운 점은 교외선의 운행이 중단된 것입니다. 교외선은 경의선에서 남쪽으로 내려오는 화물을 서울 시내까지 들이지 않고 서울 동북부로 우회해 중앙선과 연계할 목적으로 1944년에 공사가 시작되었습니다. 군사적으로 중요한 노선이다 보니, 중앙선과 마찬가지로 중일전쟁·태평양 전쟁의 전황이 악화되는 상황에서도 건설을 추진한 것이지요. 일본이 패망하면서 공사가 중단되었다가 1960년대 초에 재개되어 1963년 8월에 현재의 교외선 노선이 완공되었습니다.

1963년 8월 25일에 공개된 『대한뉴스』 431호에서는 〈교외선〉이

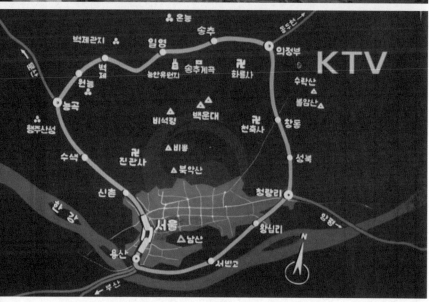

「서울 교외선 개통」, 『대한뉴스』431호, 1963년 8월 25일(e영상역사관 소장)

라는 철로를 의정부-능곡 간 노선에 한정하지 않고, 서울-용산-청량리-의정부-능곡을 순환하는 노선이라는 개념으로 설명하고 있습니다. 이 교외선에는 군사적 목적은 물론 주택난과 서울의 교통난이 해결되리라는 기대가 담겨 있었습니다. 화물이든 여객이든 서울시 도심으로 들어오지 않고 외곽으로 이동할 수 있다면, 도심의 밀집도가 낮아지고 외곽의 활용도가 높아지리라는 것입니다.

그러나 애초에 식민지 시기에 교외선을 건설한 목적은 한반도 북부와 중부 지역 사이의 물자와 여객의 원활한 수송이었습니다. 분단과 6·25 전쟁을 겪으며 이 대전제가 사라지면서 교외선은 주로 군사 목적으로 이용되었고 부차적으로 교외 유람 목적으로 활용되었으며, 교외선을 따라 서울 시내의 주택난을 해결하겠다는 목적은 달성되지 못했습니다. 새만금 간척지가 농지 확보라는 애초의 목적에서 벗어나 계속해서 미래상을 바꾸어 온 것과 비교됩니다.[1]

결국 교외선은 2004년에 여객 운행을 중단합니다. 현재도 군사용으로 이용되고 있는 것으로 보이지만, 교외선 철도 대신 호국로 도로가 애초에 교외선에 기대되었던 민간 수요를 감당하고 있습니다. 대서울 순환 철도의 완성을 위해 교외선의 여객 기능을 부활시키려는 움직임이 있으나 각 지자체들의 반응은 미온적입니다. 2023년 운행 재개를 위한 경기도·의정부시·양주시·고양시 간의 업무 협약이 2020년 말에 맺어졌으니 지켜보아야 하겠습니다.[2] 이렇듯 교외선은 서울시의 가까운 외곽에 자리하고 있으면서도 대서울의 확장이라는 관점에서는 큰 역할을 하지 못했기에, 이 장에서는 교외선 각 역의 현재 경관을 간단히 살피는 데 그치려 합니다.

교외선의 서쪽 끝에 자리한 능곡역은 경의선과도 만나던 교통의 요지이다 보니 도심이 발달해 있습니다. 이는 교외선이 아닌 경의선의 교통 효과라고 보는 게 타당하겠습니다. 능곡역의 다음 철도역이던 대곡역은『서울 선언』에서 말씀드린 뒤에도 여전히 개발이 시작되지 않은 상태여서, 이 책을 쓰고 있는 2021년 5월 현재도 옛 경관을 남기고 있습니다. 능곡역과 대곡역 주변의 경관에 대해서는 경의선을 살핀 이 책의 다른 장에서 말씀드렸습니다.

대곡역의 동쪽으로는 대정역, 원릉역, 삼릉역, 벽제역이 이어집니다. 이 구간은 도시 답사가 이승연 선생과 함께 2004년에 답사한 적이 있습니다. 2020년에는 혼자 다시 한번 걸었습니다. 이 구간의 16년간의 변화를 간단히 살펴보지요.

2004년 당시에는 대정역 바로 앞에 보신탕 가게가 있었는데, 16년 뒤에 다시 가보니 보신탕 가게는 사라지고 그 옆에 있는 〈교외선 우리집〉이라는 가게에서 칼국수와 만둣국을 팔고 있었습니다. 2004년에 교외선을 걸으며 식용으로 개를 기르는 농장과 식당을 많이 보았는데, 2020년에는 그 농장들이 거의 사라지고 없었습니다. 16년이라는 시간의 흐름을 느끼게 해주는 변화입니다.

대정역에서 원릉역으로 들어서면 갑자기 도심이 나타납니다. 고양시청이 자리한 곳이고, 삼송역 주변의 도심을 지난 수도권 전철 3호선이 이곳에 원당역을 두고 있기도 해서, 16년 전이나 지금이나 여전히 어느 정도의 도심을 유지하고 있습니다. 16년 전에는 이 철길로 교외선 열차가 다니던 모습을 찍었습니다. 원릉역은 완전히 폐허가 되었더군요.

원릉역의 다음 정거장인 삼릉역은 16년 사이에 플랫폼이 밭으로 바뀌어 있더군요. 삼릉역 플랫폼의 안내판 글자도 알아볼 수 없을 정도로 지워져 버렸습니다. 원릉역에서 삼릉역을 지나 벽제역으로 가는 길에는 다시금 한가로운 경관이 펼쳐집니다. 김기니 청대니 하는 낯선 이

(위, 가운데) 교외선 대정역의 2004년과 2020년   (아래) 대정역-원릉역 간을 운행하던 열차

(위) 교외선 원릉역의 2020년   (아래) 교외선 삼릉역 플랫폼의 2020년

(위) 삼릉역-벽제역 구간에서 마주친 염소

(가운데) 삼릉역-벽제역 간의 김기·청대 철교

(아래) 교외선 벽제역의 2004년(왼쪽)과 2020년(오른쪽)

(위) 1963년에 건설한 하수관   (아래) 선유 3 건널목의 〈선유 4H 구락부 비석〉

름이 붙은 작은 철교를 지나, 염소와 마주쳐서 서로 당황스러워하기도 하다 보면 벽제역에 도착합니다.

벽제역 주변은 여전히 행락지로 유명하고, 근처에 자리한 군부대나 국도로 이동하는 사람들을 대상으로 하는 식당도 있는 등 여전히 활기를 띠고 있습니다. 2004년에 답사했을 때는 아직 화물역으로 사용 중이던 벽제역은, 2018년에 갔을 때는 폐역의 분위기가 물씬 풍겼지만, 2020년에 다시 가보니 철로를 보수하는 작업이 이루어지고 있었습니다. 교외선을 내버려 두지 않고 활용하려는 움직임이 있음을 느꼈습니다.

벽제역을 지난 열차는 방객현 터널을 지나 일영-장흥-온릉을 거쳐, 벽제역만큼이나 여전히 행락지로서 인기를 끄는 송추역에 도착합니다. 꽤나 오래전에 세웠을 듯한 〈철도 보호 지구 통행 및 무단 경작 금지〉 간판을 지나, 벽제역에 놀러 온 관광객을 대상으로 한 〈철도 선로 위 사진 촬영·무단출입 금지〉 경고판이 붙은 방객현 터널을 우회해서 지나가면 널따란 농경 지대가 펼쳐집니다. 여기가 서울시 바로 북쪽의 모습인가 싶을 정도로 낯선 경관입니다. 곳곳에는 1963년에 건설했다는 안내문이 붙어 있는 하수관이 보입니다. 또 고양시 덕양구 선유동의 선유 3 건널목에는 〈선유 4H 구락부〉라고 적힌 4H 운동 비석이 세워져 있어서, 이 건널목이 선유 마을 입구였음을 알려 줍니다.

여전히 교외선을 관리하는 역으로서 중요한 역할을 하고 있는 일영역을 지나면 장흥역이 나타납니다. 역 앞에는 한때 번성했을 상점과 장흥 정미소 같은 인상적인 건물들이 역전 마을을 형성하고 있고, 장흥 면사무소 앞에는 식민지 시기에 이 지역의 사회 사업에 기여한 조선인과 일본인들을 기리는 송덕비가 모여 있습니다.

장흥역을 지나면 화물역 온릉역이 있습니다. 철로에 까는 자갈을 캐던 일영 자갈선이 이곳에서 갈라져 나가 인근의 채석장으로 이어졌습니다. 채석장 지역은 폐쇄되었지만 일영 자갈선의 철로는 여전히 형태를 남기고 있습니다. 이런 자갈선은 안양역에서 수암천을 따라 병목안 공원 자리의 채석장에 이르는 구간에도 자리하고 있었습니다. KTX 기관사 류기윤 선생은 이곳을 운행하던 시절을 SNS에서 다음과 같이 회고하셨습니다. 회고 중에 〈선로 변 상가와 스치듯 지나가면〉이라고 언급되는 선로 변 상가는 2020년 현재 상가로서의 기능을 정지하고 주거지로 바뀌어 있습니다.

> 일영역에서 출발해 온릉에 도착하면 분기기가 있습니다. 온릉역엔 종종 신혼부부의 야외 촬영이 있어서 입환기인 2100호대로 대기 중엔 커플이 기관차에 올라와 사진을 찍기도 했었습니다. 지금 그 사진을 본다면 대박인데요. 4200호대나 4000호대는 그럴 공간이 없었고 곧바로 추진 운전으로 자갈선에 들어갑니다. 선로 변 상가와 스치듯 지나가면 금방 자갈선에 도착하고 기관차는 분리해 방향을 바꾸고 대기합니다. 이때 포클레인이 자갈을 싣고 다 채우면 화차를 살살 옆으로 밀어 가며 다음 화차를 채웁니다. 이때 포클레인은 제자리에서 일하는 장점이 있습니다. 그래서 기관차는 분리해 대기합니다. 혹은 기관차를 연결하고 포클레인이 스스로 움직이며 싣기도 합니다. 교외선은 대정 원릉 벽제 일영역에 군 수요가 꾸준히 있었습니다.[3]

온릉역을 지난 교외선은 곡릉 2교를 지난 뒤, 교외선 전체에서 가장 아름다운 구간을 통과해 송추역에 다다릅니다. 곡릉 2교 주변의 이 짧은 구간이 지금의 모습대로 남을 수 있도록 교외선의 여객 운행이 재개되지 않기를 바랄 정도입니다. 물론 이 구간을 지나면 나타나는 송추역의 경관도 멋집니다. 여전히 행락지로서 인기를 끄는 이유를 알 만합니다. 송추역이 더 이상 여객을 운영하지 않아도 역 주변에 고층 아파트가 잇달아 들어서는 것도 이 때문일 것입니다. 한때는 교외선이 통과하면서 역전 마을이 형성되었지만, 이제는 호국로 도로의 힘으로 폐역 주변에 새로운 주거 지역이 형성되는 흥미로운 현상을 송추역에서 확인할 수 있습니다. 송추역 열차 탈선 방지턱 뒤에는 텃밭이 있고, 그 앞에 텃밭 주인의 의자가 놓여 있습니다. 한국인의 〈불굴의 텃밭 정신〉을 다시 한번 느낍니다.

　송추역을 지난 교외선 열차는 이제 언덕을 넘어 의정부시로 접어듭니다. 의정부시 구간에서 교외선 열차는 가릉역과 의정부역 두 곳에 정차했습니다. 현재 두 곳 모두 철도역으로서는 기능하지 않지만, 최근까지 미 2사단이 가릉역 인근에 주둔했기에, 이 구간의 교외선 노선은 군용 철로로서 중요한 기능을 담당했습니다. 옛 미 2사단 정문의 버스 정류장 이름은 〈2사단 앞〉인 데 반해 교외선 건널목 이름이 〈군단 앞〉인 것은, 1970년대에 미군의 주둔 위치가 바뀌기 전까지 이곳에 미 제1군단이 주둔했기 때문입니다. 군단 앞 건널목 근처에는 신촌 건널목이 있는데, 이 근처의 기지촌이 〈신촌〉이라고 불렸음을 알려 줍니다. 인천 부평의 애스컴시티 주변의 기지촌도 신촌이라고 불렸지요. 이제는 〈신촌〉이라고 하면 대부분의 사람들이 서울의 신촌을 떠올리지만, 6·25 전쟁이 끝난 뒤 한참 동안은 신촌이라고 하면 미군 기지촌을 일반적으로 가리키던 시절이 있었습니다.

　이후 열차는 경원선과 합류해서 의정부역에 들어가고, 의정부역에서 경원선을 따라 북쪽으로 두 번째 정거장인 녹양역에서는 또 다른 미군 군용 철도인 39보급선이 갈라져 나갔습니다. 이 철로들이 북한으로부터 수도권을 지키는 라이프 라인이었습니다.

(위) 일영역

(아래) 장흥역 역전 마을의 경관

(가운데) 장흥역

(위) 교외선 온릉역의 2001년 일영 자갈선 경관　　(아래) 일영 자갈선 주변에 형성된 옛 상가 건물들
ⓒ 류기윤

(위) 곡릉 2교 주변의 경관   (아래) 교외선 송추역 주변의 경관

(위) 송추역 인근에 들어선 고층 아파트 단지　　　(아래) 송추역-가릉역 구간의 경관

(위) 송추역에서 확인하는 불굴의 텃밭 정신

(가운데) 교외선 신촌 건널목

(아래) 군단 앞 건널목

1945년 8월 15일에 실현 가능했던 또 하나의 미래를 상상하다

이처럼 오늘날의 한반도에서 대서울 북부는 군사 지대로서의 성격을 짙게 띠고 있고, 교외선을 건설했을 때 기대했던 주거 기능의 분산은 여전히 잘 실현되지 않고 있습니다.

그러나 분단과 6·25 전쟁이 일어나지 않았다면 가능했을 세계에서는 한반도 동남부 지역의 정치적 중요성이 지금보다 적었을 터입니다. 부산은 전쟁 후에도 유사시를 대비한 예비 수도로서의 기능을 유지했고, 동남권 공업 벨트의 조성도 북한과 가장 먼 지역에 공업 단지를 조성한다는 의미를 띠었습니다. 따라서 6·25 전쟁이 없었다면 부산권은 한국 제2의 대도시권이 되지 않았을 가능성이 있습니다. 식민지 시대에 부산은 일본과 가장 가까운 도시로서 성장한 바 있지만, 결코 다른 도시들에 비해 절대적 우위를 지닌 것은 아니었습니다.

그 대신 1936년에 영등포를 편입한 경성이 1939년부터 인천과 하나의 도시로서 기능하는 〈경인 메트로폴리스〉 계획이 1950~1960년대에는 실현되었을 것입니다. 이에 따라 〈경인 메트로폴리스〉를 도는 대순환 철도 노선들이 실제 역사에서처럼 폐선되는 대신 20세기 후반의 경부선 수준으로 확충되고, 고속도로 역시 서울-부산 간 경부고속도로가 아닌 이 순환 노선을 중심으로 놓였을 터입니다. 이들 20세기 중기의 동서 간 철도가 사라지면서, 대한민국의 발전은 서울-부산, 서울-목포, 서울-인천이라는 선형을 따라갈 수밖에 없었습니다.

20세기 초에 형성된 서울 중심의 X 자 라인 철로, 그리고 20세기 중기에 부설되기 시작한 서울 순환 철도와 제2경부선으로서의 중앙선. 이 두 가지 철도 건설 계획은 한반도 내부의 서로 다른 발전 방향 가능성을 제시했습니다. 일본의 패전과 한반도의 분단 및 6·25 전쟁은 이 두 가지 가능성 가운데 첫 번째를 한국 시민들에게 선택하게 했습니다.

제3장
대서울을 넘어

11
수원권에 대하여:
서울에서 오산까지

대서울 동남부의 철도와 도로

이 책의 마지막 부분인 대서울 동남부 지역을 살필 차례가 되었습니다. 이 지역의 핵심 축은 경부선, 그중에서도 수도권 전철 1호선 구간입니다. 여기서는 서울역-천안역을 따라 내려가면서, 수원에서 갈라져 나가는 수원-여주 간 수려선과 수원-인천 간 수인선, 천안에서 갈라져 나가는 천안-안성-장호원 사이의 경기선(안성선)과 천안-신창, 그리고 그 너머의 장항선을 더불어 살펴려 합니다. 대서울 동남부의 새로운 축이 되고 있는 KTX와 SRT, 그리고 경부고속도로에 대해서도 언급하겠습니다. 분량이 많아서 세 장으로 나누어, 이번 11절에서는 서울에서 오산까지, 12절에서는 수원에서 동쪽 용인과 서쪽 인천으로 운행하던 수려선과 수인선, 13절에서는 대서울의 남쪽 끝인 평택, 천안, 아산, 안성을 다루겠습니다.

이 장의 첫 번째 사진은 1930년대 전반기에 조선 총독부 철도국에서 발간한 『조선 여행 안내』 팸플릿입니다. 이 팸플릿이 발간되었을 시점에는 아직 수인선(1937년 개통)과 중앙선(1939년 개통)이 개통되지 않아서 이 지도에 노선이 표시되어 있지 않은 점이 아쉽습니다. 그럼에도 불구하고 이 지도를 소개하는 이유는 수려선의 수원-여주 구간

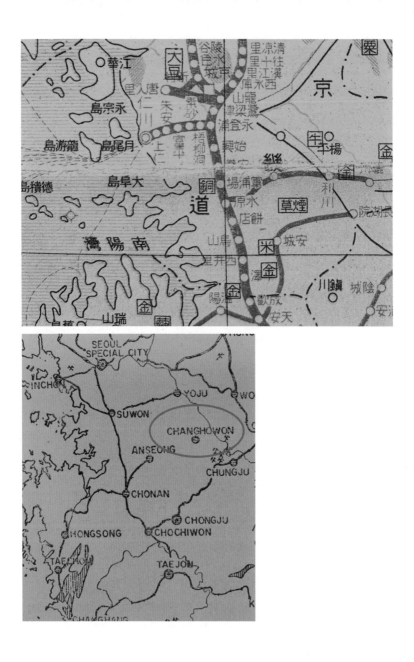

(위) 조선 총독부 철도국, 『조선 여행 안내』에   (아래) 장호원이 표기된 지도(『울산 공업 지역의
보이는 경부선 경성-천안 구간, 1930년대 전반   경제지리학적 고찰』수록)

과 경기선의 천안-안성-장호원 구간이 모두 표시되어 있기 때문입니다. 특히 경기선 안성-장호원 구간은 제2차 세계 대전 말기에 일본 정부가 군수 물자를 만들기 위해 철로를 걷어 가는 바람에 운행이 중지되었습니다. 광복 후에도 경기선 천안-안성 구간만 운행됐기 때문에 광복 후의 자료에도 안성-장호원 구간은 표시되지 않은 경우가 많습니다. 원래 경기선은 장호원부터 원주 등의 지역까지 선로를 연장해서 중앙선과 만나게 할 계획이었다고 합니다만, 연장은커녕 노선이 줄어들었지요.

다만, 언젠가 안성-장호원 구간이 부활하리라는 기대가 많은 것 같습니다. 1966년에 출판된 『지산 선생 화갑 기념 논문집』에 수록된 「울산 공업 지역의 경제지리학적 고찰: 특히 입지 요건을 중심하여」에는 그 당시의 철도 노선이 모두 표시되어 있는데, 이 시점에 철도가 없던 장호원이 굳이 지도에 표시되어 있습니다. 이 지도를 보면 아시겠지만, 장호원에서 원주는 가깝습니다. 장호원 위의 수려선 여주도 원주에서 가깝지요. 이 지도를 포함한 논문이 발표된 6년 뒤인 1972년에 수려선은 폐선됩니다. 이런 의미에서 수려선과 수인선, 장호원을 굳이 포함한 경기선과 장항선을 모두 표시한 이 지도는, 대서울 동남부의 철도 시스템을 보여 주는 흥미로운 자료입니다.

대서울 동남부의 핵심 축인 한양-시흥(서울시 금천구 시흥동)-안양-의왕-수원-화성-오산 축은 조선 시대의 국왕 정조가 아버지 사도 세자의 무덤을 오늘날의 화성시 안녕동 지역으로 이장하고, 지금의 수원시 화성 지역을 신도시로 개발하며, 중화권의 성인으로 존경받는 공자의 후손으로서 조선 전기에 관료를 역임한 공서린(1483~1541)의 사당인 궐리사(오산시 궐동)를 1792년에 세움으로써 확립되었습니다. 이를 수원로라고 합니다. 서울 금천구 시흥동과 안양 만안구 석수동이 만나는 경계 지역에 위치한 화성 여인숙은, 시흥대로-경수대로가

(위) 서울 금천구 시흥동의 화성 여인숙

(아래) GTX-C 노선의 의왕역 정차를 주장하는
플래카드

서울(한양과 시흥)과 화성(옛 수원군·화성군)을 잇는 길이었음을 보여
주는 도시 화석입니다. 이 화성 여인숙은 근처의 시흥 산업 용재 유통
센터·중앙 철재 종합 상가를 비롯한 공업 지대를 드나드는 상공인들
을 대상으로 영업하는 곳으로 보입니다. 수원로가 간선 도로가 된 자세
한 과정에 대해서는 고동환 선생의 『한국 전근대 교통사』(들녘, 2015,
94~95면)를 참고하시기 바랍니다.

정조 이전에 수원은 오늘날의 화성시 동부를 가리키는 지명이었
고, 서울에서 수원으로 가는 간선 도로는 서울-안양-수원 노선이 아
닌 서울-과천-수원 노선이었습니다. 그러다가 정조가 사도세자의 죽
음에 책임이 있는 인물의 연고지인 과천을 피하기 위해, 또는 과천보다
평탄한 길을 따르기 위해 서울-안양-수원 노선을 택하면서 대서울 동
남부의 축이 바뀝니다. 이 길은 사실 그전부터 존재하던 경성-노량진-
시흥-안양리-갈산전로(안양시 평촌동)-벌사근천점(의왕시 고천동)-
수원 노선을 신작로로 정비한 것입니다. 하지만 정조가 이 길을 중시하
면서 그 이후에는 서울에서 수원으로 갈 때 과천이 아닌 안양을 통과하
게 되었고, 이 길을 따라 1905년부터 경부선 철도가 운행됐으며, 1번
국도도 이 라인을 따릅니다.

수원로가 확립되면서 서울-과천-수원 노선이 상대적으로 쇠락한
것은 물론이려니와, 서울에서 동래·부산으로 가는 간선 도로이던 서
울-성남-용인-충주의 영남대로도 타격을 입습니다. 경기권의 영남대
로는 1960년대에 영동 개발과 경부고속도로 건설이 이루어져 〈강남〉
이 탄생하고 1989년부터 분당 등의 신도시 개발과 함께 〈강남의 확장〉
이 시작되면서 예전의 중요성을 되찾았다고 할 수 있습니다. 2016년에
개통된 수서 고속철도(SRT)도 〈확장 강남〉에서 중요한 역할을 맡고
있지요. 다만, 한국이라는 나라를 전체적으로 본다면 SRT는 아직 경부

(위) 의왕 철도 관사의 2019년 3월 모습

(가운데) 의왕 철도 관사의 2020년 7월 모습

(아래) 영등포역 위령비

선·KTX의 부차적 기능을 담당하는 수준에 머무른다고 하겠습니다.

한편 수도권 전철 1호선 구간 가운데 서울역부터 금천구청역까지의 서울시 영역, 그리고 안양·군포·의왕에 대해서는 『서울 선언』과 『갈등 도시』에서 여러 차례 말씀드렸습니다. 특히 의왕시의 원형 가운데 하나인 의왕역 동쪽의 삼동 지역 철도 관사 단지는 식민지 시기에 경성 용산 지역으로 출퇴근하는 철도원들을 위한 숙소였고, 단지 동쪽의 산에서 기른 젖소의 우유를 용산역 동쪽의 철도 병원에 공급했다고 말씀드렸습니다. 이처럼 경성부터 의왕까지는 식민지 시기에 이미 철도로 출퇴근이 가능한 권역이었던 것이지요. GTX-C 노선의 의왕역 정차를 주장하는 플래카드가 역 앞에 걸려 있고, 옛 철도 관사 곳곳에는 재개발 반대 플래카드가 붙어 있어서, 이 지역이 여전히 대서울화 과정에서 갈등 도시의 양상을 보이고 있음을 짐작게 했습니다.

이 지역의 철도 관사들 가운데 가장 인상적인 건물을 똑같은 구도로 계속 촬영하고 있는데, 2019년 3월과 2020년 7월의 사진을 비교하면 재개발 반대 플래카드가 빛바랜 데에서 시간의 흐름을 느낄 수 있습니다. 여전히 플래카드를 걷어 내지 않은 것으로 보아, 이 지역의 재개발 움직임은 현재 진행형임을 짐작할 수 있습니다. 사실 이 건물은 카페 등으로 잘 가꾸면 지역의 명소가 될 것이라는 기대를 하고 있습니다. 부디 재개발로 사라지지 않기를 기원해 봅니다.

그런데 옛 의왕 부곡 철도 관사 단지와 서울 지역의 인연은 이것뿐이 아닙니다. 관사 단지 남쪽의 한국교통대학교 의왕 캠퍼스 안에는 〈영등포역 위령비〉가 세워져 있습니다. 1946년에 영등포역에서 발생한 철도 사고의 희생자들을 추모하는 비석인데, 이 비석이 왜 의왕에 와 있는지를 설명하는 글이 비석 옆에 있습니다. 이 설명문에 따르면 〈1946년 11월 13일 17:50분경 서울발 천안행 통근 열차가 영등포역 구내 진입 중 입환 차량과의 충돌 사고로 사망한 42명의 영혼을 위로하기 위해 사고 2주년인 1948년 11월 13일에 운수부 직원 일동이 사고 현장에 세운 것〉이라고 합니다. 그런데 〈세월이 지나면서 위령비 자체가 민가의 담 안쪽에 위치한 현실적인 이유로 인해 위령비는 사람들의 뇌리에서 잊히고, 찾는 사람도 아는 사람도 없이 방치되〉는 결과를 낳고 말았습니다. 그래서 철도와 관련된 시설인 이곳으로 옮겨졌다는 것이지요. 이미 1946년에 서울과 천안이 경부선을 통해 통근·통학권을 형성하고 있었다는 설명도 주목됩니다. 이 위령비를 찾아가기는 쉽지 않을 터이므로, 여기에 비석 앞면 전체를 옮깁니다.

슬프다 병술(서력 일천구백사십륙년) 십일월 십삼일 초저녁 이곳에서 열차 사고로 말미아마 마흔두 사람의 존귀한 생명을 잃엇도다 일이 비록 뜻하지 않은 돌발사라고 하나 한번에 이 같은 많은 희생자를 낸 것은 일즉이 없든 변고라 유감됨이 진실로 그지없도다 더욱 죽은 이의 대부분이 청소년 학생들이엇슴을 생각할 때에 가슴 메여지는 느낌이 비할 데 없도다 그때 그 소동 속에서 스스로 몸을 던져 많은 학생을 구하고 자신은 드듸여 비참한 최후를 마친 한성공업학교 최재식 선생의 장렬하고 숭고한 행동은 우리들이 기리기리 흠모하고 숭앙할 배라 우리 운수부원은 스스로 챗죽질하야 앞으로 결단코 두 번 이런 변고가 없을 것을 굳게 긔약하거니와 이곳에 감히 변고를 당한 여러분의 영혼을 위로하는 비를 세워써 우리들의 미약한 정성의 만일을 표하노라
무자 십일월 십삼일 운수부 직원 일동

이처럼 〈두 번 이런 변고가 없을 것을 굳게 기약〉했음에도, 이 사고

로부터 24년이 지난 1970년 10월 14일에 아산 모산역 근처의 건널목에서 열차 사고가 발생해 서울 경서중학교 학생 등 45명이 사망하는 사고가 발생했습니다. 열차 사고는 아니지만 1963년 10월 23일에는 여주 조포 나루터에서 배가 침몰해 안양남초등학교 학생 등 49명이 사망했고, 50여 년 뒤인 2014년 4월 16일에는 세월호가 침몰해 299명이 희생되고 5명이 실종되는 사고가 발생했지요.

한국 농업의 거점이던 수원 서부

의왕까지가 대서울이고, 안양·의왕·군포는 하나의 권역으로 묶인다고 『갈등 도시』에서 말씀드렸습니다. 한국 도시 계획의 선구자인 박병주 선생은 1983년에 안양시가 이 세 지역을 단일한 안양 도시 계획 구역으로서 개발할 계획을 수립했지만, 의왕 포일 지구를 한국토지개발공사가, 군포 산본 지구를 대한주택공사가 택지 개발하는 바람에 세 도시가 갈라지고 말았다고 증언합니다.[1] 그 뒤 한국토지개발공사와 대한주택공사가 합병해서 LH가 되었으니, 얄궂은 일입니다. 사실 안양·의왕·군포는 의왕과 군포가 시로 승격하기 3년 전인 1986년의 신문 기사에서도 말하듯이 큰 틀에서 안양 분지라고 부를 수 있는 지역에 자리하고 있어서, 굳이 지금처럼 도시를 나눌 필요가 있을까 하는 의아함이 있습니다.

　　안양: 안양시는 관악산·수리산 등으로 빈틈없이 포위된 분지. 그래서인지 〈다른 위성도시에 비해 향토 의식이 아직도 강하게 남아 있는 편〉이라고 안양시 문화원장 김정대 씨는 말한다. 〈반(反)서울 반(半)서울〉이라는 말이 안양에서는 흔히 통용된다고 한다. 서울 중심의 일방적 문화 정책에 대해 반감을 가지면서도 어쩔 수 없이 서울 지향적으로 되어 버린 이곳의 실정을 극명하게 표현해 주는 말이다.[2]

(위) 포도원 사거리에서 바라본 지지대 고개　　　(아래) 삼풍 수영장의 미끄럼틀

(위) 노송 지대

(가운데) 푸른 지대 어린이 공원

(아래) 『조선일보』, 1970년 8월 8일 자, 「포도가
익어 가는 계절」 삽화

안양·군포·의왕이 서로 경계를 접하는 포도원 사거리에서 남쪽을 바라보면, 조선 국왕 정조가 융건릉에서 돌아오는 길에 아쉬움에 걸음을 멈추었다는 지지대 고개가 바라보입니다. 이 고개를 넘어가면 수도권 주민들에게 친숙한 관광지였던 이목리 노송 지대, 그리고 고기를 구워 먹을 수 있는 수영장으로 유명했던 삼풍 농원이 나타납니다. 지지대에서 내려오면 보이는 수영장 미끄럼틀 꼭대기에 적힌 〈삼풍 한국식 식당〉이라는 광고 문구가 인상적인 삼풍 농원의 식당은 여전히 영업을 하고 있지만, 수영장은 지금도 영업을 하는지 잘 모르겠습니다. 수원의 제 또래 어린이라면 모르는 사람이 거의 없다는 삼풍 수영장은 광교 수영장·원천 파도 풀장과 함께 수원의 3대 수영장으로 꼽히기도 합니다.

한편 도시 계획 연구자 박병주 선생이 전국의 도시를 다니며 스케치한 그림을 보면, 당시에는 노송 지대의 소나무 숲 사이로 자동차가 다녔다고 합니다. 선생은 이런 광경을 스케치로 남기며 다음과 같이 한탄했습니다. 〈쾌적한 보행 공간이어야 할 보도 시설의 정비는 매우 부실하며, 보존되어야 할 노송 관리도 소홀한 것만 같다. 또 보행 위주에다 일부 경량 자동차만이 허용되어야 할 가로에 중량 화물 차량마저도 질주하고 있으니 불쾌한 기분이 들게 마련이다.〉(84면) 다행히 현재는 보행만 허가된 상태로 보이고, 관리도 잘되고 있는 듯했습니다. 한국에는 고깃집 이름에 〈소나무〉가 들어가거나 가게 정문에 소나무를 그린 경우가 많은데, 이목리 노송 지대를 보고 난 관광객이 유명한 수원 갈비를 먹던 반세기 전의 풍습이 그 배경에 있을 터입니다. 『한국의 발견: 경기도』 「수원시」의 부제목이 〈그래도 그 쇠전엔 옛 모습이 넉넉하다〉인 것처럼 수원은 우시장(牛市場)이 유명해서 소고기 먹는 문화가 일찍부터 있었고요.

여름이 한창이던 1970년 8월 8일 자 『조선일보』 기사 「포도가 익

어 가는 계절」에서는 서울 시민들에게 수원의 이목리 노송 지대와 푸른
지대 과수원의 특징과 교통편을 자세히 소개하고 있습니다. 전국지 신
문이 서울 시민만 독자로 상정하고 기사를 쓴 듯한 부분은 불편하지만,
당시 서울 시민이 안양과 수원을 과수원이 펼쳐진 근교 농업 지대로 이
해하고 있었음을 보여 주는 대목은 흥미롭습니다. 이 기사에는 귀여운
삽화도 들어가 있어서 읽는 재미를 더합니다.

> 수원의 이름난 포도밭인 푸른 지대와 노송 지대는 푸른 숲과 노송
> 에 휩싸여 조용한 정원과도 같은 느낌을 준다. (⋯⋯) 푸른 지대
> 는 포도 외에도 자두가 일미. 농원 남서쪽을 가로지른 자두 밭에는
> 5백여 그루의 자두나무가 주렁주렁 붉게 익은 알을 가지가 휘어
> 지게 달렸다. 값은 접(1백 개)에 2백~3백 원. 포도 값은 안양과 거
> 의 차가 없으며 아직은 역시 남쪽 지방에서 가져온 것들이다. 이곳
> 에서 생산된 포도가 선을 보이려면 일주일쯤 기다려야 될 듯. 푸른
> 지대는 4만여 평의 농원에 울창한 숲이 들어서 있고 나무그늘마다
> 벤치가 마련되어 있다. 양식과 한식을 골라 먹을 수 있는 그린하우
> 스(2층 콘크리트 건물)는 이곳의 자랑. 가족과 함께 하루 휴일을
> 즐기기에 가장 적당한 곳이다.
> 　경부고속도로 수원 인터체인지 입구에 위치한 노송 지대는
> 새로 생겨난 포도밭으로 우수한 신품종의 포도가 수확 직전. 푸른
> 지대보다는 2, 3일 앞서 선을 보이게 될 듯. 이곳은 포도 외에도 늙
> 은 소나무가 2km의 거리에 줄지어 늘어선 풍치 지대. 소나무의 절
> 묘한 모습이 푸른 지대보다 더 인기를 끌게 한다. 수원을 찾는 사
> 람들은 푸른 지대에 가는 도중 이곳의 절경을 보고 도중 하차하기
> 도 한다.

서울과 경기도 사람들은 계층을 막론하고 수원 푸른 지대와 노송 지대의 과수원을 즐긴 것 같습니다. 김승옥의 소설『서울, 1964년 겨울』에는 아내와 살아생전 〈딸기철엔 수원에도 가고, 포도철에 안양에도 가고〉 했다는 추억을 두 명의 낯선 사람에게 말하는 남성이 등장합니다.[3] 또 1970~1980년대 공장 노동 운동 지도자로 유명했던 콘트롤 데이타 노동조합의 유옥순 부위원장은 노동운동을 위한 1박 2일 단합 대회를 열고 돌아오는 길에 〈수원 딸기밭에 들러 모두 생전 처음 배가 부르도록 딸기를 먹고 온 일〉을 가장 기억에 남는 일로 회상하기도 합니다.[4] 두 사례 모두 결코 부유하지 않은 사람들의 수원 딸기밭 이야기입니다. 태어나서 처음으로 딸기를 배부르게 먹은 것이 잊지 못할 기억이 된 분들의 이야기이지요.

수원 화성 박물관장 이달호 선생에 따르면, 푸른 지대와 노송 지대의 과수원은 〈서울을 오가는 대중교통의 확장〉에 힘입어 1970~1980년대에 큰 인기를 끌었다고 합니다. 〈1970년에는 장항선 특급 열차가 수원에 정차하게 되었고 경부고속도로가 개통이 되면서 1972년부터 유신 고속에서 운행하는 고속버스가 통행을 시작〉했습니다. 하지만 영동고속도로가 개통되자 사람들이 자가용을 타고 더 먼 곳으로 놀러 가게 되었고, 수원의 동쪽 지역인 용인군에 민속촌(1974)과 용인 자연 농원(1976)이 개장한 것도 타격을 주었습니다. 교통으로 흥했던 수원 서부의 과수원 지대는 교통으로 쇠한 것이지요.

게다가 앞에 인용한『조선일보』기사에서 〈아직은 역시 남쪽 지방에서 가져온 것들〉이 현지에서 수원산으로 팔린다고 스치듯 언급했듯이, 〈차떼기로 타지의 딸기를 수원 딸기로 둔갑시킨 일〉[5]도 수원 과수원의 명성을 떨어뜨리는 결과를 낳았습니다. 그렇게 수원 과수원은 사람들의 기억에서 잊혀 갔습니다. 오늘날 푸른 지대에는 황무지만 펼쳐져 있고, 주변 주거 지역에 지명으로서만 남아 있습니다.

안양 포도원과 수원의 푸른 지대 및 노송 지대 이외에도 서울시 근교의 경기도 지역에는 과수원이 많았습니다. 고양 일산 딸기밭, 태릉·개포동 배밭, 구리 교문리 딸기원, 소사 복숭아밭, 송내 포도밭 등이 특히 유명했지요. 이들 과수원이 사라진 것도 수원과 마찬가지로 교통의 발달, 그리고 경기도 지역의 도시화가 원인입니다. 수원 푸른 지대·노송 지대의 과수원이 사라진 것은, 큰 틀에서 보자면 경기도의 대서울화 과정에서 비롯된 자연스러운 결과라 하겠습니다. 수원의 과수원 업자들이 특별히 비난받을 일은 아니라고 생각합니다.

그런데 이달호 선생은 수원 서부에서 푸른 지대와 같은 명소가 탄생한 배경으로, 수원 서부에 자리한 농촌진흥청과 서울대학교 농과대학 등의 각종 농업 관련 기관을 거론합니다. 『한국의 발견: 경기도』「수원시」에서는 수원 서부에 자리 잡은 이들 기관을 좀 더 자세히 나열합니다.

일찌기 수원 땅의 농업을 진흥시키려고 만든 서호는 오늘에 와서는 나라 안의 농업을 두루 진흥시키는 데에 이바지를 하고 있다. 이 호수의 물길이 닿는 언저리에 나라 안에서 가장 중요한 농업 기관들이 죄다 몰려 있기 때문이다. 이를테면 서울대학교 농과대학, 농촌진흥청, 원예 시험장, 농업 기술 연구소, 농업 기계화 연구소, 맥류 연구소 같은 곳이 그것들이다. 이밖에도 농업하고는 뗄 수 없는 관계가 있는 축산 시험장, 잠업 시험장, 임목 육종 시험장 같은 기관들마저 그 언저리에 있음을 생각하면, 이곳이 농업 기술의 전진기지임이 한눈에 두드러진다고 하겠다.[6]

조선 국왕 정조는 수원 화성을 건설하면서 성의 사방에 동지(東池),

(위) 서호 북쪽의 농민 회관

(아래) 농민 회관 로비에 걸려 있는 박정희
대통령의 글

서호(축만제), 남지(만년제), 북지(만석거) 저수지를 조성하게 했습니다. 이 네 곳의 저수지 가운데 원형을 잘 유지하고 있는 것이 서호입니다.

이렇게 농업에 적합한 시설이 자리하고 있다 보니, 식민지 시기에는 서호의 서쪽에 권업 모범장이 세워졌고, 광복 후에는 농촌진흥청 등 여러 농업 관련 연구소와 행정 시설이 들어섰습니다. 그리하여 서호를 중심으로 한 수원 서부는 한반도 농업의 거점이 되었습니다.

2021년 현재도 수도권 전철 1호선을 타고 화서역에 들어서면 농업 거점으로서 수원 서부의 위용을 확인할 수 있습니다. 그 상징적인 존재가 1967년에 서호 북쪽에 세워진 농민 회관입니다. 화서역에서 수원역으로 향하면 오른쪽에 보이는 독특한 건물이 농민 회관이지요. 이 건물 로비에는 박정희 대통령이 쓴 글이 걸려 있습니다.

　　우리의 후손들이 오늘에 사는 우리 세대가 그들을 위해 무엇을 했고 또 조국을 위해 어떠한 일을 했느냐고 물을 때 우리는 서슴치 않고 조국 근대화의 신앙을 가지고 일하고 또 일했다고 떳떳하게 대답할 수 있게 합시다
　　1967. 1. 17　대통령 박정희

박정희 대통령은 〈조국 근대화〉라는 이름의 〈신앙〉을 전 국민에게 주입하려 했고, 최우선 과제인 보릿고개를 해결하기 위한 〈혁명〉 본부로 수원 서부를 택했습니다. 식민지 시기의 권업 모범장이자 20세기 후기의 농촌진흥청의 정문 서쪽에는 1978년에 세운 〈녹색혁명 성취〉 기념탑이 서 있습니다. 박정희 정권 당시의 농업 정책에 대해서는 오늘날 여러 비판이 있지만, 저는 〈조국 근대화〉라는 〈신앙〉에 입각하여 한반도 역사에서 처음으로 보릿고개를 없앤 것으로 박정희 대통령은 할

서호 저수지와 그 관리동 앞에 세워진 비석. 접근이
불가능해서 언제 누구를 위해 세워진 것인지는
정확히 알 수 없습니다.

일을 다했다고 생각합니다. 그 공과 과는 후세 사람들이 비판적으로 계
승하면 될 일입니다. 〈녹색혁명 성취〉 기념탑 뒷면에 새겨진 〈탑 건립
경위〉를 인용합니다.

우리나라 녹색혁명의 선도는 1964년 3월 13일 농촌진흥청 대강
당에서 행하신 박정희 대통령 각하의 식량 증산 연찬 대회 유시에
서 비롯한 것이다. 그 핵심적인 이록은 〈20세기 후반에 들어선 오
늘, 세계의 모든 민족이나 국가는《자주》라는 목표의 달성을 위하
여 경제적 자립을 서두르고 있습니다. 그러나 경제적 자립은 식량
의 자급자족으로부터 이루어져야 한다는 것은 너무나 자명한 일
입니다. 우리의 식량은 우리의 힘으로 해결한다는 전례 없이 강
렬한 결심하에 범국민적인 일대 증산 운동을 전개하여야 하겠읍
니다. 결코 불가능한 일은 아닙니다. 반드시 이룩할 수 있는 과제
이며, 또한 반드시 이룩되어야만 하는 우리 민족의 활로인 것입
니다〉라고 강조하신 말씀이다. 이 뜻을 받드러 농촌진흥청은 국
제 미작 연구소의 협력하에 국내적인 산학 협동으로 획기적 다수
성인 통일벼의 개발 보급을 시초로 조생통일, 영남조생, 유신, 밀
양21·23호, 수원 264호, 노풍, 내경 등 15품종을 개발 보급한 결
과 1977년에는 쌀 생산 4000만 석을 돌파하고 단보당 평균 수량
도 494킬로그램에 달하여 세계 쌀 생산 역사상 최고 기록을 수립
하게 된 기념으로 동년 12월 20일 대통령 각하께서 녹색혁명 성취
라는 휘호를 내리셨다. 또한 품종 개발 보급에 대한 노고와 업적을
크게 치하하시고 특별 시상을 하셨는바, 그 수상자 중 14명이 뜻
을 모아 이 탑을 건립하게 되었으며, 1978년 5월 10일 장덕진 농
수산부 장관과 김인환 농촌진흥청장에 의해 제막되었다.

(위) 녹색혁명 성취 기념탑   (아래) 녹색혁명 성취 기념탑의 동판 두 장

위의 비문에는 〈유신〉이라는 벼 품종이 등장합니다. 통일벼가 밥맛이 없다는 세간의 비판에 대응하기 위해 1976년에 새로 개발된 품종인데, 첫해에 흉작이 되는 바람에 사람들이 〈유신이 실패했다〉고 할 수 없어서 소리 소문 없이 잊혔다고 합니다. 과학 사학자 김태호 선생의 『근현대 한국 쌀의 사회사』(들녘, 2017)에 통일벼·유신벼에 관한 흥미로운 내용이 가득 담겨 있으니, 관심 있는 분들에게 일독을 권합니다. 이 책에서는 통일벼를 개발한 농학자들의 자부심 어린 발언이 많이 실려 있습니다. 통일벼는 한국에서 재배되고 끝난 것이 아니라 중국과 동남아시아 등지로 수출되어 그 지역 주민들의 굶주림도 없앴다는 것입니다. 정치적으로 예민해서 지워져 버린 유신벼를 굳이 비문에 새겨 넣은 데에서, 그리고 쌀 품종을 연구하고 농민들에게 재배법을 설명하는 두 장의 동판(銅版)을 비석에 붙여 넣은 데에서, 〈녹색혁명〉의 거점으로 기능하던 이곳 수원 서부 지역 농학자들의 자부심이 느껴집니다.

녹색혁명 성취 기념탑 근처에는 이곳이 권업 모범장이던 시절에 제작된 비석들, 그리고 농촌 진흥 운동인 4H 운동 50주년 기념탑도 모여 있습니다. 서호공원에 산책 가신 분들께서는 이들 비석에도 한번 들러서, 농업 거점으로서의 수원 서부의 지난 100년 역사를 회고해 보시면 좋겠습니다. 여담이지만 수원 서부의 행락지였던 푸른 지대·노송 지대의 쇠퇴에 영향을 미친 용인 자연 농원도 애초에는 〈버려진 땅을 일구어 과학 영농과 축산 단지를 조성, 식량 증산에 기여하겠다〉[7]고 하여, 농업 혁명에 일조한다는 명분으로 개장했습니다.

이처럼 수원의 서쪽 지역은 대서울과는 구분되는 별도의 지역 중심이자, 동시에 한반도 농업의 일대 거점이었습니다. 한편 영통·광교 등 수원의 동쪽 지역은 확장 강남의 일부로 포함되었고, 강남은 수원 동부를 찍고 화성시 동탄, 오산시 서동탄, 평택 고덕·지제 등으로 계속

(위) 권업 모범장 시절의 비석들 　　　　　 (아래) 4H 운동 50주년 기념상

확장되고 있습니다. 현재 계획대로 경기도청이 수원 동부로 이전하고 나면 수원시의 무게 중심이 이동하는 것은 물론, 수원이 동부를 축으로 삼아 대서울의 남쪽 지역으로 확고히 자리하게 되리라 예상하고 있습니다. 이것은 수원이 동쪽으로 새로운 시가지를 건설하리라는 『한국의 발견: 경기도』 「수원」에서 한 예측이 실현된 것입니다.

> 이곳의 도시 공간은 이제 동쪽으로 뻗어 나갈 수밖에 없다고 판단하는 이들이 있다. 북쪽은 지지대 고개로 막혔고 남쪽에는 공군 기지가 자리 잡고 있으며 서쪽은 교통이 불편하기 때문이다. 그래서 수원시의 도시 계획은 동쪽 땅에 새로운 시가지를 건설하는 것을 뼈대로 삼고 있다. 멀게는 수원시의 경계가 원천 유원지를 끼고 동쪽의 용인군 땅을 먹어 들어갈 채비를 이 계획이 차리고 있다고도 할 수 있다.[8]

여기서 말한 것처럼 수원시는 1983년에 용인군 수지면 이의리와 하리를 편입했고, 이의리(이의동)와 하리(하동)는 광교 신도시가 되었습니다. 수원시가 용인군의 서쪽 땅을 〈먹어 들어〉가서는 신도시를 만든 것이지요. 이렇다 보니 2010년대에 수원시가 주변의 용인시·의왕시·화성시와 행정 경계를 조정할 때에도 주변 시가 반발해서 어려움이 많았다고 합니다. 이에 대해 수원시 관계자는 〈용인시나 화성시 모두 영통 지구 형성 당시 일부 지역이 수원시에 편입된 사례가 있었기에 피해의식이 있었는지도 모른다〉라며 반발의 원인이 수원 측에 있음을 인정하기도 했습니다.[9]

이렇게 용인군에서 수지면의 일부 지역을 수원시에 편입시키고 남은 지역은 현재 용인시 수지구의 수지 신도시가 되었는데, 수지구도

(위) 신풍초등학교의 20세기 중기 건물인 강당

(아래) 신풍초등학교 동문회의 호소문

용인시에서 수원시로 넘어가지 않을까 걱정하는 분들도 있는 듯합니다. 최근 용인시 수지구 동천동·고기동에서 향토사를 연구하는 머내여지도 팀이 제작한 비공개 자료집 및 팀원들의 말에 따르면, 이 지역 사람들은 용인시 처인구의 김량장은 거의 이용하지 않았고 주로 수원장과 안양장을 이용했으며, 부수적으로 성남시 판교 지역의 낙생장도 이용했다고 합니다. 그리고 오늘날에는 용인-서울 고속도로를 통해 곧바로 서울 강남 지역과 연결되었지요. 용인시의 동쪽에 자리한 처인구 김량장 지역과의 관계는 여전히 긴밀하지 않은 것으로 보입니다. 수원에서 용인, 이천을 거쳐 여주까지 가는 수려선 철도가 이 지역의 근처를 지나갔기에, 수려선을 통해 수지 지역과 김량장 지역이 관련을 맺게 되지 않았을까 싶었지만 그럴 가능성은 크지 않다는 사실도 확인했습니다. 이 팀이 집필한 책이 2021년 내에 출판된다고 하니, 책이 출판되고 나면 수원과 용인 사이에 끼어 있는 수지 지역의 교통 결절점으로서의 정체성이 드러나게 되리라 생각합니다.

이렇게 해서 수원-여주 간 수려선과 수원-인천 간 수인선에 대해 말씀드릴 타이밍이 되었습니다. 최근 화성 안팎이 사적지로서 정비되고 고등동·세류동·매교동·인계동 등의 수원역 주변 구도심이 재개발되면서, 머지않은 시점에 수원 원도심과 구도심의 모습이 많이 바뀔 듯합니다. 화성 안에 있던 신풍초등학교는 그 자체로도 문화재 가치가 있는 공간이었지만 화성을 정비하는 과정에서 폐교되었지요. 2019년에 이곳을 답사했을 때에는, 학교 동문들이 정문에 내건 호소문을 보았습니다. 〈역사는 역사가 이루어진 현장에 영원히 살아 숨 쉬어야 한다〉라는 지당한 말도, 멸망한 조선 왕조의 흔적을 부활시키겠다는 정념 앞에서는 통하지 않았던 듯싶습니다.

(위) 화성 안에 자리한 유서 깊은 금보 여인숙　　　　(아래) 화성 안에 자리한 종로 청과물 시장

(위) 화성 안에 자리한 종로 청과물 시장

(아래) 1934년에 간행된 『우체국의 명소
스탬프』에 실린 수원 우체국 기념 스탬프. 화성의
화홍문과 방화 수류정을 테마로 도안했다고
합니다.

우리 전 신풍인은 역사는 역사가 이루어진 현장에 영원히 살아 숨 쉬어야 한다는 데 뜻을 모아 행궁 복원에 지장을 주지 않는 범위 내에서 123년 전통과 역사의 현장 보존을 위한 운동을 펼치고 있습니다.

화성 안의 옛길 주변에 지난 100년간 생겨났던 건물과 블록들도 마찬가지로 조선 시대에 밀려 사라지고 있습니다. 『한국의 발견: 경기도』에 등장하는 수원 우시장이 원도심·구도심에서 빠져나간 지는 이미 오래지만, 이제 근대와 현대 초기 수원의 모습도 사라지려 하고 있습니다. 다행히 수원에는 자기 고장의 문화와 역사를 사랑하는 분이 많이 있어서, 이러한 변화들이 잘 기록되어 후세에 전해질 것 같습니다. 모든 지역이 다 수원 같지는 않지요.

하나의 권역으로서의 수원, 화성, 오산

수원 서부는 조선 시대의 수원로를 기반으로 하는 전통적인 축임에도 불구하고, 동부에 비하면 도시화가 늦습니다. 가장 큰 이유는 군 공항 때문입니다. 서울의 김포공항이나 성남의 서울공항 주변도 항공기 소음이 심하지만, 이곳 수원 비행장과 평택의 오산 공군 기지는 전투기들이 쉴 새 없이 이착륙하기 때문에 소음의 정도가 김포공항이나 서울공항에 비할 바가 아닙니다.

이 때문에 수원시는 서부 지역을 개발하기 위해 수원 비행장을 평택·아산시와 인접한 화성시 서남부로 옮기는 방안을 제안한 상태이고,[10] 이에 대해 화성시 측은 전면적인 대항 태세를 취하고 있습니다.[11] 외부인의 입장에서는 수원시와 화성시가 원래 하나의 생활권이기도 하고, 민·군 통합 공항을 화성시가 보유하는 것도 나쁘지 않은 듯합니다만, 현지인이 아니니 무어라 언급할 일은 아니겠지요.

　서울 사대문 안에서 시작된 정조의 공간 재배치 계획은 오늘날의 수원시 화성, 화성시 융건릉, 오산시 궐리사에서 끝납니다. 〈수원의 정체성을 온전히 이해하려면 융건릉과 궐리사, 독산성 등 수원 주변 도시에 있는 유적에도 관심을 가져야 한다〉[12]는 한 수원 시민의 주장처럼, 이 세 도시는 여전히 〈수원권〉이라 불릴 하나의 생활권을 이루고 있습니다. 세 도시를 잇는 20번 버스 노선이 이 생활권을 시각적으로 보여 줍니다. 정조가 수원 화성을 건설하면서 사방에 조성한 네 개의 저수지 가운데 남쪽에 있는 만년제가 이곳 융건릉·병점역 근처에 있는 것도 상징적입니다. 다만 만년제는 소유주가 일부를 매립하는 등의 수난을 겪으면서, 오늘날에는 저수지로서의 원형을 찾기 힘든 상태입니다.[13]

　정조가 융건릉을 오늘날의 화성시에 조성하면서 이 지역의 도시 기능이 수원 화성으로 옮겨 갔고, 이 수원 화성 안에 수원군 청사가 있었습니다. 또 화성 군청은 한동안 오산에 있었습니다. 이렇게 어지러이 얽힌 상호 관계가 이들 세 도시를 하나의 생활권으로 묶고 있습니다. 오늘날에는 수원 영통·광교 신도시, 화성 동탄 신도시, 오산 세교 신도시가 확장 강남의 일부로서 또다시 긴밀한 관계를 맺기 시작했고요. 원래는 독립된 생활권을 가지고 안산 지역과 관련을 맺던 남양군이 엉뚱하게 화성시에 편입되는 바람에, 화성 생활권의 일부인 화성시 동부와 어색하게 공존하고 있다는 느낌이 듭니다. 그 어색한 관계를 해소하기 위해 화성 군청＝화성 시청이 옛 남양군의 중심지였던 남양읍으로 옮겨 간 것이겠지요.

　병점(餠店)은 〈떡 가게〉라는 이름을 갖고 있지만 주변에 유명한 떡 가게 골목은 없는 듯한 곳으로, 병점역을 사이에 두고 서로 다른 모습을 보입니다. 병점역과 서쪽 융건릉 사이에 자리한 송산동은 〈화성군 태

(위) 화성시 송산동의 경관   (아래) 병점역 입구의 떡살 무늬

중미령 공원의 유엔군 초전 기념비

(위) 공자의 후손을 모시는 궐리사

(아래) 한때 화성에 공장을 두었던 인켈에서
나누어 준 〈화성군 오산읍 궐리〉 문패

안면 송산리〉 시절의 옛 모습을 짙게 남기고 있는 반면, 병점역 동쪽으로는 동탄 신도시가 빠르게 접근하면서 옛 역전 마을의 경관이 해체되고 있습니다.

화성시 남쪽의 오산시는 경부선 세마역, 오산대역, 오산역을 중심으로 형성된 도시라고 할 수 있습니다. 세마역 주변은 원래 유서 깊은 군사 요새인 독산성과 6·25 전쟁 당시 유엔군이 첫 전투를 벌인 죽미령이 있는 곳으로 잘 알려졌었는데, 요즘에는 동탄 신도시의 영향권에 들어 급속히 도시화가 진행 중인 지역으로서 더 유명해진 것 같습니다.

오산대역에서는 정조의 공간 구성에서 가장 남쪽에 해당하는 궐리사(闕里祠)가 가깝습니다. 공자의 후손을 모시는 사당인 이곳은 〈절 사(寺)〉가 아닌 〈사당 사(祠)〉를 쓰는데, 부처님 오신 날에 절인 줄 알고 갔다가 허탕하고는 지도 앱에 최하 별점을 매긴 사람들이 있더군요. 〈여긴 절이 아닙니다〉라는 코멘트와 함께. 궐리사에 낮은 별점이 매겨져 있기에, 공자 사당이라서 민족주의자들이 그랬나 싶어서 클릭했다가 당황했습니다. 아무튼 궐리사가 유서 깊은 시설이다 보니, 주변에도 〈화성군 오산읍 궐리〉 시절부터 형성된 옛 블록과 건물들이 적잖이 눈에 띄었습니다. 여기까지가 조선 시대의 범(凡) 수원 권역이라고 할 수 있습니다.

궐동에서 오산천을 건너 남쪽으로 내려가면 경부선 오산역의 역전 마을로서의 성격을 띤 오산동이 나타납니다. 오산동에는 오산 사장(烏山寫場)이라는 고풍스러운 이름의 사진관과 금성 종묘사가 자리한 골목처럼 곳곳에 옛길과 건물이 남아 있어서, 정조의 계획에 포함된 궐리사를 넘어선 곳에서 경부선이 어떤 도시 경관을 만들어 냈는지를 확인할 수 있습니다. 조선 시대부터 존재하던 오일장이 경부선을 만나면서 폭발적으로 성장한 것이지요.

이렇게 전근대와 근대가 맞물려 도시화를 이룬 오산 역전 마을의

(위) 오산 시장과 금성 종묘사가 자리한 옛길   (아래) 오산 오색 시장의 경관

(위) 오산 감리교회　　　　　　　　　(아래) 오산역 서쪽의 계성 제지 공장

(가운데) 오산역 근처의 정미소

(위) 유엔군이 6·25전쟁에서 첫 전투를 벌인
죽미령에서 바라본 동탄 신도시

(아래) 궐리사 주변에 형성된 궐동의 하천변
마을에서 바라본 동탄 신도시

상징적인 건물이 오색 시장 한가운데 자리한, 1954년에 미군이 화강석으로 튼튼하게 지어 준 오산 감리교회입니다. 2021년 5월 현재는 코로나19의 유행을 막기 위해 외부인의 출입이 차단된 상태입니다. 오산역 근처의 정미소와 정비가 많이 진행된 여인숙 블록, 오산역 서쪽의 주거 지역, 그리고 계성 제지 공장 건물 등도 인상적입니다. 한편으로 중국 출신자들을 상대로 하는 가게와 이슬람 사원은, 외국인 노동자와 이민자들이 경부선과 경인선을 이용해 한국 구석구석에 정착하고 있음을 확인하게 해줍니다.

확장 강남: 〈갈〉과 〈탄〉의 도시를 지나 평택과 아산까지

경부선 또는 수도권 전철 1호선을 타고 서울역부터 오산역까지 살펴보았습니다. 한편으로 20세기 후반의 경부고속도로와 21세기 초의 SRT라는 새로운 길이 등장하면서 대서울의 동남부에 〈확장 강남〉이라 불리는 새로운 공간이 퍼져 나가고 있습니다. 이 확장 강남이 어디까지 확산될지, 그리고 이것이 어떤 사회 문화적 경관을 만들어 낼지에 대해서는 수많은 분이 발언을 하고 있습니다. 주로 경부선을 따라 남쪽으로 내려가면서 동쪽에 고층 아파트 단지들이 보일 때마다 〈강남이 여기까지 확장되었구나〉 하고 놀라고는 합니다.

　　도시 설계의 선구자인 박병주 선생은 『한국의 도시』에서 철도와 도로의 상호 관계를 이렇게 설명하고 있습니다.

　　수원 시가지 확장의 과정을 보면 깊게 생각해 봐야 할 과제가 있다. 즉 1970년 이후 자동차 교통의 폭주로 시가지 발전 때 철도를 외면할 수 있었는데, 오늘과 같은 자동차 홍수의 시대를 맞고 보니 이제는 다시 철도의 매력이 재평가되었고, 특히 전철의 존재가 더

욱 뚜렷이 각광받게 되었다는 점이다.[14]

20세기 전반기에서 중반기에 걸쳐 도시화를 촉진하던 길은 철도였습니다. 그러다가 고속도로와 자가용으로 상징되는 도로가 대두하면서 철도의 중요성은 감소했고, 도시는 주로 도로를 통해 확장되는 모습을 보였습니다. 그러다가 경전철, KTX, SRT, GTX 같은 다양한 철도가 등장하면서, 도시를 성장시키는 철도의 역할이 다시금 커지고 있습니다.

서울 강남이라는 도시 형태를 대서울 동남부로 확장하는 두 개의 축은 경부고속도로·용인-서울 고속도로 등의 도로, 그리고 수도권 전철 8호선·분당선·신분당선·SRT 같은 철도입니다. 이 가운데 최근 급격히 중요성이 커진 것이 SRT입니다. SRT가 출발하는 수서역 주변은 쟁골 마을이니 교수 마을이니 하는 작은 마을과 비닐하우스 농업, 그리고 고층 아파트 단지가 공존하는 복잡한 시층을 보입니다. 강남이 워낙 빠른 속도로 도시화하다 보니 여러 시간대의 공간이 엉켜 버린 것이지요.

수서역에서 출발한 SRT 열차는 〈강남 4구〉를 자처하는 성남시 분당구를 관통하고 나서 용인시 신갈동과 상갈동을 지납니다. 그리고 이 두 동의 동쪽에는 구갈동이 있지요. 이 세 〈갈〉을 지난 SRT는, 화성시 동탄과 평택시 송탄의 두 〈탄〉을 지나 평택시의 지제역에서 수도권 전철 1호선과, 그리고 아산시의 천안아산역에서 KTX와 만납니다. 그 과정에서 동탄 신도시, 고덕 신도시, 지제 신도시, 배방 신도시 등을 통과합니다.

이 구간에서 중요한 것이 삼성전자의 위치입니다. 삼성전자 본사(수원 영통구 매탄동)와 기흥(용인시 기흥군 농서동)·화성 사업장(화성시 반월동)은 경부선과 SRT 사이에 위치하고, 평택 사업장(평택시 고덕면 여염리)과 온양 사업장(아산시 배방읍 북수리)은 경부선·KTX·SRT가 거의 나란히 달리다가 만나는 송탄역-천안아산역

을 따라서 자리하고 있습니다. 이렇게 보자면 삼성전자와 철도는 앞서
거니 뒤서거니 하며 강남의 확장을 이끌고 있다고 하겠습니다. 특히 삼
성전자 평택 사업장과 온양 사업장이 각각 오산 공군 기지와 캠프 험프
리스의 남쪽에 자리한 점에 저는 주목합니다. 확장 강남이 미군 기지를
뛰어넘어 더 남쪽으로 내려갈 것으로 예측되기 때문입니다.

　이처럼 서울 영동 개발보다 더 빠른 속도로 강남이 대서울 동남부
로 확장하다 보니, 여러 시대의 도시 화석들이 임팩트 강한 시층을 만
들어 내는 모습을 이들 지역에서 쉽게 발견할 수 있습니다. 용인시 수
지구 동천동에서는 조선 시대의 영남대로가 경부고속도로에 끊긴 채
로 100미터 정도 남아 있다는 사실을 이 지역의 시민 단체인 머내여지
도 팀에서 확인했고, 동천동의 조금 남쪽인 신봉동에서는 이 지역이 농
업 지대였던 시절의 창고군(群), 그리고 전원주택 단지로 계획되었다
가 폐기된 것으로 보이는 마을의 폐허가 용인-서울 고속도로 옆으로
펼쳐져 있습니다. 병점역 서쪽에 조성 중인 화성 태안 3지구 택지 개발
사업에서는 옛 공장 건물과 고층 아파트 단지가 인상적인 경관을 만들
어 내고 있습니다.

　하지만 대서울 동남부에 강남이 확장되면서 만들어 낸 가장 극적
인 경관은 화성시 봉담읍 상리에서 볼 수 있습니다. KTX를 타고 남쪽으
로 향하다가 이 즈음에서 왼쪽을 바라보면 폐 관사 건물들이 언덕에 줄지
어 서 있는 모습을 볼 수 있습니다. 이곳은 화성시 봉담읍에 위치했던 삼
보 광산의 노동자들이 머무르던 탄광촌이었습니다. 1910년에 개발되어
1991년까지 영업했지만 중금속 오염이 너무 심해서 결국 폐광됐고, 여
전히 오염 제거 작업이 진행 중입니다. 이곳에서 재배된 쌀은 광산에서
흘러나온 중금속에 오염되었을 것으로 추정되는데, 그 가운데 〈일부는
공공 비축미로 군부대와 학교에 공급〉된 것으로 알려져 있습니다.[15]

(위) 삼보 광산 숙소에서 바라보는 KTX　　　　(아래) 공사가 중단된 상리 터널, 2019년 12월

(위) 용인 수지구 신봉동의 폐허가 된 마을　　　(아래) 용인 수지구 신봉동의 옛 창고군

삼보 광산이 폐광되고 5년 뒤인 1996년, 이 일대가 광산 지역인 줄 모르고 KTX 공사를 하면서 터널을 뚫다가 안전 문제가 제기되었습니다. 갱도가 복잡하게 얽혀 있다 보니 터널이 붕괴할 위험이 있다는 것이었습니다.[16] 결국 KTX는 이 지역을 우회하게 됩니다.[17] 삼보 광산의 갱도가 뒤늦게 발견되는 바람에 KTX 노선이 변경되고 나서 10여 년이 지난 2008년, 공사가 중단된 터널 지역의 소유주로 보이는 분이 블로그에 이런 글을 올렸습니다.

〈상리 터널 활용하실 분 찾습니다.〉 경기도 화성시 봉담읍 왕림리 소재 동굴 소유자입니다. 경부 고속철도 공사 중 지하 탄광으로 인한 안전도 문제가 제기되어 철도 노선이 변경이 되었습니다. 주변 임야를 포함한 7,000여 평의 임야가 야산으로 활용이 가능합니다. 사당-의왕-봉담 고속도로 종점 부근으로 교통의 접근성이 아주 좋고 현재 동탄 신도시와 연결되는 고속도로로 공사가 한참 진행 중에 있습니다.[18]

이렇게 홍보를 해서 임차인을 찾은 것인지는 모르겠지만, 제가 이 지역에 답사 갔을 때에는 창고로 사용되고 있는 것으로 보였습니다. 20세기 전기~중기에 건설되거나 사용되다가 노선이 바뀌어 폐기된 재래선의 철도 터널을 활용해서 와인이나 젓갈을 숙성시키는 일은 흔하지만, 이렇게 고속철도를 건설하다가 업무 착오로 인해 폐터널이 발생하고 뒤늦게 발견한 경우는 세계적으로도 흔치 않을 것입니다. 현대 한국에서는 1991년에 일어난 일을 1996년에 모르게 되어 이렇게 낭패를 겪고는 합니다. 10년도 안 된 과거가 잊힐 정도이니, 20년쯤 지나면 〈전설의 고향〉이 됩니다.

12
수려선과 수인선:
철도로 이어지던 경기도 남부 지역

수려선

근대 수원은 철도 교통의 요지였습니다. 경기도 동부 여주 지역의 쌀을 수려선에 실어 수원으로 와서는 수인선에 옮겨 실어 인천항에 부려 놓으면 그곳의 정미소에서 도정해서 일본으로 실어 갔지요. 그로 인해 한반도 농민들은 쌀 부족으로 굶주림에 시달렸고, 일본 열도 농민들은 쌀 값이 하락해서 곤궁에 시달렸습니다. 한편 식민지 시대에 타이완에서 한반도에 소개된 천일염 기법으로 생산된 소금은 수인선-수려선에 실려 쌀과 반대 경로로 한반도 내륙에 전달되었습니다. 경기도 동남부 주민은 수려선 수원역의 전 정거장인 화성역(본수원역)에 내려 못골 시장, 남문 시장 등에서 장을 보았습니다. 화성역 일대는 조선 시대의 신도시인 화성, 일본이 새로 만든 중심지인 수원역과 함께 삼각형을 이루며 오늘날 수원의 원형을 만들었습니다.

하지만 수려선이 1972년에 폐선되고 수인선이 1995년에 영업을 중단하면서, 식민지 시기에 경동 철도 주식회사가 한 세트로 건설한 이 두 철도 노선을 통해 이어지고 번성하던 경기도 남부의 지역들은, 연속성을 상실했고 역전 마을도 많이 소멸했습니다. 그러므로 여기서는 2004년부터 두 노선을 지속적으로 답사하면서 기록하고 생각한 것을

(위) 수원역 남쪽에 자리한 경부선과
수려·수인선의 급수탑

(아래) 경부선에서 수인선이 갈라지는 지점.
교통의 요지에 공장이 서 있습니다.

간단히 소개하는 데 그치겠습니다.

　수려선에 대한 이야기를 하기 전에, 서울 동대문에서 뚝섬·광진
교까지 운행하던 경성 궤도 또는 서울 궤도 또는 기동차에 대해 간단
히 말씀드릴 필요가 있습니다. 경성 궤도의 한강 이북 구간에 대해서는
『서울 선언』에서 사진과 함께 소개한 바 있는데, 이 책을 출판한 뒤에
읽은 이동철의 소설 『꼬방동네 사람들』(1981)의 첫머리에 기동차가
등장하고 있어서 반가웠습니다. 박태원의 소설 『천변풍경』의 진정한
주인공이 청계천이라면, 『꼬방동네 사람들』의 진정한 주인공은 기동차
라고 하겠습니다. 이 소설의 첫머리를 아래에 인용합니다. 표현이 거칠
고 성차별적이며 특정 직업을 비하하는 점은 양해해 주시기 바랍니다.
당연히 저는 이런 관점에 동의하지 않습니다.

　청계천 변으로 흐르는 썩은 오물, 똥물, 악취 나는 시궁창을 코앞
　에 둔 채 즐비하게 늘어선 판자촌 동네, 옛날 동대문에서 뚝섬까
　지 운행되던 기동차 선로 길 양옆으로도 누덕누덕 기워 입은 미친
　년 치마자락처럼 덧대어 지은 판자촌 동네가 청계천 7가에서 신설
　동, 용두동, 답십리 뚝방 동네까지 빽빽이 펼쳐져 있다. 기동찻길
　뒷편으로도 수만 세대가 게딱지처럼 밀집되어 살고 있다. 기동찻
　길 양옆에 늘어선 수많은 판자집은 스멀스멀 뭇놈들이 꾀어 드는
　창녀촌, 타상골목이다. 서울 한복판에 버젓이 얹혀사는 이 무허가
　판자촌 지대를 무대로 별의별 해괴한 풍경, 아수라장 같은 사연들
　이 밤낮없이 꼬리에 꼬리를 물고 골백가지 희비극을 연출하는 것
　이었다. 신설동 바닥에서 잔뼈가 굵은 나는 기동차 선로 길을 따라
　수백 수천 번씩 오르락내리락하면서 친구들과 어울려 하루하루를
　스멀거리며 지냈다.[1]

1966년경 폐선되기까지 경성 궤도는 지금의 광진교 북쪽까지밖에 운행하지 못했지만, 원래는 광진교를 건너 천호동을 지나 경기도 이천까지 연장 운행할 계획이었습니다. 1937년 6월 16일 자『동아일보』「경성 궤도 철도를 이천까지 연장」이라는 기사를 읽어 보겠습니다. 이천 주민들이 수려선·수인선을 이용하게 되면 서울에 가는 불편함이 해소될 것이라는 현지의 기대감이 느껴집니다. 만약 이 노선이 실제로 개통되었다면 경기도 동부의 교통 및 도시화 상황은 지금과는 전혀 달랐을 터입니다.

경성 궤도 주식회사에서는 현재 동대문서 왕십리를 거쳐 뚝섬까지에 이르는 궤도 철도를 이천까지 연장할 계획을 세우고 방금 그 설계도를 경성부 철도국에 제출하였다. (……) 이 경궤 계획이 실현되는 날에는 경기 지방의 교통은 대변혁을 일으키게 될 것이라는바, 현재 여주 지방 사람들은 경동 철도를 이용하야 인천, 수원을 거치어 서울에 왔엇는데 동 철도가 완성되면 이천서 직접 서울을 오게 될 것이라 한다.

이 기사보다 한 달 뒤에 보도된『조선일보』1937년 7월 25일 자 기사「경성 이천 간에 철도 회사 계획」에서는 경성 궤도 연장 계획의 핵심에 이천 온천이 있음을 밝히고 있습니다. 이 기사에서 말하는 다카라즈카식은, 한큐 전철이 일본 효고현 다카라즈카시의 온천에 관광객을 유치하기 위해 미혼 여성만 출연하는 연극을 상연하던 것을 뜻합니다. 경부선 안양역이 철도 이용객을 늘리기 위해 안양 유원지를 개발하고, 불국사역(1919년 개업)·낙산사역(1937년 개업)·희방사역(1942년 개업)과 같이 근처 사찰의 이름을 역에 붙인 것도 마찬가지 홍보 전략이었습니다.

다가와 쓰네지로 씨(田川常次郎氏)를 중심으로 자본금 일천만 원
의 성동 철도 회사(城東鐵道會社) 설립 계획이 진행되고 잇는바,
우(右)는 경성 동대문, 이천 간 육십 킬로미터에 광궤 전차 철도를
부설하려는 것 (……) 이천의 온천을 이용하야 다카라즈카식(寶塚
式)의 유원지 계획도 진행하고 잇는데

　이천 온천은 광복 후에도 많은 사람들이 찾는 명소였지만, 장항선
으로 이어지는 온양 온천·도고 온천 등에 비하면 접근하는 데 불편함
이 컸을 터입니다. 1982년 7월 22일 자『중앙일보』「독탕뿐인 이천 온
천 — 서민 관광객 부담 커」라는 독자 투고 글에는, 수원역 근처 화서동
에 거주하는 가족(수원시 화서동 우진 아파트)이 이천 온천에 갔다가
너무 비싸서 실망하고 돌아왔다는 내용이 실려 있어서, 수려선이 폐지
된 뒤에도 수원 시민이 옛 수려선 노선에 있는 이천의 온천을 찾았음을
알 수 있습니다.
　만약 이 노선이 실제로 부설되었다면 아마도 광진교를 건너 천호
동을 지나 지금의 성남시에 들어간 뒤, 경강선 노선과 비슷하게 이천
구도심에 들어갔을 것으로 추측됩니다. 그리고 확장 강남의 축은 〈성
남-용인 서부-수원 동부-화성 동부〉가 아닌 〈성남-광주-이천-충청
북도 음성군 강곡〉으로 형성되었을 수도 있습니다. 그러나 이 계획이
경성부 철도국에 제출된 뒤로 제국주의 일본이 처한 국제 정세가 긴박
해지는 바람에, 결국 이 계획은 무산됩니다. 경기선 안성-장호원 구간
의 철로를 걷어 내서 군용 물자를 만들어 내는 와중에 새로운 노선을
놓는 것은 어려운 일이었지요. 마찬가지로 경성-포천-김화로 이어지
는 경포 전철 계획도 무산되었습니다.
　한강에 댐이 만들어지기 전까지는 여주가 강을 통한 교통의 요지

였으니 수려선의 종점이 여주라는 데 의미가 있었겠지만, 한강에 댐이 만들어지면서 하운(河運)의 의미가 없어지고 한국 교통의 주축이 철도에서 도로로 바뀌는 등의 시대적 변화가 수려선에 결정적인 타격을 입히게 됩니다. 그리하여 1971년 12월에 영동고속도로 신갈-여주 구간이 개통되면서 수려선은 이듬해 4월에 폐선되고 맙니다. 이에 반해 큰 경쟁 상대가 될 만한 도로가 주변에 놓이지 않은 수인선은 그 뒤로도 20년 정도 더 버텼지요.

확장 강남 축의 곳곳에는 삼성전자가 자리하고 있는 반면, 이 실현되지 않은 경성 궤도 이천 연장 구간의 끝에는 SK하이닉스가 자리하고 있습니다. 또 신규 공장이 들어설 용인시 처인구 원삼면 죽능리는 옛 수려선 양지-제일 구간과 경기선 안성-장호원 구간의 중간에 자리하고 있습니다. 수려선의 이천 구간에서 경기선과 연결시키려는 계획도 있었으니, 어쩌면 수려선과 경기선은 지금의 SK하이닉스 근처에서 연결되었을 가능성도 있습니다. 용인 시청에서는 〈세계적 반도체 클러스터가 낙후지였던 원삼면에 활력을 불어넣으며 용인시의 오랜 과제였던 동서 불균형을 일시에 해소〉[2]할 것이라고 하여, SK하이닉스를 통한 용인시 동부 지역의 확장 강남화에 큰 기대를 보이고 있습니다. 경성 궤도가 못 한 일을 SK하이닉스가 이루어 낼 수 있을지, 대서울이 지난 100여 년간 겪어 온 일에 관심이 많은 저에게는 흥미롭게 다가옵니다.

식민지 시기에 수려선을 운영한 경동 철도 주식회사는, 현재 SK하이닉스 본사의 북쪽을 지나는 경강선의 원형이라고 할 만한 계획을 세우고 있었습니다. 수려선 철로를 서해안과 동해안 양쪽으로 연장해서 한반도를 동서로 관통하는 철도를 건설하려 한 것이지요. 이 계획을 처음 제기한 것은 인천 상업 회의소였습니다. 이들은 1926년에 「인천에서 수원을 거쳐 동해안 강릉에 이르는 횡단 철도 부설 요망서」를 조선 총독부에 제출하면서, 이 계획의 첫 단계로 수인선 건설을 제안했지요. 이런 요망을 받은 경동 철도는 수려선의 서쪽으로 수인선을 부설하고, 동쪽으로도 노선을 연장할 계획을 세웠습니다.[3]

1935년에는 여주 구도심에서 동남쪽에 자리한 점동면 홍호리의 한강 건너편까지 노선을 16킬로미터 연장하는 면허가 내려졌습니다.[4] 점동면 홍호리의 한강 건너편은 곧 원주시입니다. 1935년의 수려선 연장 계획은, 같은 해에 청량리-영천 간 중앙선 건설 계획이 확정된 데 따른 것이었을 터입니다. 1939~1940년 사이에 중앙선 청량리역-원주역 구간이 완공되었으니, 만약 강원도의 전통적인 중심지인 원주의 초입까지 수려선 철도가 놓였다면 조금 더 연장해서 중앙선 원주역과 만나게 하는 것은 쉬운 일이었을 터입니다.

조선 총독부 철도국에서 1939년 12월에 간행한 『조선 철도 상황 제30회』의 권두에 실린 「조선 철도 약도」를 보면 수려선의 여주-점동면 구간과 경기선의 장호원-원주 구간이 〈전체 미착수 노선(全未着手線)〉으로 표시되어 있습니다. 아직 공사는 시작되지 않았지만 계획이 있다는 것이지요. 같은 책의 146면에서는 경동 철도 주식회사가 여주-원주 간 자동차 운송 사업을 전개 중이라고 설명하고 있어서, 이 구간의 수요도 실제로 존재했음을 알 수 있습니다.

만약 수려선 그리고 경기선을 중앙선과 만나게 한다는 계획이 실현되었다면 시계 방향으로 청량리역-원주역-수원역·천안역-경성역(서울역)으로 이어지는 경기도·강원도 순환 철도가 탄생했을 터이고, 이는 이 지역의 도시화에 큰 영향을 미쳤을 것입니다. 수려선에 대한 기대가 이처럼 컸기 때문에, 박정희 대통령의 집권기에도 수려선을 여주역에서 중앙선 구둔역까지 연장할 계획이 세워졌다고 합니다. 구둔역은 여주 구도심에서 한강을 넘으면 멀지 않은 곳에 있습니다. 하지만

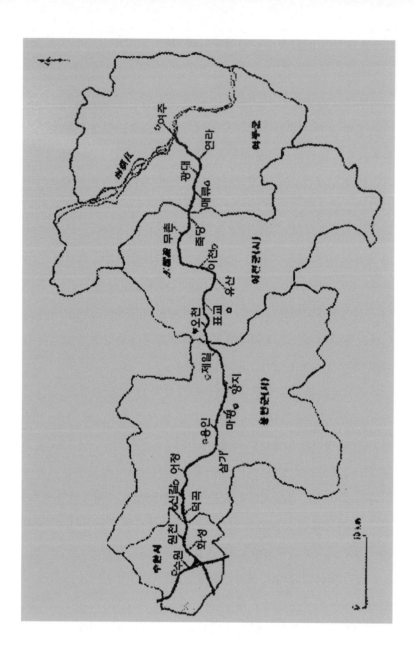

도도로키 히로시 선생의 논문에 수록된 수려선
노선도

이들 계획은 모두 무산되었고, 수려선과 경기선은 폐선되었습니다. 그리하여 경기도 동남부는 오늘날까지도 한적한 농촌 지역이자, 서울 마천의 특수전 사령부, 성남의 국군 교도소 등이 옮겨 오면서 한국 굴지의 군사 지역이 되었습니다.

폐선된 수려선은 철도가 지나던 수원 동부, 용인, 이천, 여주 등 각 지역에서는 간간이 기억되었지만, 경기도 동남부 바깥에서는 그 존재가 거의 잊히고 말았습니다. 같은 경동 철도 주식회사에서 부설한 협궤 철도 수인선이 1995년까지 운행되면서 〈마지막 협궤 열차〉로서 비교적 많은 한국 시민의 기억에 남아 있는 것과는 대조적입니다. 다만, 협궤 열차 수인선은 폐선된 뒤에 전철 수인선으로 재탄생하는 과정에서 옛 흔적이 거의 사라진 반면, 수려선 노선은 상당수가 그대로 버려진 덕분에 건물과 철교 등의 흔적이 좀 더 많이 남아 있습니다.

수려선의 존재를 한국에 널리 알린 것은 한반도 교통 연구자 도도로키 히로시 선생의 석사 학위 논문 「수려선 철도의 성격 변화에 관한 연구」입니다. 이 논문을 읽고 수려선의 존재를 알게 된 저는 2019~2020년 2년간에 걸쳐 수려선 노선을 답사했습니다. 전체 노선 가운데 가장 인상적인 것은 화성역(본수원역)이었습니다. 화성역 자리에는 2020년 여름까지 화성 상가아파트가 서 있었고, 건물 남쪽에는 철도원들을 위한 화성역 철도 관사가 남아 있었습니다.

저와 답사 동료들은 화성역 철도 관사가 존재한다는 사실을 2019년 7월에 알았습니다. 옛 화성역 주변의 주민들은 주택가 골목길 안쪽에 있는 기다란 건물이 관사라는 사실을 알고 있었던 것 같습니다. 관사 건물 외벽에는 수려선 관련 사진이 걸려 있었고, 골목길에는 철로가 페인트로 그려져 있었습니다. 하지만 저를 비롯해서 수려선에 관심을 가진 철도 애호가들이 이 건물의 존재를 깨달았을 때에는, 이미 이 지역

(위) 철거 전후의 화성 상가아파트   (아래) 수려선 화성역 철도 관사

철거 전후의 수려선 교동 구간

(위) 재개발 전의 매교동. 어느 집 벽에 적힌 철거 （아래) 옛 화성역 앞, 〈수여선길〉이라고 적힌
항의 구호가 인상에 깊이 남습니다. 도로명 주소

(위) 수려선 화성역 뒤에 형성되어 있던 절벽 (아래) 이 일대가 재개발되면서 절벽은
사라졌습니다.

전체가 재개발 지역으로 지정된 상태였습니다. 아무래도 아쉬워 몇 달 뒤에 다시 찾아갔을 때에는, 이미 관사를 포함한 옛 화성역 주변 지역 전체에 펜스를 둘러친 상태였고, 그 뒤에 다시 갔을 때는 전 구역이 완전히 사라진 상태였습니다. 옛 화성 상가아파트 맞은편의 옛집에 붙어 있는 2000년대 초의 제1차 도로명 주소에 적힌 〈수여선길〉이라는 주소만이 이곳의 역사를 전하고 있었습니다. 화성역 주변 지역뿐 아니라, 현재 수원역에서 옛 수려선 화성역에 이르는 구간에 자리하던 교동·매교동 등의 구도심은 거의 철거된 상태입니다. 철거 전의 매교동을 답사하던 중 어느 집의 벽에 〈사람 살고 있어요 손대면…〉, 〈사람 살림 가구 손대면 법적 대응〉, 〈출입금지〉라고 적혀 있던 모습이 깊이 인상에 남았습니다. 이 블록이 철거되고 들어설 고층 아파트 단지에 입주할 사람들은, 자신들이 입주한 아파트가 앞 사람들의 이런 외침을 진압하고 세워진 줄 모르거나 모른 척하겠지요.

수려선 화성역이 수원 화성 남쪽에서 조금 떨어진 곳에 자리하게 된 것은 조선 시대 수원의 구도심을 피하기 위해서였을 수도 있지만, 여주·이천에서 경부선으로 직결되는 최적의 철로를 놓기 위한 필연적인 선택이었을 수도 있습니다. 실제로 수려선 노선을 따라 걷다 보면 어떻게든 경사(구배)가 적은 지역을 찾아서 선로를 놓으려 했음을 느낄 수 있습니다. 가난한 민간 회사로서는 최대한 교량과 터널을 피하는 것이 합리적인 선택이었습니다. 화성 안에 형성된 수원 구도심으로 수려선을 이으려고 하면 팔달산의 경사를 기술적·경제적으로 넘어야 하니, 성 바깥의 수원천 건너 평평한 지역에 철로를 놓고 역을 건설한 것은 어쩔 수 없는 선택이었을 것입니다. 그리고 100년 전의 사람들은 수원 화성 남쪽의 팔달문에서 화성역에 이르는 길을 멀다고 느끼지 않았을 터입니다.

　제가 이런 생각을 하게 된 것은 일본의 철도 역사 연구자인 아오키 에이이치 선생의『철도 기피 전설의 수수께끼: 철도가 놓인 마을, 놓이지 않은 마을(鉄道忌避伝説の謎―汽車が来た町, 来なかった町)』(요시카와코분칸, 2015년)을 읽으면서였습니다. 근대의 철도는 왜 지금과 같은 노선을 택했고 철도역은 왜 그곳에 있는가에 대해, 기존에는 정치적으로 옛 마을을 쇠락시키고 신규 이주민을 우대하기 위해서였다거나, 기존 주민들이 철도 부설을 반대했기 때문이라는 해석이 많았습니다. 하지만 철도의 관점에서 보면 근대 세계에서 건설된 철도 노선과 철도역은 이런 정치적·역사적 이유가 아니라 경사가 완만한 지역을 찾고자 하는 지형적 요인, 그리고 철교·터널 공사 비용이라는 경제적 요인이 핵심이었다는 것입니다. 그리고 우리가 보기에는 구도심과 철도역 사이의 거리가 멀게 느껴지는 경우에도 당시 사람들에게는 별문제가 아니었을 수 있다는 것입니다.

　가뜩이나 가난한 사철 회사 노선이었던 수려선은 가급적 경사가 적은 노선을 택했고, 이는 광교나 신갈 등에서 확인됩니다. 조선 시대의 수원 구도심을 일부러 피했다기보다는, 수려선이라는 노선의 목적에 맞는 최적의 노선을 부설하기 위해 지형을 검토한 결과가 수려선 노선이었을 터입니다. 그리고 당시 수원과 경기도 동남부 지역의 주민들은 수원 화성과 화성역 사이의 거리를 그렇게 멀게 느끼지 않았으리라 짐작합니다. 6·25 전쟁 전의 김포 사람들은 배 타고 고양으로 건너가서는 일산역까지 걸어가서 경의선을 타고 서울에 갔으니, 이에 비하면 수려선 화성역은 조선 시대의 수원 원도심과 가까운 편이지요. 저는 철도나 지리학에 문외한이지만, 근대 한반도의 철도 부설 문제를 생각할 때에는 우선 순수하게 지형적 요인을 염두에 두어야 한다는 생각을 이 책을 읽으며 하게 되었습니다.

화성역을 지난 옛 수려선 노선은 수원시 인계동의 신반포 아파트와 동수원 병원, 구법원 앞을 지나 원천 저수지 남쪽을 통과해 용인시에 접근합니다. 수원에 왜 신반포 아파트가 있는지 의아했는데, 제가 10대에 살았던 서울 서초구 신반포 아파트와 똑같이 생겨서 깜짝 놀랐습니다. 1980년 1월 19일 자『매일경제』분양 광고를 보면 〈서울 신반포 아파트 입주자의 성원과 지도 편달로 이루어진 신반포 수원 아파트〉라는 기묘한 문구가 적혀 있는데, 요는 한신공영이 영동 개발 때 성공시킨 아파트 모델을 수원의 신도시에 적용하겠다는 뜻이겠지요. 이곳의 벽에도 재개발 반대 플래카드가 빼곡히 걸려 있었습니다.

동수원 병원부터 구법원 지역에 걸쳐 바둑판 모양으로 정연하게 배치된 건물들 사이로 사선이 그어지듯이 길이 놓인 경우가 있는데, 이 사선이 옛 수려선 노선입니다. 원천 저수지 남쪽의 고층 아파트 단지 남쪽을 지난 옛 수려선 노선은, 남쪽으로 옛 마을을 바라보며 원천리 천을 건넌 뒤 동북쪽을 향해 크게 각도를 꺾습니다. 1976년 구지도를 보면 이 마을의 이름이 〈먼네〉라고 적혀 있는데, 아마도 원천동(遠川洞)을 우리말로 푼 것 같습니다. 그리고 이 지점에서 동북쪽으로 방향을 튼 이유는 영통 지역의 언덕이 만들어 내는 경사를 피하기 위해서였던 듯합니다. 원천리 천을 지나 홈플러스 앞에서 동북쪽으로 각도를 꺾은 수려선은 한동안 하천을 따라가다가 지금은 골프장으로 바뀐 용인시 기흥구 신갈동에서 동남쪽으로 방향을 바꿉니다. 그리고 신갈 1 육교에서 경부고속도로와 엇갈립니다.

신갈 1 육교를 빠져나오면 동쪽으로 800미터 정도 떨어진 한성 2차 아파트까지 완만한 곡선을 그리며 철로가 놓였던 흔적을 확인할 수 있습니다. 수려선이 폐선된 1972년으로부터 4년 뒤에 제작된 1976년의 구지도에도 이 곡선이 뚜렷하게 나타납니다. 이렇게 곡선을 그린 것도

(위) 수원 인계동 신반포 아파트와 서울 신반포 아파트

(아래) 수원 신반포 아파트 분양 광고(네이버 뉴스 라이브러리)

(위) 원천동 지역의 수려선 노선   (아래) 용인 처인구 삼가동의 수려선 폐철교 교대

(위) 수려선 양지역 앞의 창고

(아래) 카카오맵 로드뷰에 보이는 수려선
오천역(2014년 11월)과 최근 철거된 오천역
맞은편의 오천 2리 경로당

역시 언덕을 피하기 위해서였습니다. 신갈 지역이 이처럼 철도가 지났고 나중에는 고속도로가 지나는 교통·산업의 요지가 되었기에, 용인시는 수지와 마찬가지로 이곳 역시 수원에 빼앗기지 않을까 걱정했다고 합니다.

> 수원시와의 거리가 십 리도 채 못 되는 이곳은 실제로는 수원시의 생활권에 들어 있어서 도시화의 속도가 용인읍에 뒤지지 않는다. 그래서 용인군은 벌써부터 신갈리가 장차 수원시로 끌려 들어가거나 그렇지 않으면 새 도시로 떨어져 나가지나 않을까 걱정한다.[5]

수인분당선·용인 에버라인 기흥역을 지난 옛 수려선 철로는, 『갈등 도시』에서 살펴본 한센 병력자 정착촌 동진원의 옛 흔적을 지나며 용인 동백 지구를 관통합니다. 이곳에는 수려선에서 보기 드물게 터널이 있었다고 합니다. 〈남쪽에는 협궤 철도(수려선)가 지나간 흔적이 남아 있고 남쪽 끝에 터널이 버려져 있다.〉[6]

여기까지가 확장 강남의 영향을 받고 있는 신도시 지역이었고, 이제부터 용인 시청·김량장까지 이어지는 처인구 삼가동에는 자연 녹지 지역이 약간 이어집니다. 이 자연 녹지 지역 덕분에 용인 시민 체육관과 용인 에버라인 삼가역 사이에 수려선의 폐철교 교대가 네 개 남아 있습니다. 그리하여 용인 구도심으로 들어선 수려선 열차는 지금의 GS 슈퍼마켓 자리에 있던 용인역에 도착하게 됩니다. 용인역의 흔적은 전혀 남아 있지 않지만, 철도역 부지가 넓다 보니 대형 슈퍼마켓이 들어설 수 있었을 터입니다.

용인 구도심을 지난 수려선은 마평동을 지나 처인구 양지면 양지리에 들어섭니다. 옛 마평리를 담은 1976년의 구지도에는 〈수려선 폐선〉이라고 적혀 있어서, 4년 전에 폐선된 수려선에 대한 기억이 여전히 강렬하게 남아 있었음을 보여 줍니다. 한편 양지면은 현재 용인시에 속하지만 예전에는 용인과 별개의 생활권이었습니다. 이곳에는 양지역 앞에 설치되었던 창고가 한 채 남아 있습니다. 수려선 관련 시설은 폐철교 교대 정도만 남아 있기 때문에, 이 창고는 수려선의 존재를 오늘에 전하는 귀중한 도시 화석입니다. 이곳을 사용하고 있는 현지 주민도 이 창고의 유래를 알고 계셨습니다.

　몇 년 전까지 유일한 수려선 철도역이 남아 있다가 이천 마장 택지 지구 개발로 철거된 오천역 터를 지나면,[7] 마장동에는 꽤 규모가 있는 폐철교 교대가 장암천으로 흘러드는 샛강 위에 놓여 있습니다. 그리고 이곳에서 멀지 않은 곳에 이천 구도심이 자리하고 있습니다. 이천역도 흔적을 찾기 어렵지만, 옛 철도역 앞에 세워진 건물의 이름이 〈역전 빌딩〉이어서 이 지역 사람들이 수려선을 잊지 않고 있음을 짐작게 합니다. 이천 구도심에는 수려선이 다니며 번성했던 시절에 세워진 건물이 몇 채 남아 있지만, 이천의 규모를 생각하면 옛 건물과 블록이 상대적으로 그다지 많이 남아 있지 않다는 느낌을 받습니다.

　이천과 여주 사이에 있던 매류역의 흔적을 답사했을 때에는 철도 역사가 있던 자리에 세워진 〈역전 슈퍼〉 벽에 매류역의 모습이 그려져 있었고, 가게 옆에는 수려선이 다니던 시절을 그리워하는 주민들의 기억이 그림으로 표현되어 있었습니다. 도도로키 히로시 선생이 답사한 1990년대 말은 수려선이 폐선된 지 20여 년이 흐른 뒤였고, 제가 답사한 것은 그로부터 다시 20여 년이 흐른 뒤였습니다. 하지만 〈아! 옛날이여… 60년도 매류역과 마을 풍경〉이라는 문구가 곁들여진 벽화를 보면서, 아직도 주민들은 수려선을 그리워하고 있는 듯한 느낌을 받았습니다. 다니던 열차가 운행을 멈춘 마을, 국도 변에 형성되었다가 고속

(위) 이천시 마장동의 폐철교 교대   (가운데) 이천역 앞에 세워진 역전 빌딩

(아래) 매류역 터에 세워진 벽화와 역전 슈퍼

(위) 여주 구도심의 섬유 공장과 그 주변 경관　　　(아래) 조포 나루터 사고 위령비

도로가 놓이면서 쇠락해진 마을은 언제나 애잔한 느낌을 줍니다.

매류역을 지나 옛 수려선 여주역으로 향하는 길에는 작은 폐철교 교대가 남아 있고, 그 근처로 경강선이 엇갈려 지나갑니다. 여기에서 경강선 종착역인 여주역은 가깝습니다. 옛 여주역은 시내에 있었고, 역이 있던 자리는 일부가 공터로 남아 있어서 옛 모습을 떠올리게 합니다.

수려선은 한강 하운의 중심지였던 여주 나루터를 종착점으로 삼았습니다. 경동 철도 주식회사는 수려선·수인선 이외에 한강 수운 사업도 겸하고 있었습니다. 영국이나 일본 등에서는 수운 회사가 영업상의 목적으로 철도 부설을 반대한 경우가 있었는데,[8] 여주 지역에는 경동 철도에 반대할 만한 한강 수운 회사가 없었거나 경동 철도가 이들 회사를 제압·합병했을 가능성이 있습니다. 아무튼 하운과 철도가 만나던 여주는 상공업이 번성했고, 섬유 공장과 여주장 등은 당시의 위세를 오늘날에 전해 줍니다.

마지막으로, 신륵사 근처의 옛 조포 나루터 자리에는 1963년 10월 23일 나룻배를 탔다가 물에 빠져 사망한 홍안국민학교의 49인을 위령하는 비석이 서 있습니다. 이 사고를 계기로 여주대교가 놓이면서 포구는 폐쇄되었습니다. 저도 국민학교 5학년 때 홍안국민학교의 후신인 안양남초등학교를 다녔던지라, 이 비석을 바라보면서 더욱 애잔한 마음이 들었더랍니다.

제2차 세계 대전의 전황이 격화되자 일본 정부는 군사적으로 필요하지 않은 철도 노선의 신설을 금지했습니다. 그뿐 아니라 〈대일본 제국〉 내의 여러 철도 구간을 〈불요불급〉, 즉 긴요하지 않고 급하지 않다고 하여, 철로를 걷어 가서 군수 물자로 전용했습니다. 수려선 여주역과 경기선 장호원역에서 강원도에 이르는 노선 연장 계획은 좌절되었고, 안성-장호원 구간은 걷어졌습니다. 만약 1930~1940년대에 수립된 계획대로 수려선 여주-원주 구간이 연장되고 경기선 장호원-원주 구간이 완공되고 경성 궤도가 서울 광진-이천까지 연장되었다면, 경기도 동남부 및 이와 인접한 충청도·강원도 일대는 지금과 많이 달라졌을 것입니다. 수려선과 경기선을 답사할 때는 언제나 이런 가상 역사를 떠올리게 됩니다.

수인선

사라져 버렸기에 생각할 것이 많은 수려선에 비하면, 운행을 중단한 지 20여 년 만에 수도권 전철로서 운행을 재개한 수인선은 비교적 간단하게 살펴볼 수 있습니다. 무엇보다 옛 협궤 수인선 구간을 재활용해서 새 철로를 놓은 경우가 많아서 이른바 〈폐선 구간〉이 많지 않기 때문이지요. 저는 도시 답사가이자 고등학교 동기인 이승연 선생과 2004년 초에 수원역-한대앞역 협궤 수인선 구간을 답사했습니다. 그사이에 많은 것이 바뀌었고 또 사라졌습니다. 한국에서 20년 전은 전설의 고향입니다.

　그 와중에 그나마 옛 모습이 거의 바뀌지 않은 곳은 수원역에서 고색역에 이르는 구간입니다. 2004년에 수인선 폐선 위에 서서 경부선 쪽을 바라보았을 때는 아직 키 낮았던 나무가 2020년에 다시 보니 두 배는 자란 것 같았고, 수원역과 고색역 사이를 흐르는 서호천 위에 놓인 철교는 공사를 거쳐 산책로로 바뀌어 있었습니다. 철교 옆에 있던 고물상과 군부대도 여전했고요.

　고색역과 오목천역 사이에는 질그릇을 만들던 사람들이 모여 살았다고 하는 즘토 마을이 있습니다. 2004년 사진에는 1차 도로명 주소에 따른 〈즘토 1길〉이 보이는데, 지금은 이 도로명을 쓰지 않는 것 같습니다. 개인적으로는 2차 도로명 주소가 너무 획일적이어서 1차 도로명

(위) 옛 수인선에서 바라본 경부선의 2004년
© 이승연(이 장에 실린 2004년 수인선 사진은
모두 이승연 선생이 촬영한 것입니다.)

(가운데) 옛 수인선에서 바라본 경부선의 2020년

(아래) 수인선 3단계 개통 기념 카드

주소를 보면 반가운 느낌이 듭니다. 한편 옛 오목천역 근처에는 봉담교라는 작은 철교와 화산 터널이라는 짧은 터널이 있었습니다. 오목천동 청구 2차 아파트와 국순당 공장 사이에 있었는데, 수인선을 재개통하면서 터널을 철거했다고 들었습니다. 이곳에서 서남쪽으로 3킬로미터 정도 가면 화성시 봉담의 폐광산이 나옵니다.

오목천역 다음에는 어천역이 있었습니다. 2004년의 사진에는 이 두 역 사이에 〈봉담 건널목〉과 〈원평 2 건널목〉이 찍혀 있군요. 천천천교라는 이름이 특히 기억에 남습니다. 수원 천천동에서 흘러나오는 하천 위에 놓인 철교라는 뜻이지요. 2004년의 협궤 수인선 답사 때에는 2년 전에 개통한 KTX 노선을 바라보며 걸었고, 때로는 엇갈리기도 했습니다.

2004년 답사 당시, 어천역에는 넓은 부지와 역 건물이 아직 남아 있었습니다. 2004년 당시 보았던 역전 마을의 전형적인 풍경은 2019년에 다시 찾았을 때에도 여전했지만, 새로운 어천역과 수인선 노선을 건설하느라 동네는 어수선했고, 곳곳에 주민 대책 위원회가 내건 플래카드가 보였습니다. 이곳 주민들은 협궤 수인선의 운행이 중단됐을 때에도 막막했을 것이고, 새로운 수인선이 놓일 때에도 나름대로 복잡한 심정이었을 듯합니다.

어천역을 지나면 야목역입니다. 아직은 한적한 농촌의 분위기인 화성시 서부의 어천역과 야목역을 지나면 〈반월 신도시〉 안산시가 저 멀리 보입니다. 두 도시 사이를 흐르는 반월천 위에 놓인 반월 3교 바로 옆에는 옛 수인선 철교인 빈정천 철교가 남아 있습니다. 답사 갈 때마다 쉽게 건널 수 있을 것 같아서 조금 가다가는, 다리가 떨려서 되돌아오고는 합니다. 철교 너머로 보이는 안산은 그새 건물이 더 높이 올라갔더군요. 안산시 상록구에 e편한세상 상록 아파트가 들어섰고, 안산

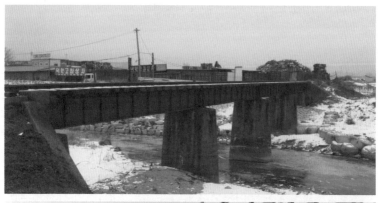

서호천 철교의 변화. 위에서부터 2004년
(© 이승연), 2019년, 2020년.

즘토 1길의 2004년 모습 ⓒ 이승연

수인선의 도시 화석

(위 왼쪽) 봉담교 ⓒ 이승연   (아래 왼쪽) 봉담 건널목 ⓒ 이승연

(위 오른쪽) 화산 터널 ⓒ 이승연   (아래 오른쪽) 원평 2 건널목

수인선의 도시 화석

(위 왼쪽) 천천천교 ⓒ 이승연   (아래 왼쪽) 옛 어천역의 매송 다방

(위 오른쪽) 빈정천 철교 ⓒ 이승연   (아래 오른쪽) 사리역 ⓒ 이승연

과 화성 송산 그린시티 일대에도 고층 아파트 단지가 잇달아 올라가고 있었습니다.

화성과 안산 사이의 개발 제한 구역을 지나 안산 도심 초입에 자리한 본오 아파트 102동. 이 근처의 현재 지명은 안산시 상록구 사동이지만, 새로 개장한 수인선 역 이름은 예전 협궤 열차 시절대로 사리역입니다. 1974년 지도를 보면 사리역 위에는 일리·삼리 등의 지명도 보입니다. 사리역을 지난 수인선은 수도권 전철 4호선과 합류해서 한대앞역에 도착합니다. 2004년에는 여기까지 걸었습니다. 딱 한나절 걸리더군요. 그 당시에는 한대앞역에 협궤 수인선 철로가 남아 있었지만, 2020년 시점에서는 한대앞역에서 중앙역을 지나면 나오는 고잔역에 수인선 협궤가 일부 복원되어 있었습니다. 안산 지역 구간에 대한 이야기는 이 책의 제1장 안산 부분에서도 다루었습니다. 옛 수인선 군자역을 계승한 정왕역에는 군자 염전과 수인선 모자이크 벽화가 설치되어 있습니다. 또 수인선을 설치할 때 일했던 평안도 사람들이 정착한 평안촌도 근처에 있었습니다.

안산시부터 시흥시, 인천시의 상당 구간에서는 협궤 수인선 시절의 흔적이 거의 남아 있지 않은데, 달월역과 월곶역 사이에는 빈정천 철교처럼 옛 수인선 월서천 철교가 남아 있습니다. 새로운 수인선과 노선이 살짝 겹치지 않아서 기적적으로 살아남은 것이지요. 옛 수인선 철교 뒤로 새로운 수인선 열차가 달리는 모습이 인상적이었습니다. 2004년에 소래포구를 답사했을 때에는 소래역 건물이 남아 있었습니다. 택지를 개발하더라도 이 역을 남겨 두면 소래포구의 관광 자원이 될 것이라는 목소리가 있었지만 무시되었습니다.[9] 그나마 예전부터 있던 호구포 식당 건물이 아직 남아 있어서, 소래포구가 아무런 역사도 문화도 없는 테마파크는 아니라는 사실을 증언해 줍니다. 지붕이 무너

져서 천막을 덮었고, 2층 건물 뒤로 고층 아파트가 올라가고 있는 모습이 16년이라는 시간을 느끼게 해줍니다.

　공장으로 가득한 남동 공단의 모습에서, 이곳이 예전에 한적한 염전이었고 결핵 환자들을 위한 요양원이 있었음을 상상하기는 쉽지 않습니다. 결핵 요양원을 계승한 인천 적십자 병원 뒤켠에는 사할린에서 귀국한 교포들이 머무는 〈대한적십자사 인천 사할린 동포 복지 회관〉이 있고, 근처의 함박 마을에는 사할린 동포들과 남동 공단이라는 두 가지 요인에 이끌려 중앙아시아·러시아에서 온 노동자들과 그들의 가족이 살고 있습니다. 염전에서 공단으로 경관은 바뀌었지만, 이곳은 여전히 약한 자들에게 안식을 주고 있는 것입니다. 또 근처에는 옛 협궤 수인선 시절의 승기천 철교가 남아 있습니다. 위험해서인지 산책로로 개방하고 있지는 않지만, 강 위로 놓인 협궤 철교의 모습이 꽤 근사합니다.

　결핵 환자가 계속 늘어나자 조선적십자사는 결핵 요양원을 설립하기 위해 수도권의 물 맑고 산 좋은 곳을 물색했다. 적임지로 낙점된 곳이 인천 송도 근처 문학면 연수리(현 연수구 연수 3동)였다. 1938년 11월, 뒤로 문학산이 있고 앞에 바다가 펼쳐져 있는 구릉지 10만여m²를 사들여 공사에 들어갔다. 당시 이곳은 접근이 쉽지 않은 오지였다. 적십자 측은 이곳이 너무 외져서 환자와 보호자들이 접근하기 어렵다고 판단하고 수인선을 운영하는 경동 철도 주식회사에 송도역과 남동역 사이에 임시 정거장 설치해 줄 것을 요구했다. 수인선 기차는 결핵 요양원을 위해 임시 정거장에서 1분간 정차를 했다. 〈인천 개항 100년사〉에 의하면 인천 결핵 요양원은 1940년 11월 20일 〈연수장(延壽莊)〉이란 이름으로 개원했다.[10]

(위) 2004년 당시 한대앞역에 남아 있던 협궤   (가운데) 2020년 현재 고잔역의 협궤 수인선 철로
수인선 철로 ⓒ 이승연   (아래) 정왕역의 협궤 수인선 모자이크

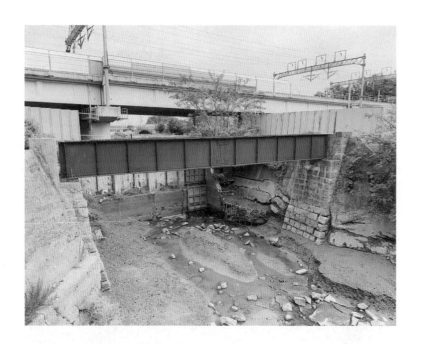

(위) 월서천 철교

(아래) 2004년의 협궤 소래역과 소래포구의 협궤
수인선 흔적 ⓒ 이승연

(위) 호구포 식당의 2004년 © 이승연   (아래) 호구포 식당의 2020년

대한적십자사 인천 사할린 동포 복지 회관과 함박
마을

송도역과 인천 구도심 사이에 자리하던 옛 마을

옛 송도역 건물과 급수탑. 건물에는 〈송도〉라는
글자가 또렷이 보입니다,

요양원이 들어설 만큼 풍치가 좋았던 남동 염전 지대에서 인천 구
도심을 향해서 조금 더 나아가면, 송도 유원지와 송도역이 나옵니다.
인천에서 어린 시절을 보낸 분들은 백이면 백 송도 유원지에 가보았을
터입니다. 하지만 원래 송도 유원지는 1930년대에 식민 당국이 경성과
인천을 하나의 도시로 묶는 계획을 추진하는 과정에서, 경인 지역의 주
민들이 찾아오는 〈관광 인천〉의 중요한 관광 상품으로 구상된 곳이었
습니다.[11] 인천만이 아닌 〈경인 메트로폴리스〉 전체를 대상으로 한 관
광지였던 것이지요. 송도 해수욕장이 개장한 것은 경성이 노량진-영등
포 지역을 통합함으로써 한강을 가운데 낀 도시가 된 1936년의 이듬해
인 1937년이었습니다. 경인선과 경부선이 만나는 영등포가 경성의 일
부가 됨으로써, 경성과 인천의 심리적 거리가 더욱 가까워진 시점이었
습니다. 수인선도 이해에 개통되었습니다.

오늘날 송도라고 하면 송도 신도시를 떠올릴 분이 많을 것입니다.
옛 송도 유원지도 폐장하고 현재는 중고 자동차 거래 단지로 바뀌었습
니다. 유원지 시절에 들어선 숙박 시설들은 중고차를 거래하러 온 바이
어들에게 애용되고 있습니다.

송도가 유원지이던 시절에 형성된 옛 옥련동 블록에서는 재개발
을 둘러싼 갈등 도시의 양상이 보이고, 송도역에서 인천 구도심으로 향
하던 수인선 철길 옆의 옥련동 홍어찜 마을도 철거되었습니다. 제가 이
곳을 처음 기록한 것은 2018년이었습니다. 옛 수인선 철로 변에는 단
독주택이 들어서 있었고, 철로 자리에는 시멘트를 발라 출입로가 만들
어져 있었습니다. 그 위에는 〈1993. 8. 24〉라는 출입로 준공일이 적혀
있었습니다. 그로부터 2년 뒤에 다시 같은 집을 찾아가니 마을 전체가
철거되어 사라졌더군요. 아마도 이 집과 출입로의 머릿돌을 사진으로
기록한 것은 이 세상에 저 혼자가 아닐까 싶습니다. 어떤 사람들은 이

런 집과 시멘트 길이 무어 중요하냐고 생각할지도 모릅니다. 저는 이런 것이 소중히 여겨져서 전국을 다니며 기록하고 있습니다.

옛 송도역 건물은 새 송도역 건물에서 조금 떨어진 곳에 협궤 수인역 급수탑과 함께 잘 남아 있습니다. 한동안 이 건물의 보존 문제로 찬반 양론이 오가다가 최근 보존하기로 결정되었습니다. KBS의 보도에 따르면 옛 송도역 건물에서 협궤 열차 시절의 자료가 발견되었는데 소유권이 불분명해서 문제가 되고 있다고 합니다.[12] 이들 자료도 옛 송도역 건물과 함께 잘 보존·전시되면 좋겠습니다.

송도역을 지난 협궤 수인선은 인천 구도심에 들어섭니다. 협궤 수인선이 다니던 시절부터 이곳에 있던 창고들은 아직 건재하지만 수인선의 서쪽 종착역이던 남인천역 자리에는 고층 빌딩이 세워지고 있습니다. 수려선과 수인선으로 싣고 온 쌀을 배에 싣기 전에 도정하던 정미소 건물들도, 저와 이승연 선생이 2003년에 답사할 때까지만 해도 인천항 맞은편 신흥동에 빽빽이 들어서 있었는데, 지난 2020년 4월에 마지막 하나 남아 있던 오쿠다 정미소가 철거되면서 모두 사라져 버렸습니다. 혹시 몰라서 철거 직전에 이곳을 방문해서는, 정미소 건물에서 떨어져 나온 벽돌을 한 장 수집했습니다. 지금은 재건축·재개발하는 데 여념이 없는 인천시가 훗날에라도 정미소를 철거한 것을 아쉬워할 때 기증하려 합니다.

신흥동 정미소 블록 ⓒ 이승연, 2003

13
평택·천안·아산·안성:
대서울과 충청도의 경계에서

여러 중심의 평택

앞 장에서는 서울에서부터 같은 생활권인 수원, 화성, 오산까지 살펴보았습니다. 이 장에서는 평택시와 그 남쪽 지역, 즉 제가 생각하는 대서울의 동남쪽 끝을 다루겠습니다.

오산시의 가장 남쪽에 자리한 경부선＝수도권 전철 1호선 오산역을 지나면 평택시 진위면이 나옵니다. 이 진위면은 옛 진위군의 중심지였으며, 현재 평택시는 이 북쪽의 진위군과 남쪽의 평택군이 합쳐져 만들어졌습니다. 그리고 진위군은 경기도와 충청도를 오갔고 평택군은 충청도에 속해 있었습니다. 1914년의 대규모 행정 구역 개편 때 평택군이 진위군에 편입되어 전체가 경기도가 되었고, 1938년에는 진위군이 평택군으로 바뀌면서 오늘날 평택시의 원형이 만들어집니다. 1981년과 1986년에는 진위면 남쪽의 송탄읍과 평택읍이 송탄시와 평택시로 독립하고 나머지 지역이 평택군으로 남아 있다가, 1995년의 대규모 행정 구역 통합 때 세 지역이 다시 합쳐져서 평택시가 되었습니다.

많은 외지인은 평택시 북부를 오산이라고 혼동합니다. 송탄역 서쪽의 평택시 서탄면에 자리한 미군 기지의 이름이 〈오산 공군 기지〉이기 때문입니다. 송탄 도심의 도로 안내판에도 〈오산 비행장〉이라고 적

평택시 송탄 도심의 도로 안내판에 보이는 〈오산
비행장〉

혀 있을 정도로 이 호칭은 공식적인 것입니다. 하지만 오산시는 수원-화성-오산으로 묶이는 범수원권이고, 평택시는 경기도와 충청도의 경계 지역으로서의 성격을 띠는 별개의 행정 구역이지요. 평택시 송탄의 미군 공군 기지가 〈오산 공군 기지〉라고 불리게 된 이유에 대해서는 여러 가지 설명이 있습니다. 우선 『한국의 발견: 경기도』「송탄시와 평택군」에서는 송탄보다 좀 더 서울에 가까운 오산이라는 지명을 택한 것이라고 추정합니다.

> 비행장이 닦인 때는 육이오전쟁이 끝나 가던 1952년 12월께로서 미국 공군들이 자기들의 기지로 사용하려고 공사를 맡아 했다. 이 공군 기지는 〈케이 55〉로 불리기도 하지만 아직도 〈오산 공군 기지〉라는 이름이 더 널리 알려져 있다. 이 이름은 아마도 오십 년대 첫 무렵에는 송탄의 북쪽에 있으며 서울이나 수원에 더 가까운 오산읍이 이 외국 부대의 위치를 설명하는 데에 더 편리했기 때문에 붙은 듯하다.[1]

하지만 단순히 송탄보다 오산이 더 서울에 가깝기 때문에 송탄의 미군 기지를 〈오산 공군 기지〉라 부르게 되었다는 것은 이해하기 어렵습니다. 그보다는 당시 미군이 쓰던 송탄 공군 기지 지도의 도엽축적 명이 〈오산Osan〉으로 되어 있었기 때문이라는 설이 더욱 그럴 듯합니다. 예를 들어 University of California Map Library에서 공개하는 1969년의 한영 병용 군사 지도 〈Army Map Service L752〉에도 오산이라는 대표 지명이 붙어 있습니다. 이 지도는 한국군과 미군이 공동으로 이용하는 수원 비행장과 송탄의 미군 기지가 모두 표시되어 있어서, 그 중간에 자리한 오산이 대표 지명이 된 것 같습니다.

(위) 진위 향교 가는 길

(가운데) 진위 향교 앞의 기념비들. 태극기와
단기(檀紀) 연호가 인상적입니다.

(아래) 진위역에서 송탄역으로 향하는 1번 국도의
〈K-55 비행장 사거리〉 안내판

한편 평택군을 이루는 북쪽의 진위군과 남쪽의 평택군의 중심지 이던 진위면과 팽성읍에서는 현재 조선 시대 원도심의 흔적을 찾기 어렵습니다. 진위면은 옛 중심지의 흔적을 찾을 수 없을 만큼 쇠락했고, 팽성읍에서는 미군 기지촌으로서의 특성이 더욱 강하게 확인됩니다. 현재 평택군에서 근대의 구도심 흔적을 가장 잘 보여 주는 곳은 경부선 평택역 주변에 형성된 역전 마을입니다. 원래는 조선 시대의 원도심인 팽성읍과 평택역의 중간인 평택역 서쪽에 역전 마을이 형성되었다가, 홍수 피해를 입은 뒤 평택역의 동북쪽으로 중심이 옮겨 와서 현재에 이릅니다.

평택은 1905년 경부선 철도역이 개설되고 1번 국도가 개설됨에 따라 일약 각광을 받게 되었고, 그로써 조그마한 취락이 도시로 발전하는 계기가 되었다. 광복 전까지 평택의 주된 시가지는 평택역 서쪽의 지금의 원평동이었는데, 1946년 대홍수에 따른 물난리 탓으로 침수 지역을 피해 시가지의 중심이 평택역 북동쪽으로 옮겨졌고, 이곳이 오늘날의 평택 시가지로 발전해 왔다.[2]

이렇게 여러 곳의 중심이 존재하는 평택시에서는 〈평택〉이라는 아이덴티티를 어떻게 만들 것인지가 중요한 과제가 됩니다. 제가 본 어떤 현지 언론 기사에서는 〈평택 지역에서는 분열과 갈등을 해소하고 공동체성을 회복하려는 노력이 많지 않았〉고, 〈각 지역마다 지역적 특성을 존중하면서도 평택이라는 공동체성을 회복하려는 노력도 많지 않았다〉는 성찰의 목소리를 적고 있었습니다. 〈향후 평택시가 70만, 100만의 대도시로 성장하여 외부 유입 인구가 급증했을 경우 기존 시민들과는 다른 역사적 전통과 문화를 가진 이질적인 사람들을 평택이라는 공

(위) 오산 비행장 후문의 마을 회관과 오래된 나무.
옛 농촌 마을 시절에는 당나무였겠지요.

(아래) 〈송탄시〉라는 지명이 보이는 옛 문패.
〈도시 새마을운동〉이라는 구호도 인상적입니다.

동체에 녹아들게 하는 데 어려움이 발생할 것〉이라는 우려가 있다는 것입니다.[3]

이 기사는 〈평택〉이라는 공동체성을 〈회복〉해야 한다고 주장하고 있지만, 저는 어쩌면 평택이라는 공동체성은 회복되어야 하는 게 아니라 여전히 만들어지고 있는 중이 아닌가 생각합니다. 진위군과 평택군 그리고 서부의 옛 수원군 지역은 20세기 들어서야 통합되어 경기도 최남단 지역으로 자리 잡았습니다. 여기에 경부선 부설과 함께 카나트식으로 역전 마을들이 형성되었고, 남북에 미군 기지촌도 형성되었습니다. 또 철도가 놓이지 않은 안중 지역은 경부선 평택역 및 서울에 가까운 동북쪽에 있던 버스 터미널이 서해안의 포승항에 가까운 서남쪽으로 옮겨 가면서 평택의 다른 중심들로부터 멀어져 가는 경향을 보입니다. 이렇게 복잡한 역사를 지닌 평택이라는 도농 복합 시가 그렇게 간단히 평택이라는 단일한 정체성을 형성할 수는 없을 터입니다. 이는 파주, 고양, 남양주, 용인 등에 대해서도 마찬가지로 말할 수 있습니다.

진위

북쪽에서 남쪽으로 경부선을 따라 차례로 평택의 중심지들을 확인해 보겠습니다. 우선, 쇠락한 옛 진위군의 중심인 진위역 동쪽 지역입니다. 진위역에 내려서 주변을 둘러보면, 이곳이 조선 시대 진위군의 중심지였다는 사실을 믿을 수 없을 정도로 황량한 느낌을 받습니다. 물론 조선 시대의 군·읍·면 중심지 가운데 이렇게 쇠락해진 곳이 전국적으로 많기는 합니다. 그나마 진위역 주변은 1번 국도를 따라 북쪽의 오산 및 서울과 연결되어 있지만, 옛 진위면 사무소와 진위 향교에 가기 위해서는 버스 배차 간격을 확인해서 버스를 타거나 걸어가야 합니다. 농촌 지역의 버스 배차 간격은 너무 떨어져 있다 보니, 저는 진위역에서

송탄역에서 오산 미군 기지로 갈라져 나가는 군용
철도

면사무소와 향교로 갈 때는 버스를 탔고, 진위역으로 돌아올 때에는 걸었습니다. 걷는 내내 남쪽 송탄의 K-55 또는 오산 공군 기지에서 이착륙하는 전투기 소리가 들판을 가득 채우고 있었습니다.

송탄

화성시 동탄과 함께 제가 두 개의 〈탄〉이라 부르는 송탄역 일대는 오산비행장의 기지촌 성격을 강하게 띠고 있습니다. 1914년에 경기도 진위군 송장면과 일탄면 등을 합쳐 송탄면이라는 이름의 행정 단위가 탄생했고, 1981년부터 1995년 사이에는 송탄시로서 존재했습니다. 이렇게 잠시 시로 승격했다가 도로 통합된 사례로는 남양주군에서 독립했다가 도로 합쳐져서 남양주시가 된 미금시가 있지요. 송탄이 한때 시로 승격한 이유에 대해 『한국의 발견: 경기도』 「송탄시와 평택군」에서는, 1969년에 발표된 닉슨 독트린에 따라 1970년대 초에 미군이 재배치될 때에도 송탄 지역의 공군은 오히려 증강되다 보니, 이를 배려하는 차원에서 송탄을 당시의 평택군에서 떼어 내어 시로 승격시켰을 것이라고 추정합니다.

　이 나라의 다른 기지촌들이 칠십 년대에 많이 〈몰락〉해 버린 것과 달리, 송탄이 팔십 년대에 들어 시로 승격될 만큼 여전히 〈번창〉해 온 것은 미국이 육군을 철수할 계획을 발표하면서도 공군은 도리어 보강했기 때문이다. 그리고 이곳에서 나도는 소문에 따르면 군 소재지이고 모든 조건이 훨씬 나은 평택읍을 제치고 먼저 송탄이 시가 된 데에는 이런 점이 고려되었다. 곧 송탄 비행장으로 이 나라에 들어오게 되는 미군들에게는 송탄이 이 나라의 첫 얼굴인 만큼 이곳을 국제적인 위락 도시로 꾸며야 한다는 것이다.[4]

송탄 미군 기지촌의 경관

(위) 송탄의 오산 미군 기지 근처에 자리한 화상 중국집과 햄버거 가게 　　(아래) 황해도 실향민들이 세운 송탄의 신흥 교회

경부선 송탄역에서 갈라져 나와 오산 미군 기지로 들어가는 군용 철도를 따라 형성된 송탄역 서쪽의 기지촌 경관에 대해서는 제가 굳이 더 말씀드릴 필요가 없겠습니다. 송탄역 기지촌의 언덕배기에 자리한 신흥 교회가 1952년에 황해도 실향민들이 노상 예배를 드린 데에서 출발했다는 사실은, 6·25 전쟁으로 인해 발생한 실향민과 미군 기지의 관계를 생각하게 해줍니다. 미군 기지와 실향민들의 관계에 대해 평택 시민신문에서 출판한 『미군 평택 주둔 약사 및 생활문화에 끼친 영향』에서는 다음과 같이 설명하고 있습니다.

> 미군 기지가 주둔하면서 기지 정문과 후문이 있었던 적봉리와 사거리 일대, 신장동 제역동 지역(일명 지골)에는 기지촌이 형성되었다. (……) 미군 기지 초기에는 정문이었다가 나중에 후문으로 설치된 서탄면 적봉리(현 서정동)와 서정동 사거리 일대에도 기지촌이 발달했다. 1960, 70년대 인구가 급증하면서는 신장 2동 송월동과 밀월동 일대에도 호텔과 민가, 상가들이 들어섰고, 서정동에 속하는 복창동과 신흥 마을에도 전쟁 피난민과 빈민들의 정착촌이 형성되었다.[5]

한편 송탄역 동쪽 지역은 1번 국도를 따라 고층 아파트 단지와 같은 일반적인 주거 지역이 형성되어 기지촌과 분리되어 있고, 이 주거 지역에서 더 동쪽으로 들어가면 팽성읍의 캠프 험프리스를 건설하면서 고향을 떠나야 했던 농민들이 이주한 지산 이주 단지가 다소 고립되어 자리하고 있다는 사실도 인상적이었습니다.

서정리역과 평택역

송탄역에서 하나 아래에 있는 서정리역의 동쪽과 서쪽의 경관은 완전히 다릅니다. 동쪽 지역에는 한 자리 국번의 개성 있는 폰트 간판들이 있는 서정리 시장과 옛길이 남아 있는 반면, 서쪽 지역에는 삼성전자 평택 사업장과 평택 고덕 신도시가 자리하고 있어서 평택시의 과거와 미래를 서정리역에서 동시에 볼 수 있습니다. 서정리역 서쪽의 확장 강남적 분위기는, 서정리역에서 하나 아래에 있는 지제역의 동쪽인 평택 지제 세교 지구와 쌍용자동차 본사 주변에서도 확인됩니다.

그리고 평택역. 평택역 북쪽의 재래시장인 통복 시장 안에는 한때 전국적으로 많이 만들어진 이른바 〈청년 시장〉이 자리하고 있습니다. 저는 국가와 지자체의 예산에 의존하는 〈청년 시장〉의 미래에 부정적입니다. 하지만 재래시장 한가운데 자리한 이곳 〈통복 청년 숲〉에 젊은 분들이 모여 있는 모습이, 이 지역의 많은 분들에게 위안을 주고 있겠구나 하는 느낌을 받았습니다. 또 어떤 건물에 중국과 아시아 각국의 이주민들을 대상으로 하는 가게들이 나란히 입주한 모습에서, 평택 구석구석까지 이들 이주민들이 진출해 있다는 사실을 확인했습니다.

한편 평택역 동쪽에는 평택 시청을 비롯하여 주거 지역이 넓게 자리하고 있는데, 저층 아파트 단지와 주공 아파트 단지, 단독주택이 섞여 있는 가운데 주한 미군 군무원들을 위한 〈외기 노조 C지구 아파트〉가 자리하고 있는 모습이 인상적이었습니다. 〈외기 노조〉는 〈전국 외국 기관 노동조합 연맹〉의 준말이며, 외기 노조 아파트와 주택이 전국의 미군 기지 인근에 많이 형성되어 있습니다. 송탄과 팽성의 두 미군 기지에서 꽤 떨어져 있는 이곳까지도 미군 기지의 영향권 안에 있음을 알게 해주는 시설입니다.

(위) 서정리 시장의 옛길 　　　　　　(아래) 서정리라는 지명의 유래가 된 서정 우물

(위) 평택역 인근에 남아 있는 일본식 건물 　　　　　(아래) 통복 청년 숲

평택역 동부 지역에서 확인되는 다양한 아파트

외기 노조 C지구 아파트

평택 팽성읍 안정리

한편 평택역 서남쪽에는 옛 평택역 역전 마을이던 원평동이 있습니다
만, 앞에서 인용했듯이 이 지역은 1946년의 홍수로 안성천이 범람하면
서 큰 피해를 입었다고 합니다. 그래도 아직 옛 건물과 블록이 남아 있
어서, 이곳이 한때 평택의 일대 중심이었음을 증언하고 있습니다.

원평동에서 버스를 타고 서남쪽으로 조금 가면, 옛 평택군의 중심
지이자 캠프 험프리스의 기지촌인 팽성읍 안정리가 나타납니다. 옛 평
택군의 중심으로서의 모습을 전하는 것은 팽성읍 객사의 건물 한 동,
평택 향교와 〈농성(農城)〉이라 불리는 옛 토성 정도이고, 그 밖에는 미
군 기지촌으로서의 성격이 강한 지역입니다. 그런 가운데 윤보선 전 대
통령의 일족이 이 지역에 기반을 두고 있어서, 〈윤보선 전 대통령 각하
께서 부지를 희사하시다 / 1980. 5. 21〉이라는 머릿돌을 붙인 〈대한노
인회 팽성 분회 부용 노인정〉 건물과 같은 흔적을 남기고 있습니다. 그
래서 『한국의 발견: 경기도』 「송탄시와 평택군」에서는, 외부인들에게
기지촌으로서만 알려진 평택 팽성읍 안정리가, 사실은 천여 년의 역사
를 지닌 유서 깊은 지역임을 굳이 강조하고 있습니다.

평택 향교나 윤보선 씨 집안의 선산은 안정리 기지촌의 그 삭막한
풍경이 팽성읍의 실상이 아님을 짐작게 한다. 실제로 그 안정리에
는 삼국 시대에 쌓았다고 전해지는 토성의 터가 남아 있어 이곳의
역사가 결코 짧지 않음을 보여 준다.[6]

평택의 이주 단지들

앞서 송탄역 동쪽의 주거 단지에서 좀 더 안쪽으로 들어가면 캠프 험프
리스 조성 당시에 발생한 이주민들을 정착시킨 지산 이주 단지가 있다

고 말씀드렸습니다. 이곳의 행정 중심인 동안 마을 회관의 준공비에는 마을 유래가 적혀 있지는 않지만, 〈시행청: 평택시 한미 협력 사업단〉이라는 구절에서 사연을 짐작게 합니다.

평택시에는 캠프 험프리스를 만드는 과정에서 고향을 떠난 분들이 정착한 이주 단지가 네 곳 있습니다. 지산, 남산, 두릉, 노와 지구입니다. 이 가운데 노와 지구는 이주를 둘러싸고 물리적 충돌을 빚었던 대추리 지역의 주민들이 정착한 곳입니다. 노와 지구는 경기도 평택시와 충청남도 천안시의 경계 지역에 자리하고 있습니다. 남산 지구는 충청남도 아산시와의 경계 지역에 자리하고 있고요. 이주 단지를 하필이면 이런 땅 끝에 두었구나 하는 느낌이 듭니다. 또 이 네 정착지는 서로 상당한 거리를 두고 떨어져 있어서, 〈고향을 떠나야 하는 것도 억울하실 텐데 왜 이렇게 뿔뿔이 흩어 놓았나〉라는 생각을 하게 합니다.

한편 고덕 신도시 건설에 따른 이주민들이 정착한 율곡 마을도 두릉 지구 가까이에 있습니다. 율곡 마을의 어느 집 벽에는, 고향의 모습을 그린 듯한 벽화가 있어서 이분들의 심정을 짐작게 했습니다. 율곡 마을의 남쪽 끄트머리에서는 저 멀리 고덕 신도시가 보입니다.

캠프 험프리스 건설로 수많은 실향민이 발생했습니다. 두릉 이주 단지의 남쪽 공원에 서 있는 마을 유래비와 공적비를 읽으며 생각합니다. 국가의 안보를 걱정하는 것과, 국방을 위해 고향을 내놓은 제자리 실향민을 기리는 것은 결코 모순되는 일이 아니라고. 아래의 마을 유래비에 등장하는 이주민들의 옛 고향 〈황구지리〉는 K-55 후문의 도로 안내판에 보이더군요. 그리고 두릉 이주 단지에는 옛 마을의 이름을 옮겨 붙인 〈황구지 마을 길〉이라는 이름이 보였습니다.

희로애락을 함께해 온, 그 이름도 정다운 우리 고향 황구지리, 금

팽성읍 안정리의 경관

(위) 팽성읍 안정리의 경관

(아래) 안정리 부용 노인정. 윤보선 전 대통령의
흔적이 남은 도시 화석을 볼 수 있습니다.

농공 단지에 인접하여 자리한 남산 이주 지구

(위) 지산 이주 단지의 마을 회관 준공 기념비와   (아래) 율곡 마을의 벽화
대추리 이주민들이 정착한 노와 지구 안내도

율곡 마을과 고덕 신도시

공적비

꿈에서도 잊지 못할 정든 고향을 조국의
품에 안겨준 후 이곳 평택시 고덕면
두릉3리에 택지를 조성하고 이주 정착
하기까지 온갖 수고를 아끼지 않고 애쓰신
분들의 노고에 감사함을 표하며 이 공적비를
건립합니다.

두릉 이주 단지의 마을 유래비와 공적비

(위) 〈황구지리〉라는 지명이 보이는 도로 안내판   (아래) 평택시 송탄의 진천 미곡 상회

각 2리 마을은 2005년 국방 사업에 의해 수용됨으로써 300여 년
의 시간을 간직한 채 안타깝게 역사의 뒤안길에 놓이게 되었습
니다. 이에 우리 주민들은 대책 위원장(한상길)을 중심으로 평택
시 및 국방부와 협력하여 하늘과 땅과 사람이 화합하는 이곳 두릉
3리에 새로이 터를 닦아 2009년부터 이주, 옛 고향의 아름다운 황
구지리 그 맥(脈)을 이어 가려 합니다.

 꿈에서도 잊지 못할 정든 고향을 조국의 품에 안겨 준 후 이곳
평택시 고덕면 두릉 3리에 택지를 조성하고 이주 정착하기까지 온
갖 수고를 아끼지 않고 애쓰신 분들의 노고에 감사함을 표하며 본
공적비를 건립합니다.

 두릉 단지 주민들이 세운 공적비에는 〈꿈에서도 잊지 못할 정든 고
향을 조국의 품에 안겨〉 주었다는 구절이 보입니다. 『갈등 도시』에서는
성남시의 분당·판교 신도시를 개발하기 위해 이주해야 했던 동간 마을
이라는 옛 마을의 주민들이 남긴 「동간 마을 모향비」를 소개했었는데,
그 망향비에도 〈조국을 위해 고향을 바친다〉는 내용의 문구가 보입니
다. 〈이산가족 생각하며 나라 사랑 키우리라 (……) 우리 조국 이 강산
을 다 함께 고향 삼자.〉 분단과 6·25 전쟁이 낳은 수많은 실향민처럼,
자신들도 국가의 정책에 부응하기 위해 기꺼이 고향을 내놓은 〈제자리
실향민〉이라는 마음.
 경기도의 남쪽 끝에서 생각합니다. 대서울은 실향민의 도시라고.
그리고 대서울 구석구석에서는 망향의 돌들이 고향을 떠난 제자리 실
향민들을 대신해서 외치고 있습니다.

천안역

평택시 남부에 오니 충청도의 느낌이 강해집니다. 조금 뒤에 살필 경기도 동남부 끝의 안성시도 그랬듯이, 이들 지역은 경기도와 충청도에 번갈아 속했었지요. 송탄역 서쪽의 마을 언덕배기에 있는 고풍스러운 간판의 〈진천 미곡 상회〉가 그렇고, 안성은 진천과 경계를 접하고 있어서 자신의 안성 친척들이 충청도 말씨를 쓴다는 지인의 이야기도 들었습니다.

평택역을 지난 경부선 또는 수도권 전철 1호선은 경기도와 충청남도의 경계를 넘어 천안시 성환역에 도착합니다. 법률적으로는 서울과 경기도가 수도권이지만, 실제로는 이 철도 노선을 따라 충청남도의 북부 지역까지 서울과의 통근·통학권이 형성되어 있습니다. 경기도를 넘어 충청남도와 강원도 일부로까지 대서울이 확대되고 있는 것입니다.

1894~1895년 청일 전쟁 당시 일본군이 승리를 거둔 지역이다 보니 일본인 이민자들의 큰 관심을 받았던 성환은, 경부선 성환역이 개통되면서 역전 마을로서 번성합니다. 예전에 성환 신사가 있던 언덕 주변에는 잘 지은 일본식 가옥들이 남아 있고, 구도심 시절에 형성되었을 옛길도 확인됩니다.

경부선 열차를 따라 이곳에 정착했을 화교가 운영하는 수준 높은 화상 중국집도 있습니다. 이 가게 정문 왼쪽에 붙어 있는 〈태공재차(太公在此)〉라는 부적은 〈강태공재차, 백무금기(姜太公在此, 百無禁忌)〉의 줄임말로, 〈강태공이 이곳에 있으니 악한 기운은 물러가라〉라는 뜻입니다. 한편으로 이제는 폐업한 미군 기지촌 형태의 양복점 건물에서는 이 지역까지 평택 미군 기지의 영향권이었음을 알 수 있고, 곳곳에 보이는 러시아어 간판과 낙서에서 성환역 일대에 이 지역 이주민들이 진출해 있음을 짐작할 수 있었습니다.

성환역 역전 마을의 경관과 일본식 가옥

(위) 성환역 역전 마을의 옛길과 화상 중국집 　　(아래) 성환역 역전 마을 곳곳에서 확인되는
　　　　　　　　　　　　　　　　　　　　　　　러시아어

남산 공원에서 신사의 흔적으로 추정되는 유물들

(위) 남산 공원에서 신사의 흔적으로 추정되는 유물들 　　(아래) 남산 공원의 순국 군경 충혼비

성환역을 지나면 이 지역의 교통 결절점인 천안역이 나타납니다. 그 사이에는 옛 직산군의 중심지였던 직산 향교와, 향교에서 약간 떨어진 곳에 세워진 직산역이 있습니다. 한때 직산군은 평택군과 진위군을 포함하고 있었으니, 직산군을 중심으로 해서 북쪽으로는 진위부터 남쪽으로는 천안까지 하나의 권역이었다고 할 수 있습니다. 하지만 이렇게 큰 세력을 이루었던 직산군도 이제는 성환과 천안 도심 사이에 자리한 한적한 도농 복합 지역이 되어 있습니다.

천안역을 중심으로 형성된 천안 도심은 충청남도의 중심 도시이자 대서울의 동남쪽 끝입니다. 이번 책에서는 충청남도의 도시로서가 아닌, 철도를 따라 카나트식으로 발달한 대서울의 확장으로서의 천안만 언급할 것입니다. 『한국의 발견: 충청남도』「천안시와 천원군」에서는 다음과 같이 교통 결절점으로서의 천안의 성격을 설명합니다.

뭐니 뭐니 해도 천안시의 진짜 얼굴은 교통 도시로서의 모습이라고 할 수 있겠다. (……) 이 시에는 경부선, 호남선, 장항선, 안성선이 지나가며 경부고속도로와 호남고속도로가 지나간다.[7]

이 인용문에서 〈안성선이 지나〉가고 있다고 현재 진행형으로 적은 것은, 안성선이 운행되던 마지막 시기의 증언이기에 매우 귀중합니다. 안성선은 1985년 4월 1일에 전체 노선에서 여객 취급을 중지했고, 1989년 1월 1일 자로 선로를 철거하고 역을 폐쇄했습니다. 제가 가지고 있는 『한국의 발견: 충청남도』는 1983년에 제1판 1쇄가 출간되었고 1992년에 제8판 2쇄가 출간되었습니다. 그러니 위의 인용문은 1983년에 기록된 뒤 1989년 이후에도 수정되지 않은 채로 계속 실린 것입니다. 저는 『한국의 발견』을 근현대 한국 답사의 가장 중요한 지침서로 여기고 있으며, 이런 오류를 찾아내고 수정함으로써 〈신한국의 발견〉을 만들어 내는 것이 우리 세대의 임무라고 믿습니다.

천안 도심은 상당히 넓지만, 그 가운데 경부선 천안역 개통과 함께 형성된 구도심은 남산 공원입니다. 이 자리에는 원래 사직단이 있었는데, 식민지 시기에 사직단을 헐고 신사가 세워졌으며, 광복 후인 1957년(단기 4290)에는 신사를 헐고 〈순국 군경 충혼비〉 등의 비석을 세웠습니다. 공원 곳곳에는 여전히 신사의 흔적이 남아 있는 것이 인상적이고, 충혼비를 새긴 장인이 뒷면에 남긴 〈천안 석공장 근제〉, 즉 〈천안의 석공 장인이 삼가 만들었습니다〉라는 순한글 비문도 아름답습니다.

남산 공원에서 북쪽으로 상업 지구를 따라 걷다 보면 유서 깊은 가게들이 많이 자리하고 있음을 확인하게 됩니다. 20세기 전기에 일본인들이 거주하면서 생겨났을 이 중앙동 상업 지구를 처음 방문한 것은 2019년 봄이었습니다. 일부 가게가 폐업한 상태였고, 몇몇 가게들 앞에는 재개발 반대 구호가 적혀 있었습니다. 재개발 열풍이 천안 구도심에도 어김없이 찾아온 것입니다. 다른 관점에서 생각하면, 수도권 전철을 통해 대서울의 동남쪽 끝에 포함된 천안시에 이런 구도심이 아직까지 남아 있다는 것이 신기한 일이기도 하지요.

중앙동을 지나 좀 더 북쪽으로 올라가면 천안 역전 시장과 여인숙 블록, 그리고 한때 천안의 양대 시장이었던 자유 시장이 나타납니다. 이들 블록에서 천안역 쪽을 바라보면, 천안의 명물 호두과자 브랜드 가운데 하나인 〈학화 호도과자〉 가게가 보입니다. 호두과자의 유래는 정확하지 않지만, 일본 규슈 지역의 토속 과자에서 힌트를 얻은 식민지 시기의 일본인들이 천안 지역의 명물인 호두를 동그란 과자에 집어넣었을 것으로 보기도 합니다. 여담이지만 고속도로 휴게소에서는 호두

(위) 천안 중앙동 구도심   (아래) 천안역 근처의 학화 호도과자

과자 모양을 본떴지만 호두가 없는 〈호두 맛 과자〉를 많이 팔지요.

> 기차를 타고 천안시를 지날 때면 거의 빠짐없이 듣는 〈천안 명물 호도과자〉의 원료인 호도가 많이 생산되는 곳은 천원군에서도 광덕면 광덕리의 상사 부락이다. (……) 광덕면의 호도를 원료로 해서 식민지 시절에 일본 사람들이 과자를 만들어 팔기 시작했다. 해방 뒤에 이들의 기술을 이어받은 사람이 〈학화 호도과자〉, 〈삼거리 호도과자〉, 〈능수 호도과자〉 같은 공장들을 차려 계속 호도과자를 만들어 냈다.[8]

천안 역전 시장 근처에는 여인숙 블록과 성매매 집결지가 자리하고 있습니다. 천안이 워낙에 교통의 요지이다 보니 이런 블록이 생겨난 것이라 하겠습니다. 그렇다 보니 역 근처에는 역전 시장과 자유 시장이라는 대형 시장이 들어섰고요.

> 천안시 대흥동에 있는 시외버스 정류장은 천안시로 통학하는 학생들, 천안시에서도 가장 큰 중앙 시장이나 자유 시장으로 장을 보러 오가는 사람들 그리고 이런저런 일 때문에 이곳을 찾는 사람들로 늘 붐빈다.[9]

위의 인용문에서도 강조하고 있듯이, 1969년에 개설된 자유 시장은 당시로서는 획기적인 주상 복합 건물을 도입하는 등 첨단 시설을 갖추어 인기를 누렸습니다. 하지만 현재는 이 주상 복합 건물들이 재난 위험 시설 E등급을 받아 접근이 통제되고 있습니다. 이곳 자유 시장뿐 아니라, 반세기 전에는 나름대로 야심 차게 건설한 상가 건물들이, 건

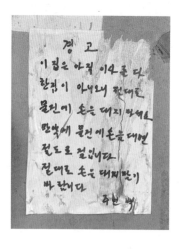

(위) 천안역 앞의 성매매 집결지

(가운데) 천안 자유 시장

(아래) 천안 자유 시장의 입구에 붙은 경고문

천안역 철도 관사 단지

천안역 철도 관사 단지의 경관 변화.
2019년과 2021년

천안천 동쪽의 천변 마을

설 당시의 기술적 한계와 건설 후의 유지 보수 문제로 인해 전국 곳곳에서 철거를 앞두고 있습니다. 상가 건물 입구에 붙은 경고문이 자유 시장의 현재 상황을 짐작게 했습니다.

이 집은 아직 이사를 다 한 집이 아니오니 절대로 물건에 손을 대지 마세요. 만약에 물건에 손을 대면 절도로 걸입니다. 절대로 손을 대지 말기 바랍니다.
　주인 백

자유 시장에서 동북쪽으로 조금 걸어가면 옛 천안역 직원들이 머물던 철도 관사 단지가 나타납니다. 천안역의 규모와 중요성에 비례해서, 이 철도 관사 단지도 상당한 면적을 차지하고 있습니다. 그리고 당연하다면 당연하게, 이 지역도 재개발을 앞두고 있는 듯했습니다. 2019년 8월과 2021년 4월, 두 차례 이곳을 방문해서 똑같은 각도의 사진을 찍어 비교해 보니, 1년 반 사이에 관사 단지 남쪽과 천안역 사이에 대규모 고층 아파트 단지가 상당히 올라가 있더군요. 이 관사 단지에 대한 개발 압력도 상당히 높을 것으로 짐작되었습니다. 천안역 인근에 자리한 교통의 요지인지라 결국 재개발을 피할 수는 없을 터입니다. 하지만 천안 역전 시장-여인숙 블록-천안 자유 시장-천안역 철도 관사 단지로 이어지는 역전 마을의 규모가 크기 때문에, 한꺼번에 철거와 재개발이 이루어지지는 못하고 한동안 예선 모습을 남길 것 같습니다. 관심이 있는 분은 늦기 전에 이 일대를 한번 방문해 보실 것을 권합니다.

봉명역과 쌍용역
한편 천안역에서 서남쪽으로 수도권 전철 1호선을 타고 가면 봉명역과 쌍용역이 나타납니다. 쌍용역은 나사렛대학교가 인접해 있어서 유명한데, 역에 내려서 북쪽으로 나가니 천안 향교 유림 빌딩이 있더군요. 봉명역과 쌍용역 사이에는 시영 근로 복지 아파트를 비롯한 크고 작은 형태의 아파트와 집장사집이 혼재되어 있는데, 일부 지역에서는 재개발·재건축이 한창 진행되고 있었고 어떤 아파트 단지에는 재건축 사업 창립총회가 열리는 것을 축하하는 플래카드가 걸려 있었습니다.

봉명역 동쪽으로 천안천을 향해 걸어가다 보면 20세기 중기부터 21세기 초기에 걸쳐서 차곡차곡 형성된 시층이 존재하는 블록을 만나게 됩니다. 봉명로, 우영 1길, 천안천 2길, 장항선 철로로 구획된 이 블록은 천안천과 경부선 철로 너머 동쪽에 자리 잡은 남산 공원과 중앙동처럼 식민지 시기에 형성된 구도심은 아닙니다. 아마 빨라야 분단 이후, 늦으면 1960~1970년대에 형성된 천변 마을일 터입니다. 하지만 제가 답사한 천안시 영역 가운데에는 가장 임팩트 강한 시층을 보여 주는 곳이었습니다.

장항선과 아산시

쌍용역을 통과한 수도권 전철 1호선은 산을 넘어 충청남도 아산시에 들어갑니다. 이곳에서는 장항선=수도권 전철 1호선 아산역과 KTX·SRT 천안아산역이 교차합니다. 장항선의 출발점은 천안역이지만 천안역은 경부선의 역이기도 하고, 장항선 답사를 할 때마다 이곳 천안아산역에서 출발하다 보니 저에게는 이곳이 실질적인 장항선의 출발점으로 느껴집니다.

처음에 개통됐을 때에는 충남선이라 불렸던 장항선은, 천안-아산-장호원 간을 운행하던 경기선(안성선)과 함께 조선 경남 철도 주식회사가 운행했습니다. 경상남도의 경남(慶南)이 아니라, 경기도 남쪽

의 경남(京南)입니다. 1922년에 영업을 개시했고 1931년에 전체 노선
이 개통된 충남선, 즉 장항선은 처음에는 서천군 장항읍이 종착역이었
기 때문에 장항선이라 불렸을 터입니다. 하지만 장항선은 중앙선과 마
찬가지로 계속해서 철도 노선을 개량한 것으로 유명한데, 그 과정에서
2007년부터 장항선은 더 이상 장항읍을 지나지 않게 되었고, 익산역이
종착역이 되었습니다. 충남선인데 전라북도 익산을 종착역으로 삼게
되었고, 장항선인데 장항읍에 들어가지 않으니, 여러 의미에서 명실상
부하지 않다는 느낌입니다. 시민들에게 혼란을 주지 않기 위해 익산선
으로 이름을 바꾸면 어떨까 싶기도 합니다.

천안시를 빠져나온 장항선=수도권 전철 1호선은 아산시에서 아
산역, 배방역, 온양온천역, 신창역, 도고온천역을 지나 예산군으로 들
어갑니다. 이 중 수도권 전철 1호선은 신창역까지 운행하고 있고, 수도
권 전철 1호선을 이용해서 신창역 주변의 순천향대학교 등으로 통학하
는 학생이 많습니다. 더욱이 아래에 인용하듯이 이미 1980년대부터 아
산군=아산시는 서울권으로 간주되어 왔기에, 저는 수도권 전철 1호
선 신창역까지를 2021년 현재의 대서울 서남부 끝으로 상정하고 있습
니다.

아산군은 가까운 곳에 천안시와 도청 소재지인 대전시가 있으나
입김이 더 센 서울에서부터 백 킬로미터가 조금 넘는 거리에 놓여
있기 때문에 생활은 서울시에 더 밀착되어 있다.[10]

그런데 위에서 인용한『한국의 발견: 충청남도』「온양시와 아산
군」의 첫머리에 재미있는 구절이 보입니다. 〈온양 온천의 뜨거운 물에
몸을 담가 본 사람들 중에도 온양시가 아산군의 군청 소재지인 줄을 모

르는 이가 더러 있는 듯하다.〉(172면) 온양 온천으로 유명한 온양시에 아산군의 군청 소재지가 있다는 걸 사람들이 모른다는 이야기입니다. 하기는 그럴 법한 게, 온양은 1986년부터 1995년까지 딱 10년 동안만 온양시였으며, 1995년 행정 구역 통폐합 때 아산군과 온양시가 통합되어 아산시가 되었으니, 미금시나 송탄시처럼 짧은 기간 존재한 온양시와 아산군의 관계를 외지인이 파악하기는 쉽지 않을 것입니다.

신창

아산시 신창면 오목리의 옛 신창역 주변에서 태어난 소설가 복거일 선생은 온양군, 아산군, 신창군을 1914년에 통합할 때 그 이름이 아산군으로 정해진 것은 조선 총독부와 조선에 거주하던 일본인들의 의향이었다고 추정합니다. 『누구에게나 고향은 그리움이다』 속의 글입니다.

> 현재의 아산시는 온양군, 아산군, 신창군의 세 고을들이 1914년 조선 총독부에 의해 통합되어 생겼다. 세 고을들 가운데 온양군이 가장 컸으므로, 이름을 온양시로 하는 것이 사리에 맞을 터였다. 그러나 조선 총독부에서는 청일전쟁에서 일본 해군이 크게 이긴 풍도 해전이 아산만 앞바다였고 육군이 첫 승리를 거둔 곳이 아산이었다는 사실을 기념하여, 세 고을들을 합칠 때 이름을 아산으로 정했다.[11]

조선 시대부터 세력이 있던 아산군과 온양군은 그 후로도 상호관계를 맺으며 각각 유명세를 떨쳤지만, 신창군은 수도권 전철 1호선의 전철역으로서 외부에 이름이 알려진 것 이외에는 그 존재감이 미미한 듯합니다. 더욱이 장항선 노선을 개량하면서 옛 신창역과 새 신창역이

옛 신창역

꽤 떨어진 곳에 자리하게 되다 보니, 1926년에 개업한 옛 신창역 주변에 형성된 구도심은 쇠락의 기미가 역력합니다. 한편으로는 신창 향교와 신창현 역사 공원이 자리하고 있어서 조선 시대 신창군의 중심이었음을 전하는 읍내리가 옛 신창역과 새 신창역의 중간 지점에 위치하므로, 두 개의 신창역 역전 마을을 연결할 수도 있겠다는 예상을 하게 합니다.

신창은 스스로의 자리를 쭉 지킬 수 없었던 작은 고을이었다. 게다가 세력이 큰 온양이 바로 이웃이라 지역 사회로서의 응집력이 약할 수밖에 없었다. (……) 근세에 온천을 가진 온양이 관광 도시로 급속히 번창하면서, 신창은 스스로의 생활권을 이루지 못하고 점차 온양의 변두리 지역으로 바뀌어 갔다.[12]

복거일 선생은 6·25 전쟁 당시 신창역 주변에서 좌익 세력과 우익 세력에 의한 학살이 각각 일어났고, 그 가운데 우익 측의 보복은 〈신창역 바로 앞에 있던 동양 척식 주식회사의 쌀 창고를 중심으로〉(166면) 이루어졌다고 증언합니다. 현재 신창역 폐역 주변에는 몇 채의 창고가 남아 있고, 그중 어느 것이 동양 척식 주식회사의 창고인지 저는 알지 못합니다.

6·25 전쟁을 전후해서 장항선 주변에서는 좌익과 우익의 학살이 번갈아 이루어졌는데, 예산읍 주교리의 경우는 농협 창고에서 학살이 이루어졌다는 증언이 있습니다.[13] 저는 신창역 폐역 주변에서 일어난 이 학살 사건에 대해 복거일 선생의 글을 통해 처음 알게 되었습니다. 외지인들에게는 공개하지 않아도 좋으니, 현지에서 이런 역사를 잘 정리해서 지역의 후세인들에게 남겨 주실 것을 희망합니다.

옛 신창역 역전 마을의 경관

옛 신창역 역전 마을의 경관

신창역 폐역 근처의 창고들

(위) 신창 면민 일동이 단기 4272년(1939)에
세웠다고 하는 면장 강장희 선정비

(아래) 모산 건널목 참사 위령탑

옛 신창역이 폐쇄되고 새로운 신창역이 생기면서 옛 신창역 주변의 역전 마을은 쇠퇴 위기에 처해 있습니다. 이에 비해 같은 장항선의 폐역 역전 마을이지만, 아산시 배방면의 옛 모산역 역전 마을은 그 양상이 조금 다릅니다.

1970년 10월 14일에 서울 경서중학교 학생들이 탄 관광버스가 장항선 열차와 충돌해서 45명이 사망한 모산 건널목 참사를 추도하는 비석이 옛 모산역에서 동쪽으로 500미터 정도 떨어진 옛 건널목 위치에 세워져 있습니다. 어두운 역사도 제대로 위령하고 기억하는 모습입니다.

또한 옛 모산역과 지금의 배방역은 신·구 신창역에 비하면 상대적으로 가까운 곳에 위치하고 있어서, 옛 모산역 역전 마을은 배방역의 역전 마을로서도 기능할 수 있습니다. 아직은 잠시 폐역의 역전 마을로서 방문객들에게 쓸쓸한 느낌을 주고 있지만, 아산 배방 월천 지구 개발이 끝나면 옛 모산역 역전 마을은 신도시의 일부로서 빠르게 도시화가 진행될 것 같습니다. 그러고 나면 아마도 옛 역전 마을의 형태가 사라질 것으로 예상됩니다.

온양 온천

신·구 신창역과 모산역·배방역 사이에 자리한 온양온천역은 더 이상 설명할 필요가 없는 관광지이지요. 유서 깊은 온양 행궁 자리에 세워진 온양 관광호텔 구내에 서 있는 비석들은 이곳 온양 온천이 전근대부터 잘 알려진 탕치(湯治)의 장소였음을 전합니다. 조선 시대에 이곳에 붙은 〈신정(神井)〉, 즉 신비롭고 성스러운 샘물이라는 말을 살려서, 식민지 시기에는 근처의 저수지에 신정호(神井湖)라는 이름이 붙여졌습니다. 장항선을 운영하던 경남 철도 주식회사에서 여객 수익을 올리기 위해, 철도역 인근의 농업용 저수지를 관광용으로 정비한 것이지요. 경부선 안양역 인근에 안양 수영장을 설치한 것과 마찬가지 영업 전략이고, 농업용 저수지로 건설된 백운 호수·반월 호수가 유람지로서 인기를 끄는 것과 마찬가지 현상입니다.

온양온천역 일대에는 옛 온천장 마을의 경관이 비교적 잘 남아 있습니다. 특히 주목할 만한 옛 블록은 온천동의 온천천 주변에 형성된 성매매 집결지와 싸전 지구입니다. 제가 이곳을 방문한 2019년 3월, 장미 마을이라 불리는 성매매 집결지 내의 도로를 확장·포장하겠다는 시청의 안내문을 보았습니다. 요는 도로를 넓히면서 집결지를 구도심에서 없애겠다는 것인데, 아산시가 생각하는 자기 도시의 바람직한 모습이 간결하게 표현되어 있었습니다.

목적: 기존 도로(소로 3-17호선)를 확포장(중로 2-51호선)하여 정부의 성매매 집결지에 대한 폐쇄 방침과 함께 아산시 관내 성매매 집결 지역을 대체하고 원주민 재정착을 지속 가능한 도시 재생과 지역 정서에 부합하는 해당 지역을 활성화하는 데 그 목적이 있다.

위의 안내문에서는 〈원주민 재정착을 지속 가능한 도시 재생〉이라고 나오지만, 온천천을 사이에 두고 성매매 집결지와 마주하고 있는 싸전 지구를 둘러싼 그 후의 동향을 보면 시청의 주장이 명실상부하지 않거나, 최소한 시의 바람이 현실에서는 이루어지지 않는 것 같습니다.[14] 당연히 외지 사람인 저로서는 싸전 지구의 재개발을 둘러싼 내밀한 움직임까지 파악하지는 못하지만, 과연 이 지역에 건설될 LH 행복 주택에 원주민 재정착률이 얼마나 될지 지켜보려 합니다. 제가 싸전 지구를 답사한 1년 뒤에 아산시가 강제 수용을 시작했다고 하니, 다음에 이 지

신정호의 경관

(위) 온양온천역 주변의 경관

(아래) 장미 마을 도로 정비 안내문

싸전 마을의 경관

싸전 마을의 경관

역을 방문했을 때에는 온천천 양편의 옛 블록은 모두 사라진 뒤일지도 모르겠습니다.[15]

수원시 서북부의 화서역부터 천안역을 거쳐 이곳 아산시의 새 신 창역까지는 대학교와 첨단 산업 기지가 밀집해 있습니다. 그러다 보니 답사를 마치고 귀가할 시간을 잘못 고르면 만원 전철에 시달려야 합니다. 그래서 이번에 이 책을 준비하기 위해 수원·오산·평택·천안·아산 을 살필 때에는 혼잡한 열차를 피해서 일부러 각 도시의 버스 터미널을 이용했습니다. 이들 지역은 지하철 이상으로 고속버스나 시외버스로 도 대서울 각지로 이동하는 것이 편리하기 때문입니다.

물론 편리한 교통은 장항선의 새 신창역까지만 해당합니다. 수도 권 전철 1호선이 신창역을 넘어 서남쪽으로 연장되지 않는 한, 한동안 대서울의 서남쪽 경계선은 아산시의 어딘가에서 그어질 듯합니다. 신 창역을 지나 존재하는 도고온천역부터 서천군 장항읍의 옛 장항역까 지, 장항선 철로를 따라 카나트식으로 형성된 도심들에 대해서는 한국 도시 아카이브 시리즈의 충청남도 편에서 다룰 것을 약속드립니다.

경기선 또는 안성선

식민지 시기에 조선 경남 철도 주식회사는 경기도 남부와 충청남도 사 이에서 충남선, 즉 장항선과 경기선, 즉 안성선의 두 개 사설 철도 노선 을 운영했습니다. 이 가운데 경기선은 1925년에 천안-안성 간 노선 이 개통됐고, 그 후 장호원까지 개통됐습니다. 경부선 평택역이 생기 면서 〈안성 시장의 가장 중요한 상품인 곡물이 평택-장호원 간 간선 도 로(38번 국도)를 통하여 평택역으로 출하되〉어 안성장이 타격을 받자, 1925년에 안성의 지역 유지들이 경남 철도 주식회사를 통해 천안-장 호원 노선을 개설했습니다.[16]

안성 아양 지구 내에 남아 있는 안성선 철도 노반

1939년에 조선 총독부 철도국이 간행한 『조선 철도 상황 제30회』의 권두에 실린 「조선 철도 약도」에 따르면 장호원-원주 구간이 아직 착공되지 않았지만 건설 예정인 상태로 나와 있습니다. 이 책에 따르면 경남 철도 주식회사는 1925년에 안성에서 장호원을 거쳐 여주에 이르는 노선에 대한 추가 면허를 얻었지만 1931년에 장호원-여주 간 노선에 대한 허가를 상실했고, 그 대신 1937년에 장호원-원주 간 노선에 대한 허가를 얻었다고 적혀 있습니다(145면). 처음에는 여주까지 연장해서 수려선 및 남한강의 하운(河運)과 연결하려는 구상이었던 것 같지만, 수려선과 노선을 연결하는 데에 따르는 수익이 예상보다 크지 않았던 것 같습니다.

그러던 중 1935년에 중앙선 철도 구상이 확정되자 강원도의 큰 도시인 원주에서 중앙선과 연계함으로써 새로운 활로를 찾으려 한 듯합니다. 하지만 제2차 세계 대전 말기인 1944년에 안성-장호원 구간의 철로가 징발되면서 운영에 큰 타격을 입게 되고, 광복 후에도 적자 운행을 계속하다가 1989년에 최종적으로 폐선됩니다. 결국 철도를 둘러싼 평택과 안성 간의 100년간의 대결에서 평택이 승리한 셈입니다.

경기선이 천안역에서 갈라져 나오던 구간은 오늘날에도 천안역의 서북부에 뚜렷이 남아 있습니다. 경부선과 경기선 사이에 있던 공터에는 현재 천안 축구 센터가 들어서 있습니다. 옛 경기선 주변에는 오래된 주거 지역과 함께, 짓다가 중단된 고층 아파트 단지가 남아 있습니다. 이렇게 짓다 만 고층 아파트 단지를 인천 계양구 효성동, 예산군 예산읍 창소리 등에서도 보았는데, 정말이지 어찌하기 어려운 지역의 고민거리입니다.

안성 구도심

천안역에서 출발한 경기선 열차는 신부-석교-성거-입장-고지-미양 역을 거쳐, 안성 구도심의 동쪽에 조성되고 있는 안성 아양 지구 자리에 있던 안성역에 진입했습니다. 그런데 2020년 5월 시점으로, 철로가 안성역으로 들어서기 직전 구간에 기적적으로 옛 안성선 철로가 놓였던 노반이 그대로 남아 있습니다. 〈경기 안성시 석정동 214-2〉라는 지번을 가진 이곳은 철도 지목을 유지하고 있으며, 제가 답사한 2020년 5월까지는 아직 택지 개발에 들어가지 않고 원형대로 남아 있는 상태였습니다. 이로부터 1년이 지나 이 책을 쓰고 있는 현재, 이 철도 노반이 어떻게 되었는지 궁금합니다. 안성의 유지들이 힘을 합쳐 건설한 안성선의 흔적이 안성 구도심 근처에 이렇게 뚜렷이 남아 있으니, 안성시의 야외 박물관으로서 이 한 블록 정도는 남겨 두어도 안성 아양 지구 개발에 큰 경제적 타격은 없지 않나 하는 것이 부동산 문외한의 생각입니다만……

안성은 경기선 철도가 놓이기 이전에도 조선 시대를 대표하는 장이 섰던 곳입니다. 하지만 무슨 이유에서인지 조선 시대의 원도심이나 식민지 시기의 구도심 흔적은 별로 남아 있지 않아서 아쉽습니다. 그렇다고 해서 특별히 계획을 세워서 구도심을 재개발한 것 같지도 않은데 말이지요. 안성선 철로가 지나는 지역에 있던 시장통을 정비한, 〈추억의 6070 거리〉라고 이름 붙여진 블록의 한쪽에는 〈원주 연탄〉이라고 적힌 가게가 있었습니다. 계획대로라면 경기선은 원주까지 연장되었을 터이니 이를 의식한 것인지, 아니면 경기선과 무관하게 안성과 원주가 같은 생활권임을 보여 주는 것인지 궁금했습니다.

안성역의 다음 철도역으로서 안성 구도심에 위치하던 안성읍내역의 흔적은 현재 찾을 수 없습니다. 하지만 안성읍내역에서 안성시 삼죽

안성 구도심의 경관

(위) 안성 구도심의 경관   (아래) 안성 구도심의 원주 연탄

안성 구도심에서 마전역을 향해 놓여 있던 옛
경기선 노선과 주변 경관

면 마전리의 마전역으로 향하던 경기선 철로는, 안성천의 북쪽 기슭을 따라 안성 종합 버스 터미널까지 도로로 바뀌어 뚜렷이 흔적을 남기고 있습니다. 추억의 6070 거리를 관통하는 장기 2길이 경기선 안성 구도심에서 동쪽으로 부설되어 있던 철길을 활용한 것입니다. 이 구간은 1989년 천안-안성 구간이 철거되기 45년 전인 1944년에 이미 철거되었지만, 지금도 이 길을 걷다 보면 철로 주변에서 흔히 볼 수 있는 전형적인 경관이 펼쳐집니다. 도시가 만들어지고 나면 그 흔적은 여러 형태로 남습니다. 그 가운데 마지막까지 살아남는 것은 물건이나 건물이 아닌, 길입니다. 길은 택지 개발이 되지 않는 한 수백 년을 살아남아 그 지역의 과거를 미래에 전합니다.

안성읍내역을 출발하여 안성 구도심을 벗어난 경기선 철길은, 현재 구도심 동쪽 외곽에 덩그러니 자리한 안성 종합 버스 터미널의 바로 옆을 지나갔습니다. 안성 구도심에 있다가 동쪽 외곽으로 옮겨 온 안성 터미널이 이런 사연을 알고 이곳에 자리 잡은 것은 아니겠지만, 참 기막힌 우연입니다. 안성 터미널이 구도심에 있다가 외곽으로 옮겨 가는 바람에 터미널의 기능이 약해지고, 경기선이 폐선되는 바람에 불편함을 겪어 온 안성 구도심의 주민들에게는 더욱 큰 부담이 되고 있다는 목소리도 들립니다. 〈경기도 최악의 교통〉[17]이라는 안성 청년의 한탄이 절절히 와닿습니다. 천안에서 아산까지의 구간에 장항선이 남아 있던 덕분에 수도권 전철이 된 것과 비교하면, 똑같이 경남 철도 주식회사가 부설한 경기선의 폐선은 안성 지역 주민들에게 수십 년 뒤까지 큰 영향을 미치고 있는 것입니다.

안성 종합 버스 터미널부터 장호원역까지는 크게 발달한 도심이 없었기에 제국 일본 정부는 1944년에 이 구간의 철로를 걷어 냈을 터입니다. 따라서 우리의 답사도 이 구간을 자세히 살필 필요는 없습니

청미천 철교

(위) 청미천 철교

(아래) 경기선 장호원역 폐역의 플랫폼 위에
들어선 민가

다. 다만, 자가용으로 경기선을 답사하시는 분은 〈안성시 일죽면 고은리 896-2〉에 꼭 들르시기 바랍니다. 이곳에는 1944년에 철로가 제거되고 교각만 남은 청미천 철교가 있습니다. 20세기 전기에 건설된 철도 교량이 문화재로 지정되는 경우가 많지만, 청미천 철교는 거의 주목받지 못하고 있는 것 같습니다. 하지만 이 청미천 철교와 주변의 경관은, 이제까지 제가 답사한 대서울의 그 어떤 공간보다도 임팩트가 강했습니다. 사진으로는 그 압도적인 느낌을 제대로 전달하지 못해 아쉽습니다. 외진 곳이지만 꼭 들러 보실 것을 권합니다.

장호원과 실현되지 않은 대서울 동남부의 모습

이제 우리의 답사는 마지막 목적지인 이천시 장호원읍의 옛 경기선 장호원역 폐역에 다다릅니다. 모음의 〈ㅗ〉 모양으로 형성된 장호원 구도심의 위 꼭지 부분에 장호원역이 있었습니다. 현재 역의 플랫폼 위에는 민가가 들어섰습니다. 철도가 폐선되고 나면 이런 광경을 흔히 봅니다. 심지어는 역만 만들고 철도는 운행하지 않은 동해 북부선 주문진역에서도 플랫폼이 이런 식으로 활용되고 있더군요. 이 플랫폼에서 가까운 곳에는, 철도 역사 앞이면 으레 그렇듯이 농협 창고가 최근까지 있었습니다.

　장호원역 폐역 부지에서 11시 방향으로 200미터 정도 논길을 걸어가면, 철로가 놓인 적이 없는 철교의 교대가 덩그러니 남아 있습니다. 이 방향으로 올라가면 수려선의 연장이 논의되던 점동면이 멀지 않습니다. 여주, 이천, 원주 지역에는 결국 실현되지 않은 경기도 순환 철도 계획의 흔적들이 이렇게 곳곳에 흩어져 있습니다.

　1915년에 조선물산공진회 수원 협찬회에서 출판한 『화성의 영화(華城乃影)』(수원박물관, 2011)라는 책의 말미에는 경성-광진-주막리-이천-장호원 간을 운행하던 자동차의 시간대와 요금표가 실려 있

장호원역 북쪽의 철교 교대

습니다. 이 자동차 노선은 경장선(京長線), 즉 경성-장호원 노선이라 불렸고, 경성-장호원 간이 3시간 30분, 수원-여주 간이 3시간 40분 걸린다고 나와 있습니다. 이처럼 경성＝서울과 경기도 동남부의 장호원은 이미 20세기 초에 도로로 연결되어 있었습니다. 수려선과 경기선, 경성 궤도 등은 이처럼 도로를 통해 이어지는 경성＝서울과 경기도 동남부를 철도로 연결함으로써 더욱 긴밀한 관계로 만들고자 숱하게 시도했지만 모두 좌절되었습니다. 처음부터 철도가 없던 공주·강경 등과는 다르지만, 경기도 동남부 지역은 결국 이들 도시와 같은 운명을 맞이했습니다. 그리고 경기도 동남부는 충청남도 천안이나 신창보다도 오히려 서울과의 교통이 불편한 상태로 지금에 이르고 있습니다. 경부선과 경부고속도로가 안성이 아닌 평택을 통과하고 경기선이 폐선되면서 경부선 연선 지역과 경기도 동남부의 운명이 갈렸습니다. 이처럼 철도와 멀어졌던 경기도 이천의 장호원, 그리고 충청북도 음성군에 속해 있지만 사실상 장호원과 하나의 도시인 감곡에 중부 내륙 철도 역사가 들어서기로 확정되면서, 장호원은 70여 년 만에 또다시 철도의 도시가 될 예정입니다. 현재 〈112역〉이라 불리는 역의 이름을 〈장호원감곡역〉으로 할지 〈감곡장호원역〉으로 할지를 두고 갈등이 이어지고 있는데, 장호원 측에서 〈장호원에는 1927·1944년 경기선 장호원역이 존속〉했다는 것을 근거로 〈장호원감곡역〉을 주장하고 있는 점이 저에게는 흥미롭습니다. 경기도 동남부 시민들이 경기선의 존재를 결코 잊지 않고 있었음을 알려 주기 때문입니다.[18]

경부선 연선의 경기도·충청남도와 경기도 동남부는 20세기에 철도의 유무에 의해 서로 다른 미래를 맞이했습니다. 이들 재래선 철도에 이어 20세기 후반에는 고속도로가 등장해서 이들 도시에 새로운 특성을 부여했고, 최근에는 KTX·SRT·GTX 등으로 상징되는 새로운 철도가 다시 한번 이들 지역에 영향을 미치려 하고 있습니다. 2025년에 완공될 예정인 제3차 철도망 구축 계획에 따르면 여기에서 살펴본 경기도 동남부의 거의 모든 좌절된 철도 노선들이 실현된다고 합니다. 그리하여 거의 100년 전에 좌절된 철도망 구상이 실제로 구현된다면 대서울 남부와 동남부 지역은 어떤 모습을 띠게 될지, 그리고 대서울과 강남은 어디까지 확장될지, 또는 대서울과 경쟁하는 새로운 중심 도시권이 대서울 너머에서 탄생하게 될지 궁금합니다. 특히 청주·오송·세종·대전에 관심이 갑니다. 한국 도시 아카이브 시리즈의 후속작에서 이들 도시를 다루도록 하겠습니다. 다시 뵙겠습니다. 감사합니다.

주석

서론

1 철도건설국,『철도건설사』, 교진사, 1969, 72면.
2 「경부고속도로 건설이 늦춰졌다면」,『한겨레21』806호, 2010년 4월 13일.
3 「주문진 피난민촌 5월 철거」,『강원도민일보』, 2009년 2월 17일.

제1장 1절

1 「부천의 얼굴 (4) 우리 현대사의 영욕을 함께한 마을 〈오쇠리〉」,『부천문화』72호, 2005.
2 「오쇠리 전숙자 할머니 〈갈 곳도 없는데 무작정 나가라니⋯〉」,『부천일보』, 2004년 12월 16일.
3 「집 없는 서민들은 겨울이 서럽다」,『여성신문』, 2005년 5월 12일.
4 「고강동 화재 참사 공대위 주장 파문」,『부천신문』, 2007년 2월 21일.
5 「해외 입양 40년⋯ 엄마를 찾습니다」,『부천포커스』, 2015년 6월 19일.

제1장 2절

1 뿌리깊은나무,『한국의 발견: 경기도』, 뿌리깊은나무, 1998, 176면.
2 「한강 물류의 중심⋯포구의 낭만 품고 〈뱃놀이 김포〉 뜬다」,『서울신문』, 2019년 2월 12일.
3 「감암포 선착장 부실 공사로 10억 허공에 날려 공사비 6억에서 16억으로 늘어⋯ 김포시 설계·시공사와 소송 중」,『김포신문』, 2013년 1월 8일.
4 뿌리깊은나무, 위의 책, 179면.
5 최성환,『순득 표류 연구: 조선 후기 문순득의 표류와 세계 인식』, 민속원, 2012, 292면.
6 뿌리깊은나무, 위의 책, 184면.

7 「만나고 싶은 김포인 — 이북 도민회 이규수 회장」, 『e-김포마루』, 2012년 5월 31일.

8 뿌리깊은나무, 위의 책, 180~183면.

9 「아물지 않은 상처에 고통… 개발 소외·희망 고갈 〈3중고〉 — 강원 양구·화천·고성, 인천 옹진·강화, 경기 연천·파주」, 『서울신문』 2017년 9월 14일; 「[지역에서] 조광호와 이달곤, 자치와 행정의 차이」, 『한겨레』, 2020년 5월 18일.

제1장 3절

1 「옛 풍경 간직한 〈도시 안의 기찻길〉로 추억 여행을」, 『조선일보』, 2010년 11월 16일.

2 「길 끊긴 땅 최고 한도 대출 〈LH 직원에 교묘한 재량 특혜 의심〉」, 『중앙일보』, 2021년 3월 6일.

제1장 4절

1 「조선 시대 안산 유일의 교육 기관, 안산 향교 모습 드러내」, 『중부일보』, 2018년 9월 5일.

2 뿌리깊은나무, 『한국의 발견: 경기도』, 290면.

3 뿌리깊은나무, 위의 책, 283면.

4 진마운틴, 「공개된 은밀한 일기장」.

5 네이버 향토문화전자대전 「호조벌」.

6 「호조벌 내 도로 8t 이상 차량 통행 제한」, 『연합뉴스』, 2021년 1월 12일.

7 『시흥시사 6: 시흥 바닷가 사람들의 일과 삶』, 2007, 25면.

8 디지털 시흥문화대전 「포리호 월북 납치 미수 사건」.

9 뿌리깊은나무, 위의 책, 297~298면.

10 대한국토·도시계획학회 편저, 『이야기로 듣는 국토·도시 계획 반백 년』, 보성각, 2009, 286면.

11 안건혁, 『분당에서 세종까지』, 한울아카데미, 2020, 37면.

12 안산시, 『안산시사 하』, 1999, 65면.

13 「안산 화랑 유원지 세월호 희생자 추모 시설 본격 추진… 국제 설계 공모 착수」, 『조선일보』, 2021년 1월 21일.

14 「안산 〈신갈온천역→능길역〉 개정 주춤… 일부 주민 집행 정지 신청」, 『경기일보』, 2021년 3월 25일.

15 안건혁, 위의 책, 238면.

16 뿌리깊은나무, 위의 책, 318면.

17 뿌리깊은나무, 위의 책, 319면.

18 뿌리깊은나무, 위의 책, 317면.

19 「씨랜드 참사 참 공무원 이장덕 계장 명퇴」, 『경남신문』, 2000년 2월 29일.

20 「씨랜드 참사 옆 또 불법 휴양시설」,『연합뉴스』, 2011년 8월 17일.

제1장 5절

1 안건혁,『분당에서 세종까지』, 한울아카데미, 2020, 183면.
2 한국문화원연합회,「농산물 보따리 이고 지고 건너던 다리 — 고양 강매동 석교」
3 고양시 보도 자료「고양시,〈고양 강매석교(高陽 江梅石橋)〉경기도 유형문화재로
새롭게 지정돼」, 2020년 9월.
4 한글학회,『한국지명총람 경기편 상』, 1965;
한국선사문화연구소·경기도·단국대학교 한국민족학연구소,『일산 새도시 개발 지역
학술 조사 보고 2』, 1992; 고양시·수원대학교 박물관,『고양 멱절산 유적: 종합 정비 기본
계획』, 2010 등.
5 뿌리깊은나무,『한국의 발견: 경기도』, 176면.
6 안건혁, 위의 책, 199~202면.
7 「이 들판이 언제까지 농지로 남아 있을지… 약산골 갯마을의 첫 모내기」,
『오마이뉴스』, 2009년 5월 7일.
8 윤도균,「탄현 면장님 약산골 수호신 거북상을 돌려 주세요」, 2019년 3월 6일.
9 뿌리깊은나무, 위의 책, 150면.
10 뿌리깊은나무, 위의 책, 152~154면.
11 뿌리깊은나무, 위의 책, 150~151면.
12 「[기로에 선 대전차 방호벽] 軍 이미지 벗고 새 옷 입기」,『경인일보』, 2009년 6월
3일.
13 「장터 — 금촌장」,『중부일보』, 1999년 10월 11일.
14 「제5부〈칠판에 그려졌던 손바닥이 그립습니다〉」,『파주바른신문』, 2018년 5월
11일.
15 「〈아름다운 우리 마을 내버려 두세요〉— 서울 은평 뉴타운 진관내동 한양 주택 일부
주민들 재개발 반대」,『주간경향』, 2006년 4월 4일.
16 김명욱,「1970년대 통일로 변에 건설된 단독주택지에 관한 연구」, 서울시립대학교
건축학과 석사 학위 논문, 2013, 56~57면.
17 「1970년대 통일로 변에 건설된 단독주택지에 관한 연구」, 87면.
18 「월남전 동료 영혼 불러 내 술잔 기울여 — 전쟁 보훈 대상자 자활촌〈신도 용사촌〉」,
『고양신문』, 2013년 6월 13일.
19 뿌리깊은나무, 위의 책, 171~172면.
20 「경기 시장 군수協〈도민 피해 우려 서울 시장 후보 공약 공동 대응〉」,『연합뉴스』,
2021년 2월 9일.
21 통일촌 마을 박물관,『통일촌 마을 박물관: 통일촌 사람들, 그 삶의 이야기』, 통일촌

마을 박물관, 2013, 23면.

제2장 6절

1 「DMZ 사라진 마을을 찾아서 6. 분단과 전쟁으로 얼룩진 철원읍」, 『강원도민일보』, 2019년 9월 9일.

2 뿌리깊은나무, 『한국의 발견: 강원도』, 195면.

3 「전쟁 60년, 전후 세대의 155마일 기행 ③ 철원 〈철의 삼각지〉」, 『중앙일보』, 2010년 4월 6일.

4 「소설 속 강원도 — 김주영 소설 쇠둘레를 찾아서」, 『포커스강원』.

5 남지현 외, 『경기 및 인천의 철도변 근대 건조물 보전과 지역적 활용 방안』, 경기연구원, 2016, 108~109면.

6 「평창 가는 첫 길목 〈부끄러운 민낯〉」, 『매일경제』, 2018년 1월 16일.

7 「〈올림픽 유산〉 〈원상 복원〉… 3년째 복구 못한 가리왕산 갈등」, 『서울신문』, 2020년 12월 17일.

8 마이크 데이비스 지음, 김정아 옮김, 『슬럼, 지구를 뒤덮다: 신자유주의 이후 세계 도시의 빈곤화』, 돌베개, 2007, 139·141~142면.

9 뿌리깊은 나무, 『한국의 발견: 서울』, 254면.

10 「[미군 철수 특별 기획] 의정부 〈캠프 시어스〉 유류 저장고」, 『경인일보』, 2005년 7월 14일.

11 「〈철거 날벼락〉 상계동, 20년 전과 지금」, 『한겨레』, 2007년 6월 7일.

12 「서울~청주~원주~청량리 연결 순환 열차 신설키로 합의」, 『한겨레』, 1989년 6월 10일.

13 권영숙 동지 추모 사업회, 『노동운동가 권영숙 추모집』, 한티재, 2~15·44면.

14 빈민 지역 운동사 발간 위원회, 『마을 공동체 운동의 원형을 찾아서』, 한울, 2017, 297면.

15 「죽기 전에 제대로 된 집 한번 살아 봤으면…」, 『연합뉴스』, 2013년 10월 25일.

16 「〈순자 문화제〉 주도 김현호 신부 〈아픔을 아픔인지 모른 채 살아온 어르신들 치유했죠〉」, 『중부일보』, 2021년 3월 10일.

17 『2017 경기 북부 마을 아카이브 프로젝트: 연천 신망리』.

18 『디지털 철원문화대전』, 「민북 마을」

19 정근식·이원규, 「전략촌 대마리의 형성과 향군촌 정체성의 변화: 평화 함축적 상징의 수용을 중심으로」, 『통일과 평화』 12, 서울대학교 통일평화연구원, 2020.

20 「대중목욕탕에서 잇단 감염… 지역 사회 전파 우려」, 『YTN』, 2020년 4월 3일.

21 「한센촌 장자 마을을 가다 — 〈고통 받던 병력자 일으켜 세운 건 이웃〉」, 『조선일보』, 2011년 9월 27일.

22 정근식·강인화·전갑생·김가람·이정훈, 『주한 미군 기지촌의 유산과 여성 정책』, 경기연구원, 2020.

23 「철원, 김화읍 43번 국도 〈성연교〉 숨겨진 이야기 — 청양 3리 마을 주민 안정자 할머니의 사연」, 『철원신문』, 2019년 6월 11일.

24 「철원에서 금강산 가는 길을 찾다」, 『통일뉴스』, 2006년 12월 11일.

제2장 7절

1 한국민족문화대백과사전 「경춘 철도 주식회사」.

2 정재정, 『철도와 근대 서울』, 국학자료원, 2018, 250~252면.

3 「21대 총선 충격의 함의는? 민주당과 미래통합당 그리고 정의당」, 『레디앙』, 2020년 4월 20일.

4 천성호, 「야학과 54년의 세월을 함께한 이종임 유성, 초·중·고등학교 교장 선생님 인터뷰」, 전국야학협의회.

5 『경기도의 마을 신앙과 제당』, 전국문화원연합회 경기도지회, 2002, 64~68면.

6 「〈수용되면 갈 곳 없어〉 갈매 역세권 대책위 A씨 극한 선택 —LH 기본 조사 협조 안내문에 모친 타계하자 희망 잃은 듯」, 『경기인터넷뉴스』, 2019년 6월 10일.

7 「구리시 전체 면적 12.7%… 갈매동 주민 뿔났다! — 미운 오리 새끼? 과거부터 현재까지 행정. 민원 혜택 구리시 최저…」, 『경기북도일보』, 2015년 12월 16일.

8 「〈이래도 철거할래〉 시진핑 사진 도배한 상하이 알박기 주택」, 『중앙일보』, 2016년 3월 27일.

9 손정목, 『서울 도시 계획 이야기 4』, 한울, 2017(초판 8쇄), 287면.

10 「〈퇴계원읍 신설〉 21일부터 시행」, 『남양주뉴스』, 2019년 10월 10일.

11 「3년째 공터인 롯데의 남양주 사드 교환 부지, 개발 계획은? — 아파트·쇼핑몰·테크노밸리 언급되지만 롯데 〈경기 악화에 신종 코로나로 투자 어려워져〉」, 『비즈한국』, 2020년 2월 12일.

12 『수려선: 지금은 잊혀진 협궤 열차 이야기』, 경기도사이버도서관, 2015, 237면.

13 「10개 혁신 도시 10년의 명암 ⑥ 원주 혁신 도시 — 인구는 5배 늘었지만… 퇴근 땐 버스 줄지어 서울행 〈썰물〉」, 『중앙일보』, 2017년 12월 19일.

14 「[혁신 도시 10년을 진단한다] 정치적 목적 따라 분산 〈실패한 이전〉… 〈주말엔 유령 도시〉」, 『서울경제』, 2018년 9월 26일.

15 「공공 기관 이전, 실패 말하긴 이르다」, 『경향신문』, 2020년 9월 26일.

16 「〈준상이네 집〉 춘천 기와집골, 3월 사라진다」, 『강원도민일보』, 2021년 1월 5일.

17 「겨울 연가 기와집골 재개발에 밀려 역사 속으로」, 『강원도민일보』, 2020년 3월 26일.

제2장 8절

1 뿌리깊은나무, 『한국의 발견: 경기도』, 248면.
2 강동 문화 포털 「역사 속 변천사 —8.15 이후」.
3 「가나안 농군학교 하남 안녕… 양평으로」, 『시티뉴스』, 2012년 1월 12일.
4 뿌리깊은나무, 위의 책, 255면.
5 「13년 허송세월에 해 넘기는 캠프 콜번 개발 사업 — 중앙·세명, 두 차례 대학 유치 무산에 혈세만 〈펑펑〉… 이번에는 개발 사업?」, 『하남일보』, 2019년 12월 10일.
6 「하남 시의원의 땅 투기 의혹 사건 〈점입가경〉」, 『경기신문』, 2021년 3월 25일.

제2장 9절

1 대한나관리협회, 『한국 나병사』, 대한나관리협회, 1988, 240면.
2 「도농~토평~암사~잠실~영동~과천~부곡 연결 — 수도권 새 전철 내년 착공」, 『경향신문』, 1978년 6월 2일.
3 「관악산 주변 1백만 평 임야에 맘모스 유원지」, 『조선일보』, 1969년 9월 24일.

제2장 10절

1 「새만금 간척 사업이 가져온 갯벌 생태계와 변화」, 『해남신문』, 2011년 10월 17일.
2 「멈춘 지 19년 만에… 고양 능곡~의정부 〈교외선〉 2023년 말 운행 재개」, 『한겨레』, 2020년 12월 29일.
3 류기윤, 2020년 8월 31일 자 SNS.

제3장 11절

1 박병주, 『한국의 도시: 박병주 도시 순례 스케치』, 열화당, 1996, 100면.
2 「수도권 〈지역 문화〉 현주소 하(下) 공업화에 묻힌 〈향토 전통〉에 관심」, 『조선일보』, 1986년 5월 2일
3 김승옥, 『서울 1964 겨울』, 일신서적주식회사, 2018, 18면.
4 유경순 엮음, 『나, 여성 노동자 1 1970~80년대 민주 노조와 함께한 삶을 말한다』, 그린비, 2011, 254면.
5 『수원을 아시나요: 수원의 삶·사람·이야기』, 수원문화원, 2012, 204~205면.
6 뿌리깊은나무, 『한국의 발견: 경기도』, 304면.
7 뿌리깊은나무, 위의 책, 276면.
8 뿌리깊은나무, 위의 책, 310~311면.
9 「수원시 숙원 사업의 발판 2탄, 수원시의 경계 조정, 시민이 원하면 지도가 바뀐다」, 『한국 글로벌 뉴스』, 2020년 6월 8일.
10 「수원 군공항 이전, 20조 원 투입, 무엇을 얻을 것인가」, 『NSP통신』, 2021년 5월

3일.

11 「수원의 군공항 이전 대응, 수동에서 〈적극〉 대응으로 — 동부권 동탄에 〈홍보관〉 설치해 수원시 부당 주장 알릴 것 / 시의회 수원 군공항 화성시 이전 반대특위에 〈대응 현황〉 보고」, 『화성투데이』, 2021년 3월 24일.

12 「〈수원·화성·오산〉 본래 한 뿌리… 유적, 세 도시에 흩어져」, 『e수원뉴스』, 2018년 6월 27일.

13 「헌신짝 된 〈정조의 화성 만년제〉」, 『중부일보』, 2005년 8월 31일.

14 박병주, 위의 책, 81면.

15 「버려진 땅, 오염된 물, 손 놓은 행정」, 『화성신문』, 2012년 5월 11일.

16 「경부 고속철도 상리 터널 침하 우려」, 『중앙일보』, 1996년 7월 20일.

17 「경부 고속철도 상리 터널, 우회 노선 확정」, 『KBS』, 1997년 3월 17일.

18 松河, 2008년 4월 2일 블로그 글(https://blog.daum.net/1225mac/14339201).

제3장 12절

1 이동철, 『꼬방동네 사람들』, 현암사, 1988(8쇄), 7면.

2 「용인 SK하이닉스 유치 뒤 가려진 원주민들의 한숨과 눈물」, 『비전21뉴스』, 2020년 1월 20일.

3 남지현, 『경기 및 인천의 철도변 근대 건조물 보전과 지역적 활용 방안』, 2016, 59면.

4 『여주시사』, 「철도교통」.

5 뿌리깊은나무, 『한국의 발견: 경기도』, 275면.

6 안건혁, 『분당에서 세종까지』, 215면.

7 「수려선의 마지막 흔적, 오천역을 지켜 주세요」, 『오마이뉴스』, 2015년 11월 30일.

8 아오키 에이이치, 『철도 기피 전설의 수수께끼』, 32면.

9 「옛 소래 역사 보존하자」, 『인천신문』, 2007년 2월 5일.

10 「1940년 연수동에 국내 첫 결핵 병원 56년간 전국 각지의 〈폐병 환자〉 수용」, 『조선일보』, 2012년 10월 10일.

11 「[없었던 섬 송도] 관광 인천을 향하여」, 『인천일보』, 2019년 8월 12일.

12 「[취재후] 수인선 협궤 열차의 추억… 다시 창고 속으로」, 『KBS』, 2017년 7월 4일.

제3장 13절

1 뿌리깊은나무, 『한국의 발견: 경기도』, 364면.

2 박병주, 『한국의 도시: 박병주 도시순례 스케치』, 123면.

3 「평택 역사 — 50. 평택 지역의 공동체성 어디부터 어떻게 찾을 것인가?」, 『평택시민신문』, 2014년 6월 5일.

4 뿌리깊은나무, 위의 책, 364면.

5 『미군 평택 주둔 약사 및 생활문화에 끼친 영향』, 100~101면.

6 뿌리깊은나무, 위의 책, 367면.

7 뿌리깊은나무, 『한국의 발견: 충청남도』, 158면.

8 뿌리깊은나무, 위의 책, 164~165면.

9 뿌리깊은나무, 위의 책, 161면.

10 뿌리깊은나무, 위의 책, 172면.

11 복거일, 「망초꽃 핀 철둑에 올라」, 『누구에게나 고향은 그리움이다』, 월간조선사, 2004, 160면.

12 복거일, 위의 책, 161면.

13 「소중한 예산말 ― 난리통(亂離通)」, 『예산뉴스 무한정보』, 2016년 6월 13일.

14 「아산 싸전 부지 주민들, 쥐꼬리 보상가에 쫓겨날 위기 〈뿔났다〉」, 『아산데스크』, 2020년 6월 23일.

15 「아산 싸전 지구 개발 〈강제 수용 절차〉… 주민 막막」, 『SKbroadband 중부방송』, 2020년 11월 16일.

16 남지현 외, 『경기 및 인천의 철도변 근대 건조물 보전과 지역적 활용 방안』, 67~68면.

17 「안성에 대한 문제 진단, 〈안성 탈출〉」, 『시사안성』, 2020년 3월 11일.

18 「장호원감곡역 vs 감곡장호원역… 이천시-음성군 〈역명 다툼〉」, 『연합뉴스』, 2021년 5월 24일.

참고 자료

단행본

경기도, 『반월천 수계 하천정비기본계획 (반월천, 죽암천, 건건천, 송라천)』, 경기도, 1993.

내무부, 『지방행정구역요람 1990』, 내무부, 1990.

경기문화재단, 『2017 경기 북부 마을 아카이브 프로젝트: 연천 신망리』, 경기문화재단, 2018.

고동환, 『한국 전근대 교통사』, 들녘, 2015.

고양시·수원대학교 박물관, 『고양 멱절산 유적: 종합정비기본계획』, 고양시·수원대학교 박물관, 2010.

권영숙동지추모사업회, 『민들레처럼 불나비처럼: 노동운동가 권영숙 추모집』, 한티재, 2015.

김달성, 『파랑 검정 빨강: 코리아 내부 식민지, 이주 노동자 이야기』, 밥북, 2020.

김승옥, 『서울 1964년 겨울』, 일신서적주식회사, 2006.

김태호, 『근현대 한국 쌀의 사회사』, 들녘, 2017.

김해규 외, 『미군 평택 주둔 약사 및 생활문화에 끼친 영향』, 평택시민신문, 2017.

남지현 외, 『경기 및 인천의 철도변 근대 건조물 보전과 지역적 활용 방안』, 경기연구원, 2016.

내무부, 『1974년 새마을운동: 시작에서 오늘까지』, 1974.

대한국토·도시계획학회 편저, 『이야기로 듣는 국토·도시계획 반백 년』, 보성각, 2009.

대한나관리협회, 『한국 나병사』, 대한나관리협회, 1988.

마이크 데이비스 지음, 김정아 옮김, 『슬럼, 지구를 뒤덮다: 신자유주의 이후 세계 도시의 빈곤화』, 돌베개, 2007.

미금시, 『1994년 미금시 통계연보』, 미금시, 1994.

박병주, 『한국의 도시: 박병주 도시 순례 스케치』, 열화당, 1996.

복거일 외,『누구에게나 고향은 그리움이다』, 월간조선사, 2004.

빈민지역운동사 발간위원회,『마을 공동체 운동의 원형을 찾아서』, 한울, 2017.

뿌리깊은나무,『한국의 발견: 경기도』, 뿌리깊은나무, 1986(3판).

뿌리깊은나무,『한국의 발견: 서울』, 뿌리깊은나무, 1992(8판).

뿌리깊은나무,『한국의 발견: 충청남도』, 뿌리깊은나무, 1992(8판).

뿌리깊은나무,『한국의 발견: 충청북도』, 뿌리깊은나무, 1992(8판).

선우휘,『불꽃』, 문학과지성사, 2019(초판 9쇄).

손정목,『서울 도시 계획 이야기 4』, 한울, 2017(초판 8쇄).

시흥군,『시흥군지 하』, 시흥군, 1988.

시흥시,『시흥시사 6: 시흥 바닷가 사람들의 일과 삶』, 시흥시, 2007.

심익운 지음, 김동준 옮김,『겨울을 향하는 풀벌레의 울음처럼』, 태학사, 2017.

아오키 에이이치(青木栄一),『철도 기피 전설의 수수께끼: 철도가 놓인 마을, 놓이지 않은 마을(鉄道忌避伝説の謎──汽車が来た町, 来なかった町)』, 吉川弘文館, 2015(6쇄).

안건혁,『분당에서 세종까지: 대한민국 도시 설계의 역사를 쓰다』, 한울아카데미, 2020.

안산시,『안산시사 6』, 안산시, 2011.

안산시,『안산시사 하』, 안산시, 1999.

오키 하루조(大木春三),『취미의 조선 여행(趣味の朝鮮の旅)』, 朝鮮印刷株式会社, 1927.

유경순 엮음,『나, 여성 노동자 1: 1970~80년대 민주노조와 함께한 삶을 말한다』, 그린비, 2011.

이동철,『꼬방동네 사람들』, 현암사, 1988(8쇄).

전국문화원연합회 경기도지회,『경기도의 마을 신앙과 제당』, 전국문화원연합회 경기도지회, 2002.

전현우,『거대도시 서울 철도』, 워크룸프레스, 2020.

정근식·강인화·전갑생·김가람·이정훈,『주한 미군 기지촌의 유산과 여성 정책』, 경기연구원, 2020.

정재정,『철도와 근대 서울』, 국학자료원, 2018.

조선물산공진회 수원협찬회,『화성의 영화(華城乃影)』(1915), 수원박물관, 2011(영인본).

조선 총독부 철도국(朝鮮総督府鉄道局),『조선 금강산(朝鮮金剛山)』, 1937.

조선 총독부 철도국(朝鮮総督府鉄道局),『조선 여행 안내(朝鮮旅行案内)』, 1932.

철도건설국,『철도건설사』, 교진사, 1969.

최성환,『문순득 표류 연구: 조선 후기 문순득의 표류와 세계 인식』, 민속원, 2012.

통일촌 마을 박물관,『통일촌 마을 박물관: 통일촌 사람들, 그 삶의 이야기』, 통일촌 마을 박물관, 2013.

한국선사문화연구소·경기도·단국대학교 한국민족학연구소,『일산 새도시 개발 지역 학술 조사 보고 2』, 한국선사문화연구소·경기도·단국대학교 한국민족학연구소, 1992.

한글학회,『한국지명총람 경기편 상』, 한글학회, 1965.

함경북도중앙도민회,『함북 망향 반세기』, 함경북도중앙도민회, 1994.

화성시지속가능발전협의회,『화성시 그린맵: 시화호 섬 이야기』, 화성시지속가능발전협의회, 2014.

논문

김명욱,「1970년대 통일로 변에 건설된 단독주택지에 관한 연구」, 서울시립대학교 건축학과 석사 학위 논문, 2013.

도도로키 히로시,「수려선 철도의 성격 변화에 관한 연구」 서울대학교 지리학과 석사 학위 논문, 2000.

부천문화원,「부천의 얼굴 (4) 우리 현대사의 영욕을 함께한 마을 [오쇠리]」,『부천문화』 72호, 2005.

오창현,「남양반도의 시장 체계와 생업의 변화: 화성시 송산면 어섬과 우음도 사례를 중심으로」,『한국문화인류학』 45-2, 2012년 5월.

이달호,「푸른 지대 딸기밭의 추억」,『수원을 아시나요: 수원의 삶·사람·이야기』, 수원문화원, 2012.

임한수,「울산 공업 지역의 경제지리학적 고찰: 특히 입지 요건을 중심하여」,『지산 선생 화갑 기념 논문집』, 지산 최복현 선생 화갑기념논문집간행위, 1966.

정근식·이원규,「전략촌 대마리의 형성과 향군촌 정체성의 변화: 평화 함축적 상징의 수용을 중심으로」,『통일과 평화』 12, 서울대학교 통일평화연구원, 2020.

Defense Fuel Supply Center,「Modernizing the Trans-Korea Pipeline」, *Fuel Line*, Defense Fuel Supply Center, 1985 summer.

신문·방송·잡지

『강원도민일보』,「〈준상이네 집〉 춘천 기와집골, 3월 사라진다」, 2021년 1월 5일.

『강원도민일보』,「DMZ 사라진 마을을 찾아서 6. 분단과 전쟁으로 얼룩진 철원읍」, 2019년 9월 9일.

『강원도민일보』,「겨울연가 기와집골 재개발에 밀려 역사 속으로」, 2020년 3월 26일.

『강원도민일보』,「주문진 피난민촌 5월 철거」, 2009년 2월 17일.

『경기북도일보』,「구리시 전체 면적 12.7%.. 갈매동 주민 뿔났다! ─ 미운 오리 새끼? 과거부터 현재까지 행정. 민원 혜택 구리시 최저⋯」, 2015년 12월 16일.

『경기신문』,「하남시 의원의 땅 투기 의혹 사건 〈점입가경〉」, 2021년 3월 25일.

『경기인터넷뉴스』,「〈수용되면 갈 곳 없어〉 갈매 역세권 대책위 A씨 극한 선택 ─ LH

기본 조사 협조 안내문에 모친 타계하자 희망 잃은 듯」, 2019년 6월 10일.

『경기일보』, 「안산 〈신갈온천역→능길역〉 개정 주춤… 일부 주민 집행정지 신청」, 2021년 3월 25일.

『경남신문』, 「씨랜드 참사 〈참공무원〉 이장덕 계장 명퇴」, 2000년 2월 29일.

『경인일보』, 「[기로에 선 대전차 방호벽] 軍 이미지 벗고 〈새옷 입기〉」, 2009년 6월 3일.

『경인일보』, 「[미군 철수 특별기획] 의정부 〈캠프 시어스〉 유류 저장고」, 2005년 7월 14일.

『경향신문』, 「공공기관 이전, 실패 말하긴 이르다」, 2020년 9월 26일.

『경향신문』, 「도농~토평~암사~잠실~영동~과천~부곡 연결 ― 수도권 새 전철 내년 착공」, 1978년 6월 2일.

고양시 보도자료, 「고양시, 〈고양 강매 석교(高陽 江梅 石橋)〉 경기도 유형문화재로 새롭게 지정돼」, 2020년 9월.

『고양신문』, 「월남전 동료 영혼 불러내 술잔 기울여 ― 전쟁 보훈 대상자 자활촌 〈신도 용사촌〉」, 2013년 6월 13일.

『김포신문』, 「감암포 선착장 부실공사로 10억 허공에 날려 공사비 6억에서 16억으로 늘어… 김포시 설계·시공사와 소송 중」, 2013년 1월 8일.

『남양주뉴스』, 「〈퇴계원읍 신설〉 21일부터 시행」, 2019년 10월 10일.

『동아일보』, 「경성 궤도 철도를 이천까지 연장」, 1937년 6월 16일.

『레디앙』, 「21대 총선 충격의 함의는? 민주당과 미래통합당 그리고 정의당」, 2020년 4월 20일.

『매일경제』, 「수원 신반포 아파트 분양 광고」, 1980년 1월 19일.

『매일경제』, 「평창 가는 첫 길목 〈부끄러운 민낯〉」, 2018년 1월 16일.

『매일신보』, 「경포 전철 부설 실현 촉진 진정」, 1938년 2월 5일.

『부천신문』, 「고강동 화재 참사 공대위 주장 파문」, 2007년 2월 21일.

『부천일보』, 「〈오쇠리〉 전숙자 할머니 〈갈 곳도 없는데 무작정 나가라니…〉」, 2004년 12월 16일.

『부천포커스』, 「해외 입양 40년… 엄마를 찾습니다」, 2015년 6월 19일.

『비전21뉴스』, 「용인 SK하이닉스 유치 뒤 가려진 원주민들의 한숨과 눈물」, 2020년 1월 20일.

『비즈한국』, 「3년째 공터인 롯데의 남양주 사드 교환 부지, 개발계획은? ― 아파트·쇼핑몰·테크노밸리 언급되지만… 롯데 〈경기 악화에 신종 코로나로 투자 어려워져〉」, 2020년 2월 12일.

『서울경제』, 「[혁신 도시 10년을 진단한다] 정치적 목적 따라 분산 〈실패한 이전〉… 〈주말엔 유령 도시〉」, 2018년 9월 26일.

『서울신문』, 「〈올림픽 유산〉 〈원상 복원〉… 3년째 복구 못한 가리왕산 갈등」, 2020년

12월 17일.

『서울신문』,「아물지 않은 상처에 고통… 개발 소외·희망 고갈〈3중고〉— 강원 양구·화천·고성, 인천 옹진·강화, 경기 연천·파주」, 2017년 9월 14일.

『서울신문』,「한강 물류의 중심… 포구의 낭만 품고〈뱃놀이 김포〉뜬다」, 2019년 2월 12일.

『시사안성』,「안성에 대한 문제 진단,〈안성 탈출〉」, 2020년 3월 11일.

『시티뉴스』,「가나안 농군학교 하남 안녕… 양평으로」, 2012년 1월 12일.

『여성신문』,「집 없는 서민들은 겨울이 서럽다」, 2005년 5월 12일.

『연합뉴스』,「〈씨랜드 참사〉옆 또 불법 휴양 시설」, 2011년 8월 17일.

『연합뉴스』,「경기 시장 군수協〈도민 피해 우려 서울 시장 후보 공약 공동 대응〉」, 2021년 2월 9일.

『연합뉴스』,「장호원감곡역 vs 감곡장호원역… 이천시-음성군〈역명 다툼〉」, 2021년 5월 24일.

『연합뉴스』,「죽기 전에 제대로 된 집 한번 살아봤으면…」, 2013년 10월 25일.

『연합뉴스』,「호조벌 내 도로 8t 이상 차량 통행 제한」, 2021년 1월 12일.

『예산뉴스 무한정보』,「소중한 예산 말 —〈난리통(亂離通)〉」, 2016년 6월 13일.

『오마이뉴스』,「이 들판이 언제까지 농지로 남아 있을지… 약산골 갯마을의 첫 모내기」, 2009년 5월 7일.

『인천신문』,「옛 소래 역사 보존하자」, 2007년 2월 5일.

『인천일보』,「[없었던 섬 송도] 관광 인천을 향하여」, 2019년 8월 12일.

『조선일보』,「1940년 연수동에 국내 첫 결핵 병원 56년간 전국 각지의〈폐병 환자〉수용」, 2012년 10월 10일.

『조선일보』,「관악산 주변 1백만 평 임야에 맘모스 유원지」, 1969년 9월 24일.

『조선일보』,「경성＝포천＝김화 간 고속도 전철 부설」, 1938년 1월 31일.

『조선일보』,「경성이천 간에 철도 회사 계획」, 1937년 7월 25일.

『조선일보』,「수도권〈지역 문화〉현주소 하(下) 공업화에 묻힌〈향토 전통〉에 관심」, 1986년 5월 2일.

『조선일보』,「안산 화랑 유원지 세월호 희생자 추모 시설 본격 추진… 국제 설계 공모 착수」, 2021년 1월 21일.

『조선일보』,「옛 풍경 간직한〈도시 안의 기찻길〉로 추억 여행을」, 2010년 11월 16일.

『조선일보』,「포도가 익어 가는 계절」, 1970년 8월 8일.

『조선일보』,「한센촌 장자 마을을 가다〈고통받던 병력자 일으켜 세운 건 이웃〉」, 2011년 9월 27일.

『주간경향』,「〈아름다운 우리 마을 내버려 두세요〉— 서울 은평뉴타운 진관내동 한양 주택 일부 주민들 재개발 반대」, 2006년 4월 4일.

『중부일보』, 「〈순자 문화제〉 주도 김현호 신부 〈아픔을 아픔인지 모른 채 살아온 어르신들 치유했죠〉」, 2021년 3월 10일.

『중부일보』, 「장터 — 금촌장」, 1999년 10월 11일.

『중부일보』, 「조선시대 안산 유일의 교육기관, 안산 향교 모습 드러내」, 2018년 9월 5일.

『중부일보』, 「헌신짝 된 〈정조의 화성 만년제〉」, 2005년 8월 31일.

『중앙일보』, 「〈이래도 철거할래〉 시진핑 사진 도배한 상하이 알박기 주택」, 2016년 3월 27일.

『중앙일보』, 「10개 혁신 도시 10년의 명암 ⑥ 원주 혁신 도시 — 인구는 5배 늘었지만… 퇴근 땐 버스 줄지어 서울행 〈썰물〉」, 2017년 12월 19일.

『중앙일보』, 「경기 화성군 반월면 4개리」, 1993년 3월 18일.

『중앙일보』, 「경부고속철도 상리 터널 침하 우려」, 1996년 7월 20일.

『중앙일보』, 「길 끊긴 땅 최고 한도 대출 〈LH 직원에 교묘한 재량 특혜 의심〉」, 2021년 3월 6일.

『중앙일보』, 「독탕뿐인 이천 온천 — 서민 관광객 부담 커」, 1982년 7월 22일.

『중앙일보』, 「전쟁 60년, 전후 세대의 155마일 기행 ③ 철원 〈철의 삼각지〉」, 2010년 4월 6일.

『철원신문』, 「철원, 김화읍 43번 국도 〈성연교〉 숨겨진 이야기 — 청양 3리 마을 주민 안정자 할머니의 사연」, 2019년 6월 11일.

『통일뉴스』, 「철원에서 금강산 가는 길을 찾다」, 2006년 12월 11일.

『파주바른신문』, 「제5부 〈칠판에 그려졌던 손바닥이 그립습니다〉」, 2018년 5월 11일.

『평택시민신문』, 「평택 역사 50 평택 지역의 공동체성 어디부터 어떻게 찾을 것인가?」, 2014년 6월 5일.

『하남일보』, 「13년 허송세월에 해 넘기는 캠프 콜번 개발 사업 — 중앙·세명, 두 차례 대학 유치 무산에 혈세만 〈펑펑〉… 이번에는 개발 사업?」, 2019년 12월 10일.

『한겨레』, 「[지역에서] 조광호와 이달곤, 자치와 행정의 차이」, 2020년 5월 18일.

『한겨레』, 「〈철거 날벼락〉 상계동, 20년 전과 지금」, 2007년 6월 7일.

『한겨레』, 「멈춘 지 19년 만에… 고양 능곡·의정부 〈교외선〉 2023년 말 운행 재개」, 2020년 12월 29일.

『한겨레』, 「서울~청주~원주~청량리 연결 순환 열차 신설키로 합의」, 1989년 6월 10일.

『한겨레21』, 「경부고속도로 건설이 늦춰졌다면」, 2010년 4월 13일.

『한국글로벌뉴스』, 「수원시 숙원 사업의 발판 2탄, 수원시의 경계 조정, 〈시민이 원하면 지도가 바뀐다〉」, 2020년 6월 8일.

『해남신문』, 「새만금 간척 사업이 가져온 갯벌 생태계와 변화」, 2011년 10월 17일.

『화성신문』, 「버려진 땅, 오염된 물, 손 놓은 행정」, 2012년 5월 11일.

『화성투데이』, 「수원의 군공항 이전 대응, 수동에서 〈적극〉 대응으로 — 동부권 동탄에 〈홍보관〉 설치해 수원시 부당 주장 알릴 것 / 시의회 수원군공항화성시 이전 반대 특위에 〈대응 현황〉 보고」, 2021년 3월 24일.

『e-김포마루』, 「만나고 싶은 김포인 — 이북 도민회 이규수 회장」, 2012년 5월 31일

『e수원뉴스』, 「〈수원·화성·오산〉 본래 한 뿌리… 유적, 세 도시에 흩어져」, 2018년 6월 27일.

『KBS』, 「[취재후] 수인선 협궤 열차의 추억… 다시 창고 속으로」, 2017년 7월 4일.

『KBS』, 「경부고속철도 상리 터널, 우회 노선 확정」, 1997년 3월 17일.

『NSP통신』, 「수원군 공항 이전, 20조 원 투입, 무엇을 얻을 것인가」, 2021년 5월 3일.

『SKbroadband 중부방송』, 「아산 싸전 지구 개발 〈강제 수용 절차〉… 주민 막막」, 2020년 11월 16일.

『YTN』, 「대중목욕탕에서 잇단 감염… 지역 사회 전파 우려」, 2020년 4월 3일.

인터넷 자료

강동문화포털, 「역사 속 변천사 — 8.15 이후」(https://www.gangdong.go.kr/web/culture/contents/gdc020_020_010).

경기도 사이버 도서관, 『수려선: 지금은 잊혀진 협궤 열차 이야기』, 2015(https://memory.library.kr/items/show/55482).

국토 정보 플랫폼, 국토지리정보원 제작 구지도(http://map.ngii.go.kr/mn/mainPage.do).

네이버 향토문화전자대전, 「호조벌」(http://www.grandculture.net/ko/Contents?dataType=99&contents_id=GC06900025).

KTV 대한늬우스, 『대한뉴스』 제431호 — 서울 교외선 개통(https://www.youtube.com/watch?v=Ovimyead0_I).

디지털 시흥문화대전, 「포리호 월북 납치 미수 사건」(http://siheung.grandculture.net/siheung/toc/GC06900377).

디지털 철원문화대전, 「민북 마을」(http://cheorwon.grandculture.net/cheorwon/toc/GC07800277).

류기윤 2020년 8월 31일 SNS(https://www.facebook.com/permalink.php?story_fbid=3524569884254724&id=100001052420664).

「산리즈카에 산다(三里塚に生きる)」(http://sanrizukaniikiru.com/).

松河 2008년 4월 2일 자 블로그, 「상리 터널 활용하실 분 찾습니다」(https://blog.daum.net/1225mac/14339201).

여주시, 『여주시사』, 「철도교통」(https://www.yeoju.go.kr/history/jsp/Theme/Theme.jsp?BC_ID=a0088).

윤도균 2019년 3월 6일 「탄현 면장님 약산골 수호신 〈거북상〉을 돌려주세요」(https://blog.daum.net/salamstory/15868456).

진마운틴, 「공개된 은밀한 일기장」, 2019년 11월 10일, 「[이주의 도서] 사라질 도시의 기록 〈갈등 도시〉」(https://m.blog.naver.com/jinsan0105/221703733166).

포커스강원, 「소설 속 강원도 — 김주영 소설 쇠둘레를 찾아서」(http://mailing.provin.gangwon.kr/sub2.asp?sno=67&part=3).

천성호, 「야학과 54년의 세월을 함께한 이종임 유성, 초, 중, 고등학교 교장 선생님 인터뷰」, 전국야학협의회(http://blog.daum.net/choiyj/15733477).

천주교·개신교 재개발 지역 공동 조사 위원회, 「도봉구 상계 5동 173번지 재개발 지역 조사 보고서」, 1986년 7월, 민주화운동기념사업회 아카이브(https://archives.kdemo.or.kr/isad/view/00392525).

한국 고전영화 Korean Classic Film, 「삼포 가는 길」, 1975(https://www.youtube.com/watch?v=Drz_bK4GkTE).

한국문화원연합회, 「농산물 보따리 이고 지고 건너던 다리 — 고양 강매동 석교」(https://ncms.nculture.org/legacy/story/1012).

한국민족문화대백과사전, 「경춘철도주식회사」(http://encykorea.aks.ac.kr/Contents/Item/E0077990).

한석호 2019년 12월 5일 페이스북(https://www.facebook.com/jshannnn/posts/3733391360034868).

The Persian Qanat: Qanats of Bam(https://whc.unesco.org/en/documents/141554).

한국 도시 아카이브 3 대서울의 길

발행일 2021년 8월 20일 초판 1쇄
       2022년 11월 30일 초판 5쇄
       2024년 7월 1일 신판 1쇄

지은이 김시덕
발행인 홍예빈 · 홍유진
발행처 주식회사 열린책들

경기도 파주시 문발로 253 파주출판도시
전화 031-955-4000 팩스 031-955-4004
홈페이지 www.openbooks.co.kr 이메일 humanity@openbooks.co.kr

ISBN 978-89-329-2450-2 04300
ISBN 978-89-329-2447-2 (세트)